河北省教育厅人文社会科学研究重大课题攻关项目
（编号：ZD201430）

契合与笃行

——校园文化建设与大学生社会主义核心价值观实践教育研究

王新华　著

燕山大学出版社
2018·秦皇岛

图书在版编目（CIP）数据

契合与笃行：校园文化建设与大学生社会主义核心价值观实践教育研究/王新华著.
—秦皇岛：燕山大学出版社，2018. 5
ISBN 978-7-81142-412-6

Ⅰ. ①契… Ⅱ. ①王… Ⅲ. ①大学生—思想政治教育—教学研究—中国 Ⅳ. ①G641

中国版本图书馆 CIP 数据核字(2017)第 094011 号

契合与笃行——校园文化建设与大学生社会主义核心价值观实践教育研究

王新华　著

出 版 人：陈　玉
责任编辑：孙志强
封面设计：尹　佳
出版发行：燕山大学出版社 YANSHAN UNIVERSITY PRESS
地　　址：河北省秦皇岛市河北大街西段 438 号
邮政编码：066004
电　　话：0335-8387555
印　　刷：中国标准出版社秦皇岛印刷厂
经　　销：全国新华书店

开　　本：700 mm×1000 mm　1/16　**印　　张**：15.75　**字　　数**：247 千字
版　　次：2018 年 5 月第 1 版　**印　　次**：2018 年 5 月第 1 次印刷
书　　号：ISBN 978-7-81142-412-6
定　　价：40.00 元

目　录

第一章

我国高校校园文化生态研究

一、新中国高校校园文化建设的基本传统

1. 新中国高等教育的起步

高等学校担负着培养高级专门人才和发展科学技术文化的重大任务，是我国人才培养与知识、技术创新的摇篮，是直接关系经济、社会、文化发展的重要社会力量。我国近代高等教育一直落后，1949 年新中国成立后，党和政府高度重视高等教育，改革一直没有停止过，除“文化大革命”这一特殊时期外，发展也一直没有停止过。新中国高等教育的起步可以分为：中华人民共和国成立初期的中国教育（1949—1952）、“全面学习苏联教育经验”的中国教育（1952—1958）、独立探索社会主义道路的中国教育（1958—1976）三个阶段。

第一阶段：中华人民共和国成立初期（1949—1952）

1949 年中华人民共和国成立，结束了中国半封建、半殖民地的历史，从帝国主义手中收回了教育权，教育的领导权回到人民手中。按照中共中央“对接管学校立即开学”的指示，首先对教学内容进行了调整，废除了国民党设立的“党义”“公民”“军训”“童子军”等反动的课程和教材，增开“新民主主义论”“社会发展史”等马克思列宁主义、毛泽东思想的课程。党和政府明确提出“党的领导是胜利完成教育改革的关键”[①]，即教育必须坚持共产党的领导。在学校中，党的领导要保证巩固和加强马克思主义的思想阵地，学校教育出来的人才既要有现代化科学文化知识，又要有相当高的政治觉悟，敢于同各种封建主义、资本主义的腐朽观念实行决裂，要达到这个教育目的，就必须学习马克思列宁主义理论，让学生掌握基本观点，培养其科学的世界观、思维方法，提高自身的政治觉悟。于是

① 毛泽东. 毛泽东选集（第二卷）[M]. 北京：人民出版社，1991：705.

党和国家对旧中国留下的教育进行了全面改造，创造了社会主义的新教育，这种改造解决了教育的目的，从根本上转变了教育的性质，从认识到实践实现了教育的第一次飞跃。这时我国教育基本上实行的是高度集中统一的领导管理体制，即由政府直接领导和管理高等学校，这种中央集权的模式对于新中国成立初期接受改造旧教育，建立新中国民族的、科学的、大众的教育制度，对我们在贫穷落后条件下更好地发展教育事业，起到了积极的作用。

1952 年，在原教育部的基础上，又另设高等教育部以加强管理，接管了旧大学及私立学校和 22 所教会大学，收回了高等教育办学主权，私立大学也相继改为公立，全部高等学校由国家来办，形成了由“国家办学”的单一教育体制。

第二阶段：“全面学习苏联教育经验”时期(1952—1958)

我国高等教育与苏联教育的联系有着很深的历史渊源。新中国成立初期，由于特殊的国际环境和国内形势，外交上形成了“一边倒”的局面，为了改革旧有的学校教育，发展中国教育事业，党中央发出学习苏联教育经验的指示，我国开始大量出版《马克思恩格斯全集》《列宁全集》《毛泽东选集》等书籍，知识分子开始学习马克思列宁主义、毛泽东思想，中苏教育交流成为教育界的主流。学习苏联教育经验是中国教育事业奠基阶段的重大举措，这阶段向苏联学习对新中国教育也产生了相当深远的影响。

我国高等教育向苏联学习最重要的成果是通过对高等院校进行大规模的院系调整为起点，进行全面、系统的教育教学改革，按照苏联模式建立起新的高等教学制度。自 1952 年下半年开始进行大规模的院系调整，前期为撤并，后期为内迁，1952 年年底，全国 3/4 的高校都进行了调整，到 1953 年基本完成院系调整任务。此时我国高等教育学习苏联取得了一系列成功经验，比如确立了共和国高等教育体制，缩短了与发达国家教育质量的差距，实现了高等教育首先为国家工业化服务的目标，人才的培养有了较为明确的目标。

这一时期我国基本上是单向性的中苏教育交流，可以说是新中国教育发展历史进程中的“急流”篇，短时期内在一定程度上满足了国内经济建设对知识人才的需求。尤其是从 1953 年起，首批留苏学生、进修教师及实习人员陆续回国，这批人员迅速成为我国高等院校、科学研究和经济部门的骨干力量，为国家的人才培养、科学技术和经济发展做出了重要贡献。向苏联学习改造了我国旧教育，改革了不合理的教育制度，奠定了新教育的基础，开启了探索中国特色社会主义教育规律的艰难进程。但是在调整中，对文科一些专业在国家建设中的作用认识不足，不适当地砍掉了一些专业，致使政治、哲学、管理等学科受到一些影响，一些学校专业设置过细，面又太窄。因此，从长远来看，在学习中也出现过结合中国实际不够、生搬硬套的问题。此时形成的高度集中统一的领导体制和高等学校学科单一的问题，不利于人才培养，对中国教育的持久发展也产生了一定的负面影响。

第三阶段：独立探索社会主义道路的中国教育(1958—1976)

1958～1960年由于受“左”的思想的影响，强化了教育为无产阶级政治服务的功能，为了加快教育事业发展，在强调“两条腿走路”方针的同时，中央又进一步采取措施，将中等以下各级各类学校的设置与发展权交给地方，以调动地方办学的积极性。这一举措在当时又受到“大跃进”思想的影响，引发了不少违背教育规律的事，使教育出现了盲目冒进，超过了国家承受能力，也造成了教育质量严重下降。然而一些条件较好的大学还是增设了不少新型专业，诸如：半导体、激光、计算机、原子能、无线电技术等专业，对于我国科技发展和国防现代化发挥了重大作用。1959年，像整个国民经济一样，教育也作出了相应调整，教育工作的方针主要是“巩固、调整和提高”，调整当时条件差和过于重复的专业设置；系统总结经验，制定《高等教育六十条》，整顿学校秩序，提高教育质量。到1963年年底，教育事业的调整基本告一段落，通过调整，学校和学生数量都有了很大变化。

20世纪60年代发生的“文化大革命”实际上是对我国高等教育的一次摧残，这场运动以政治教育代替学校教育，在教育领域开展“斗、批、改”，发动红卫兵大串联，当时大学也实行了全面停课闹革命，后期又发起“上山下乡”运动，开展“教育革命试点”，使各级各类学校教育工作陷入瘫痪状态。

此阶段的高校教育虽是坚持马克思列宁主义、毛泽东思想，但是由于当时我国在进入社会主义建设阶段后，错误地估计了阶级斗争的形势，把一定范围内存在的阶级斗争夸大了，把党内、政府内存在的一些矛盾和问题，归结为阶级斗争

在党内和政府内的反映，错误地提出“资产阶级就在共产党内”，认为一切工作都要“以阶级斗争为纲”。在这种“左”的思想指导下，把教育为政治服务、为阶级斗争服务的功能上升为办社会主义教育的主要任务，教育也不可避免地被人们列为上层建筑的范围，这就从指导思想上阻碍了教育服务于国家经济建设的重要使命。

2. 社会主义教育方针的确立

教育方针是“国家在一定的历史时期，根据社会政治、经济发展的需要，通过一定的立法程序为教育事业确立总的工作方向和奋斗目标，是教育政策的总概括”①。其内容包括教育指导思想、教育目的以及实现教育目的的基本途径。它是一切教育工作应遵循的基本指针。教育方针和教育目的是统一的，指定教育方针，必须同时规定教育目的，只有教育目的达到了，教育方针才能真正实现。

“教育方针”一词，在我国大致始见于蔡元培的《关于教育方针之意见》一文，他抨击清末钦定的教育方案，并提出了“国民教育、实利教育、公民道德教育、世界观教育、美感教育五育并举，不可偏废”的方针。我国在不同的历史时期，根据社会发展的要求与国情曾提出过不同的教育方针。

1949 年 9 月 21 日至 30 日，中国人民政治协商会议第一届全体会议在北京举行，会议一致通过了《中国人民政治协商会议共同纲领》。《共同纲领》第五章规定：“中华人民共和国的文化教育为新民主主义的，即民族的、科学的、大众的文化教育。人民政府的文化教育工作，应以提高人民文化水平，培养国家建设人才，肃清封建的、买办的、法西斯主义的思想，发展为人民服务的思想为主要任务。”②1949 年 12 月 23 日至 31 日召开了第一次全国教育工作会议。会议确定了教育工作总方针和改造旧教育、创建新教育的措施，不仅是对《共同纲领》文化教育政策的具体化，而且作了创造性的发展，会议指出对新老解放区的教育工作应实行“分类指导、稳步前进”的方针，明确了新教育应遵循的三项指导原则，即“以老解放区新教育经验为基础，吸收旧教育中某些有用的经验，特别是借助苏联教

① 周慧梅. 图解中国教育[M]. 北京：人民出版社，2014：12-13.

② 陈扬勇. 建设新中国的蓝图[M]. 北京：社会科学文献出版社，2013：237.

育的先进经验”[①]。

1950年，教育部提出“为工农服务，为生产建设服务”的教育方针，基本上适应了新中国成立初期的政治经济形势的要求，从而保证了教育能够沿着正确的方向生机勃勃地向前发展。1953年，毛泽东同志在接见青年团第二次全国代表大会主席团时提出“要使青年身体好、学习好、工作好”[②]。毛泽东同志的“三好”方针虽不是以教育方针的形式提出，但在当时实际上已经成为教育青年学生的行为指南。1956年，我国顺利完成了对旧教育的改造，开始了新教育的发展历程。

1957年，从国际国内形势新的变化出发，毛泽东同志在最高国务院会议第十一次会议上发表了《关于正确处理人民内部矛盾的问题》讲话，并在其中提出新的教育方针，即“使受教育者在德育、智育、体育几方面都得到发展，成为有社会主义觉悟的有文化的劳动者”[③]。这一方针是根据马克思关于人的全面发展学说而制定的，主要反映的是学校教学的培养目标，更反映了当时对社会主义教育本质的认识。党的教育方针是教育为无产阶级政治服务，教育与生产劳动相结合。为了实现这个方针，教育工作必须由党来领导，以确保教育的正确方向，强调了教育必须与生产劳动相结合，但对教育自身规律未能充分考虑。

1958年9月，在“教育大跃进”的高潮中，中共中央国务院在《关于教育工作的指示》中提出了“党的教育方针是教育为无产阶级政治服务，教育与生产劳动相结合，使受教育者在德、智、体几方面都得到发展，成为有社会主义觉悟的有文化的劳动者”[④]。这个时期的社会主义教育方针，反映了党对社会主义教育本质的认识，保证了教育的正确方向，强调了教育与生产劳动相结合，这一教育方针的基本精神得到坚持和贯彻。

1978年3月5日，第五届全国人民代表大会第一次会议通过的《中华人民共和国宪法》第十三条规定：“国家大力发展教育事业，提高全国人民的文化科学水

---

① 周慧梅.图解中国教育[M].北京：人民出版社，2014：56-57.

② 毛泽东.毛泽东文集(第六卷)[M].北京：人民出版社，1986：85.

③ 毛泽东.毛泽东文集(第七卷)[M].北京：人民出版社，1986：153.

④ 周慧梅.图解中国教育[M].北京：人民出版社，2014：82-83.

平。教育必须为无产阶级政治服务，同生产劳动相结合，使受教育者在德育、智育、体育几方面都得到发展，成为有社会主义觉悟的有文化的劳动者。”[①]这是“教育为无产阶级政治服务”的方针在党和政府文献中最后的表述，此后党和政府重要文献中再无此提法。

1981 年 6 月 27 日，在中共中央十一届六中全会通过的《中国共产党中央委员会关于建国以来党的若干历史问题的决议》中，提出“坚持德智体全面发展、又红又专、知识分子与工人农民相结合、脑力劳动与体力劳动相结合的教育方针”[②]。这是在“真理标准”讨论与党的十一届三中全会后，在纠正了“文化大革命”中及以前的“左”倾错误，确立了党的马克思主义的思想路线、政治路线和组织路线后，新提出的教育方针。

1983 年，邓小平根据国际技术新革命和国内现代化建设的新形势，针对当时我国教育发展同现代化建设严重不适应的实际提出“三个面向”，即“教育要面向现代化、面向世界、面向未来”[③]。三个面向的核心是“教育要面向现代化”，一方面，教育要从“以阶级斗争为纲”，“教育是阶级斗争的工具”，切实转向为社会主义现代化建设服务，使教育适应以经济建设为中心，培养社会主义现代化建设所需要的合格人才，这是教育发展的基本出发点和归宿点。另一方面，教育要面向现代化必然要求教育本身必须实现现代化，要不断深化教育体制改革，更新教育观念，调整教育结构，合理安排教育发展的规模、速度和布局，运用现代化的教育手法，改革教学内容和方法，逐步构建和完善适应社会主义现代化建设需要的教育体系。“三个面向”成为构建中国特色社会主义教育体系的一个重要组成部分，为研究和解决我国教育工作中遇到的新情况、新问题提供了理论依据，是对我国教育改革和发展具有战略性的指导方针，具有全局性的指导意义。

1985 年 5 月召开改革开放后的第一次全国教育工作会议。会议讨论通过了《中共中央关于教育体制改革的决定》(以下简称《决定》)，《决定》总结了新中国

---

① 中华人民共和国宪法[M]. 北京：人民出版社，1978：89.

② 中国共产党中共中央委员会. 关于建国以来党的若干历史问题的决议[M]. 北京：人民出版社，1981：57.

③ 邓小平. 邓小平文选(第三卷)[M]. 北京：人民出版社，1993：35.

成立以来特别是十一届三中全会以来教育改革的经验，比较系统地提出了教育体制改革的指导思想、目标、任务和具体措施。《决定》提出以“三个面向”为教育指导方针，确立了“教育必须为社会主义建设服务，社会主义建设必须依靠教育”的根本指导思想，成为全面进行教育改革的纲领性文件。

1993年2月13日，中共中央、国务院正式印发的《中国教育改革和发展纲要》中，总结了新中国四十多年教育曲折的发展历程所得出的宝贵经验，提出了建设有中国特色社会主义教育体系的八项基本原则。其中第一、第二、第三项是直接关于教育方针的规定。

第一，教育是社会主义现代化建设的基础，必须坚持把教育放在优先发展的战略地位。

第二，必须坚持党对教育工作的领导，坚持教育的社会主义方向，培养德、智、体全面发展的建设者和接班人。

第三，必须坚持教育为社会主义现代化建设服务，与生产劳动相结合，自觉地服从和服务于经济建设这个中心，促进社会的全面进步。

它指明了教育必须为社会主义现代化建设服务，指明了社会主义教育的培养目标和办学路线，以教育“总则”的形式规范了教育的发展。

1995年3月18日，第八届全国人民代表大会第三次会议审议通过了《中华人民共和国教育法》（以下简称《教育法》），作为中国教育的基本法，并于当年9月1日开始实行。《教育法》首先确立了我国社会主义教育的性质、地位，并在总则中明确规定了我国的教育方针：“第五条 教育必须为社会主义现代化建设服务，必须与生产劳动相结合，培养德、智、体、美等方面全面发展的社会主义事业的建设者和接班人。”[①]在原国家教委政策法规司所编《〈中华人民共和国教育法〉释义》一书中，明确说明：“本条是关于国家教育方针的规定。”[②]应该说，这是以教育基本法的形式，以最准确文字对国家教育方针最完整的表述。它以法律的形式保障了教育的地位，确定了教育是立国之本的思想，它将指导中国特色社会主

① 中华人民共和国教育法[M]. 北京：中国法制出版社，2003：5.

② 国家教委政策法规司.《中华人民共和国教育法》释义[M]. 北京：科学普及出版社，1995：12.

义教育事业的蓬勃健康发展。

以上是不同时期关于我国教育方针的表述，从中可以看出教育方针的演变进程，不同的表述是与时代特征紧密相连的，而其中最为明显的变化，就是“教育为无产阶级政治服务”向“教育为社会主义现代化建设服务”的转变，这也是党的工作重心历史性转折的反映。

总之，由此可以看出一个国家的政治、经济制度决定着教育的性质，决定着教育“为谁服务”。无产阶级教育观必须反映无产阶级根本的物质利益，当无产阶级上升为统治阶级后，就要利用无产阶级政治力量，大力发展社会生产力以满足人们日益增长的物质文化需求。如果仍坚持用“以阶级斗争为纲”去开展各种各样的“革命斗争”，本身就是背离了无产阶级根本的物质利益，那又怎么能谈得上无产阶级的政治和无产阶级的教育观呢。因此，我国的教育方针必须始终坚持以马克思列宁主义、毛泽东思想为指导，这为我国教育发展指明了前进的方向。

3. 社会主义建设时期大学校园文化建设的宝贵经验

校园是一个以提供主流文化意识为主的社会场所，因此其文化环境就自然充满了对人的思想、意志以及健全人格形成的导向性或教育性。在我国高等学校里，文化活动与教育活动的互存、互促、互为是校园文化的显著特点。教育和文化就像是钱币的两个面，相互的统一与依存出现在学校校园，校园内客观存在的林林总总的文化现象借此得以展现，并以其价值取向、思维方式和行为规范而有别于其他社会群体。作为一种特殊的区域亚文化，校园文化一方面体现了时代特征，另一方面又是特定地域氛围下的青年学生精神风貌的“晴雨表”。在我国，大学校园文化的研究伴随着我国现代大学制度的形成和发展，最初的研究展示在各位教育家，如蔡元培、梅贻琦、张伯苓等对大学理念与大学精神的论述中，而我国全面建设社会主义时期校园文化属于调整阶段，时间大致是 1957～1966 年。

1949 年新中国成立，不仅意味着一种新的社会制度的确立，而且也意味着在上层建筑领域新的文化改造的开始。1957 年以后，由于中苏关系的恶化和国际国内形势的变化，中国校园文化跟随高等教育发展的步伐逐渐走上了一条摒弃一切外国“模式”，复归“传统”的校园文化建设道路。所谓摒弃“模式”，就是在“独立自主”的旗帜下，拒绝接受来自国外的任何“文化模式”，用社会主义文化改造旧的大学。复归“传统”，不是复归中国古代几千年的传统，而是复归中国共产党在战争年代、特别是抗日战争时期在延安等根据地的校园文化传统，批判20世纪上半叶从欧美引进的大学理念，对中国古代传统的文化采取扬弃的态度。其间，1958～1960年的“教育大革命”是校园文化的“大跃进”时期，这个时期的校园文化随着国民经济调整得到全面重构。1961年，《中华人民共和国教育部直属高等学校暂行工作条例(草案)》(简称《高教六十条》)颁布，全面恢复教育教学制度，并对高等学校的培养目标作了详细规定，要把培养爱国主义、国际主义和共产主义精神作为校园文化的核心价值观。随着《高教六十条》的落实，半工(农)半读的校园风尚逐步形成，“百家争鸣、百花齐放”“一颗红心、两手准备”是这个时期校园文化核心价值的流行表达。

1958年教育革命中，毛泽东提出当时的教育不仅要为无产阶级政治服务，更要与生产劳动相结合。当时的清华大学作为全国最高学府，在百年的教育办学历程中形成了严谨勤奋、务实创新的传统，提出了“严谨、勤奋、求实、创新”作为清华学风，这八个字不仅深深地影响了清华人，也在全国范围内产生了广泛影响，为社会所推崇和认同，其他一些学校纷纷借此为校训或嵌刻在学校规章制度里，以勉励学子。社会主义建设时期我国大学校园文化呈现出一些新的特点：

(1) 政治文化渗入大学的比例加大，国家责任感与时代使命感加强。大学在逐渐走向成熟的过程中与国家的命运建立起千丝万缕的联系，与时代的命脉紧密相连。在当时，适应国家和社会的需要是大学办学的核心要素，于是，培养社会主义建设人才成为大学的明确目标，这进一步发展了思想政治理论学习和校园制度、行为与物质文化，使理论学习、党团活动制度化、规范化和经常化。但是，这一时期的校园文化开了学术问题和政治问题相混淆的先河，为“文化大革命”的全面爆发埋下了伏笔。与此相适应，突出政治、触及灵魂、改造思想成为校园文化建设的核心价值取向。

(2) 淡泊名利、潜心学术、坚持育人为本的教学理念，人才培养专门化，适应了我国社会主义建设对专门人才的需求。各级学校始终坚持实事求是的办学路线、理念，贯彻党培养学生全面发展的方针，努力培养德才兼备、体魄健全、全面发展的人才。社会主义建设时期，学校虽然面临的任务很多，来自各方面的“左”的思潮，造成了对正常秩序的干扰，但是在思想认识上，始终坚持教学为主，把教学作为学校的中心任务，学校中的其他一切工作，无论是政治工作、行政工作、财务工作等，都直接或间接配合教学工作进行，这激发了广大师生员工积极为国家做贡献的创造热情，没日没夜、加班加点、你追我赶成为风气。

(3) 注重理论教学与实践教学的结合，教育与生产劳动的结合。这一时期中国大学校园文化的改造是在实施计划经济、建设社会主义新中国的背景下进行的，为我国高等学校校园文化建设探索了道路。通过改造，逐步形成了社会主义性质的大学校园文化，如始终坚持高等教育的社会主义方向、服务人民大众和国家建设的办学方向，深入实际、调查研究蔚然成风。当时的最高学府清华大学在办学理念中注重体现教育与劳动生产相结合的方针，积极探索培养又红又专的“红色工程师”办学之路，建立教学、科学研究、生产三结合基地，鼓励学生联系工业生产实际，理论联系实际，做“真刀真枪”的毕业设计①，改变了过去毕业设计进行虚假模拟的状况，让毕业设计与国家建设结合起来，直接将学到的知识应用到实际工程设计当中，提高了学生的理论联系实际能力。尽管存在某些偏激倾向，但这些做法有利于克服高等教育理论脱离实际的弊端，适应了当时工业化建设的需求，为社会主义建设培养了大批高级工业建设人才，践行了理论与实践相结合的教育方针。

二、近30年我国高校校园文化生态的演化

1. 恢复高考后高等教育发展的特点

1977年8月，邓小平在科教工作座谈会上提出改革招生制度的重要建议，会议提出恢复高考制度，不再搞群众推荐，初步改变了上大学“走后门”之风。同年10月12日，国务院批准了教育部《关于1977年高等教育学校招生工作的意见》

① 梅林.世纪回眸 中国大学文化研究[M].北京:教育科学出版社,2009:99.

及《关于高等学校招收研究生的意见》，废除了推荐制度，恢复了文化考试制度，实行德、智、体全面考核择优录取的原则，规定了考生高中毕业或具有同等学力恢复从应届高中毕业生中招生。

高考制度的恢复具有重大的历史意义，它标志着中国教育事业开始了历史性的转折，中国教育事业开始走向由为阶级斗争服务到为建设现代化社会主义强国服务的轨道，恢复高考是教育战线尤其是高等教育战线拨乱反正的重要标志，这也是对“文革”招生制度的拨乱反正，这是提高高等学校新生质量、迅速扭转“文革”中的混乱局面、确立正常的教学秩序的壮举，对调动亿万学生和广大教师的积极性，促进教育发展，转变社会风气和人们的思想都产生了积极的影响，是中国改革开放的伟大起点。恢复高考后，中国高等教育发展经历了三个阶段，不同的阶段有不同的特点。

第一阶段：拨乱反正的重建期(1978—1985)

恢复高考制度是1977年邓小平复出后做出的一个重大决策，也是中国高等教育史上一件具有深远意义的大事，是高等教育实现拨乱反正的重要标志，成为改革开放的伟大起点，此阶段高等教育的特点是从“文革”中复苏，重启高等教育步伐。

“文革”期间，学校教育过于突出政治因素，片面强调“无产阶级专政下的继续革命”，忽视了教育的内在意义，使得正常的教学秩序遭到破坏。1979年，中共中央决定撤销《全国教育工作会议纪要》，推翻“两个估计”，平反冤假错案。召开了三次重要会议：1979后1月，国家科委、教育部、农林部联合召开高校科研工作会议，初步总结了新中国成立以来高等教育的历史经验；1981年8月，教育部又召开全国思想政治教育工作会议，着重解决高等教育界当时存在的一些思想认识问题；1983年5月，教育部召开了全国高等教育工作会议，探讨如何开创我国高等教育工作新局面，进行教育体制改革。1983年，邓小平为景山学校题词“教育要面向世界，面向未来，面向现代化”。教育面向现代化，关键是教育内容的现代化和教育方式的现代化，要把中国教育同世界科学技术的发展联系起来。为了适应新技术革命和现代化形势，中国教育体制必须做出改革。恢复高考后，也恢复了社会重视知识、重视教育的传统观念，恢复了公平、公正的人才选拔机制。

在此之后，国家为了激发高等教育事业的生机与活力，满足社会对多元化高层次人才的需求，实行了更为灵活、开放的办学模式，先后陆续恢复和建立了一系列高等教育政策，比如恢复研究生教育制度；建立学位制度；大规模派遣留学生；加强重点大学建设；构建完备的成人高等教育体系；发展社会办学力量等，这些都大大地推动了高等教育事业走向全面复兴之路。

第二阶段：探索、深化改革期（1985—1998）

1985 年是中国高等教育政策史上一个具有标志性意义的年份，5 月 27 日《中共中央关于教育体制改革的决定》（以下简称《决定》）正式颁布，其中关于高等教育改革内容占有相当篇幅，《决定》指出：教育体制改革的根本目的是提高民族素质，多出人才，出好人才。因而要求改革过去的教育管理体制，改革同社会主义现代化不相适应的教育思想、教育内容、教育方法，《决定》指出："为了调动各级政府办学的积极性，实行中央、省（自治区、直辖市）、中心城市三级办学模式，实现管理重心逐步下移"[①]，各级人民政府对高等教育的管理权增强，在高等学校招生和毕业生分配制度改革方面，改变了高等学校全部按国家计划统一招生、毕业生全部由国家包下来分配的办法；在高校内部管理体制改革方面，试行了校长负责制、教师聘任制和岗位责任制，启动了后勤社会化改革。

改革开放后，高等教育事业重新焕发生机。这一阶段国家高度重视高等院校的改革，在高等教育结构层次上，改变专科、本科比例不调的局面，加快高等专科院校的发展；在教育形式上，大力发展高等职业教育和成人教育，促进高等教育形式结构多样化；在专业结构设置上，加快政法、管理、财经类等薄弱专业的发展，扶持新型、边缘科目的发展。20 世纪 90 年代，为了向世界一流大学发起冲击，政府又开始推动新一轮的高等院校整合政策，通过强强或强弱等不同方式的联合在全国范围内组建了一大批较大规模的新的"综合性大学"。

这一阶段，国家相当重视高等教育的发展质量，教育改革的目标就是使高等教育规模有较大发展，质量也要上一个更高的台阶，重点加强一流大学的建设。1990 年 6 月，国家教委在讨论制定教育事业"八五"规划时，即提出在未来 10～

① 余风盛.当代教育变革浅析[M].武汉：武汉大学出版社，2004：167.

15年，要有计划、有重点地投资建设若干所重点大学，也就是后来的“211工程”。1993年2月，中共中央、国务院印发了具有里程碑意义的《中国教育改革和发展纲要》及其实施意见，指出：“为迎接世界新技术革命的挑战，要集中中央、地方以及其他各方力量，分期分批地重点建设100所左右的高等学校，在部分高校选择一些将会对国家经济、科技、国防、社会发展等领域产生重大影响的研究领域作为重点研究基地，以提高我国高校的学术影响力，进而提高高等教育质量。”[①]

第三阶段：高等教育飞速发展期（1999年至今）

随着社会的进步，人类智慧的不断地增长，文化也必然随之不断发展。作为社会文化系统重要组成部分的校园文化必将处于不断变化中。高校扩招从1999年正式进入正轨，此后我国进入全面建设小康社会、加快建设社会主义现代化的新阶段。在“科教兴国”战略的指导下，国家先后颁布了若干重大的教育法规和政策，规划了跨世纪教育改革和发展的宏伟蓝图。其中以《高等教育法》的颁布为起点和标志，高等教育建设进入一个全面振兴和繁荣的新阶段，此阶段高等教育特点是一手抓规模一手抓质量，而更重要的是抓质量。

1998年北京大学百年校庆典礼上，中央提出“建设若干所具有世界先进水平的一流大学”的主张。1999年1月，国务院批准教育部制定的《面向21世纪教育振兴行动计划》，该计划一方面提出“积极稳步发展高等教育”，在提高规模效益的同时，不断提高教育教学质量；另一方面，要全面振兴教育事业，使高等教育规模实现较快增长，提出至2010年高等教育毛入学率达到15%的发展目标。1999年，教育部批准北京大学、清华大学等7所大学为“985工程”重点建设大学。此后，南开大学、天津大学、吉林大学、山东大学等30余所大学相继成为“985工程”大学。目前上述大学在国家财政的大力支持下，通过积极开展学科建设、汇聚培养国内外优秀人才、加强科学研究、扩大对外学术交流、探索新型管理模式等途径，已呈现良好的发展势头，在国际上产生了一定的影响。同年6月，中共中央国务院公布《关于深化教育改革全面推进素质教育的决定》，指出：要“调整现有教育体系结构，扩大高中阶段和高等教育的规模，拓宽人才成长的道路，减缓升

---

① 杜晓红.新时期高校校园文化建设研究[D].长春：东北师范大学，2005：34-35.

学压力。通过多种形式积极发展高等教育，到 2010 年我国适龄人口的高等教育入学率要从现在的 9%提高到 15%左右”①。

但是，此阶段在高等教育飞速发展的同时，也出现了一些潜在的问题。比如大学里的教学质量严重下降、高校大学生信仰缺失、价值观异化、大学生就业难、研究生泡沫化、学术造假、铺张浪费严重、衙门化越来越严重等现象，这都与片面追求教育高速度发展有关。

2. 改革开放以来大学校园文化的演变

1977 年恢复高考，高校师生逐步从教条主义和个人崇拜的狂热中解放出来，个人主体意识日益增强，对价值观等问题有了更加理性的理解和诠释。高校校园文化作为当代中国文化的重要组成部分，其演变始终是基于中华优秀的传统文化，并与传统文化的优秀思想息息相关。而中国现代大学的产生与发展也并非中国传统高等教育体制的自然演化，而是发端于西方近代高等教育的组织形式，是在西学东渐、社会转型中逐渐发展起来的，与中国现代化进程相伴随。

改革开放后校园文化的演变可以划分为以下几个阶段：

第一阶段：初期发展阶段——回应与起源（1978—1984）

1977 年，国家宣布恢复高考。1977 年、1978 年中国的夏天，迎来了历史上规模最大的高校招生考试。1978 年关于真理标准问题的大讨论和十一届三中全会的胜利召开，把中国历史推向了一个新的转折点。社会上尊重知识、尊重人才的风气激发了大学生的求知意识与欲望，伴随着对“文革”的反思，为了抢救失去的青春，相当一部分大学生如饥似渴地投入到读书当中，他们开始利用一切时间埋头苦读，阅读内容之多、之广、之深，不仅与社会其他成员有所不同，而且也与“文革”以前的大学生有所不同。他们探索的目光几乎涉及人类知识的各个领域，于是“发疯式的学习”“求知热”成为这一时期大学校园文化的代名词，学校学术气息浓厚，他们在学习上勤奋刻苦，狠下功夫，宿舍、餐厅、走廊，学校的一切地方都成了他们学习的场所，在校的所有时光都用来汲取知识。理想、激情成为这一时

① 宋恩荣，吕达. 当代中国教育史论[M]. 北京：人民教育出版社，2004：335.

期的标签,"卑鄙是卑鄙者的通行证,高尚是高尚者的墓志铭"成为这一时期的流行语。1981年北大学子喊出了"团结起来,振兴中华"的口号,表达了当代中国青年赤诚爱国、理性报国的共同心声,这一呐喊迅即成为响彻中国大学校园的主旋律。

第二阶段:变动阶段——复合与流变(1984—1990)

20世纪80年代,改革开放初期,随着经济的发展,全国人民生活水平逐步提高,港澳台地区与大陆交流也逐渐加强,各种文化开始繁荣起来,使得这一时期学生的视野更加开阔,可以接触到的知识也更加丰富,更加广泛,他们不再埋头学习,而是去尝试接受一切新事物,哲学社团、交谊舞等在当时的大学校园里风靡一时。那时的大学校园是清新而活跃的,篝火晚会中的尽情狂欢,参加讲座时的认真倾听与思考,文学沙龙里的激情演讲,丰富的活动把大学校园文化从最初的苏醒阶段发展到更加符合这个时代的激情阶段,"跟着感觉走,玩的就是心跳"是当时的文化代名词。1986年4月8日,当时的华东师范大学率先举办首届校园文化建设项目活动。此后,上海交通大学、华东化工学院、复旦大学等校又相继推出了以建设校园文化作为宗旨的文化艺术节活动,与此同时,以各校学生会、学生社团以及学生个体为主体的各种类型的文化创新活动也不断出现。

但是,随着改革开始进入全面推进和深入发展的新阶段,经济体制改革从农村转向城市,商品经济开始确立,允许一部分人先富起来的政策激发起了全国人民发家致富的强烈欲望,在快富、暴富的浮躁心理驱使下,社会上出现了全民经商的独特景象,商品大潮如一股不可阻挡的洪流冲击着社会的每一个角落,高校校园也在这股洪流之中躁动来。经商热、下海潮触动了在校大学生敏感而活跃的心灵,仿佛在一夜之间,冒出了一个个腰缠万贯的万元户,他们的出现,大大刺激了拿工资吃饭的人,使他们纷纷去搞第二职业和兼职,以求迅速富起来。社会上的这股经商热同样波及了校园,当时高校校园内出现了勤工助学的热潮。

当时复旦大学的学生最先提出了"勤工助学"的口号,引起了全国大学生的兴趣。到目前为止,复旦大学的"光华自立奖"就是复旦学子以勤工助学劳动所得设立，并以提倡大学生自立自强精神为主题的奖学金，以其独特品牌影响力和文化凝聚力，弘扬并引领着学术独立、实践创新、勇于奉献、追求卓越的校园风尚，营造了一股浓郁的校园文化氛围。1984 年，有近 1/3 的全国大学生参与了各种各样的勤工助学活动。一些高校的团委、学生会也出面组织成立了大学生科技服务中心等机构，使勤工助学不断升温。[①] 从 20 世纪 80 年代开始，大学生勤工助学现象经久不衰。时至今日，大学生勤工助学已经更加理性化，在勤工助学项目的选择上、方式上越来越合理。高校越来越重视勤工助学活动对特困生群体的重要作用，普遍成立了勤工助学管理部门，有组织、有计划地带领学生参加勤工助学活动，使勤工助学活动成为特困生的救助渠道之一。

1985～1989 年，在各种社会因素的激荡下，社会上的“读书无用论”渐成气候，逐步蔓延影响到大学校园。全民经商热潮冲击着青年大学生，社会上的脑体倒挂现象影响了大学生的价值观，也影响到在校教师教学的积极性，“学而优则商”的口号在大学生中间迅速蔓延。这一阶段，大学生厌学、弃学、退学成风。“读书无用论”的出现反映了此时大学生价值观念的偏离，也反映了社会政治、经济变革、社会文化发展对大学生思想的消极影响。当时上海每年高校流失的学生，已相当于当年两所本科院校的招生总数。上海大学生自然减员逐年增加，1987 年为 1259 人，1991 年达到了 2249 人，增加了 78.63%。全国政协副主席、复旦大学名誉校长苏步青教授指出：“一个时期来，有关学生厌学、教师弃教的消息时有所闻，总感到不是个滋味，许多青年学生竞相弃学经商，弃学出国，即使像复旦大学这样的重点大学，也有近百名学生自愿退学。”进入 90 年代，由于各种社会因素的影响，厌学风也不断呈现，严重制约了大学生的全面发展。进入 21 世纪，“读书无用论”渐趋消失，但由于各种社会因素的影响，仍会不时影响大学生的价值观念。

第三阶段：调整与发展阶段——颤动与寻觅(1990—1997)

随着改革开放在 20 世纪 90 年代进一步深入发展，不同领域都产生了各种各样的社会思潮，大学校园文化也随之发生变化，这个时期的大学生们变得更加

---

① 张静.新时期高校校园文化建设的新探索[M].天津：南开大学出版社，2010：77-78.

勇于表现自我，个性鲜明，他们把 80 年代最为流行的校园讲座发展成了论坛，大家都崇尚精神上的自由，使得辩论赛、演讲成为 90 年代校园文化的重要符号。理论学习热产生于 1989 年政治风波之后，那时大学生的浮躁心理开始减弱，开始理性地看待各种社会问题，他们开始把探索的眼光投向国家的具体情况，投向马克思主义理论的学习。1989 年年底，寻找毛泽东热首先在北京大学兴起，1990 年年初，各类马列主义理论学习社团相继在各大学校园里涌现，如马列主义研究会、求知社等，掀起了理论学习的热潮。大学生们开始用对知识的追求来医治政治上的幼稚病，用科学的态度、求知的思想来对待马列主义理论、毛泽东及其著作。所有这些活动，对大学生的自我教育以及实现政治社会化无疑都是大有启迪的。当时理论学习热的主要表现形式是以社团为载体的，从 1989 年到现在，各种理论学习社团不断成立并焕发出青春活力。邓小平理论研究会、建设有中国特色社会主义理论研究会、和谐社会理论研究会等学生社团不断出现在高校校园内，吸引了一大批学生参与其中。

1997 年以“三下乡”社会实践活动为标志，大学校园文化活动开始走出校园服务社会，这些活动扩大了大学生的视野，增强了他们服务社会的意识，增强了大学生的社会责任感，成为当代大学校园文化中光彩的一笔。大学生开始对现实问题进行认真思考，在活动中利用自己学到的知识与技能无偿地为社会提供服务，为群众做奉献，在实践中提升自己的价值，增进与人民群众的感情，使自己变得更加成熟。从而达到对社会实际的深刻认识，实现自我教育的目的，此刻我国的校园文化开始走向理论与实践相互结合的快速发展轨道。

第四阶段：健康发展阶段——市场化与网络化（1997 至今）

进入 21 世纪，我国各项事业飞速发展，大学校园文化更加色彩斑斓，经济的发展、宽松的文化环境、广泛的信息来源让各种思想在大学校园中产生激情碰撞，大学生变得更加自信，更加具有激情与活力，校园网络、广播、电视台、学生社团成为现代大学生发挥潜能的平台，大学校园也呈现出与媒介相一致的文化现象，即主体性和多元性的博客文化、草根文化等，这些多元的网络校园文化以覆盖面广、信息量大、内容丰富以及贴近生活和实际等特点，成为引导学生关心学校发展、心系社会发展、有力推进和谐校园建设的重要因素。

改革开放以来，随着社会开放程度的加深，校园文化发生了深刻的变化。改革开放初期，校园文化活动形式仍以集体活动为主，团队参与人数仍然是校园文化活动质量评价的主要参考依据，伴随着改革开放，高校教育体制改革的深入，中国高等教育有了前所未有的发展，教育思想观念的转变和管理模式的改革对校园文化产生了巨大冲击，校园文化的内容已经呈现出多样化的特点。高校校园文化由单一型向兼容型变迁，校园文化由封闭型向开放型变迁，高校校园的开放性不断得到加强，随着社会文化的多样化发展，高校校园以开放的姿态将各类文化包容并蓄，高校校园文化系统成为一个复杂的构成体，这一阶段我们对传统文化和外来文化都持理性态度，从中国建设的实际出发，发展创新一种能适应我国社会与经济高速发展需要的大学新文化，学校师生以极高的热情参与校园文化的创新活动，使校园文化的内涵更具丰富性，形式更加多样化。校园文化不仅发挥了娱乐身心与教育师生并重的作用，同时也承担起引领社会先进文化发展的重任，人们以从未有过的态度重新审视传统的校园文化。

经过30年的建设和发展，高校校园文化继承中华民族优良传统文化和校园文化精华，大学校园文化从单一、枯燥到如今的丰富多彩，这样的变化不仅从一个侧面反映出我国各领域的进步，同时也见证了当代大学生的成长，但这一次不同于历史上向国外学习的时期，中国人更加自信、自强，走的是一条有中国特色的社会主义建设之路，努力建设着中国特色的大学校园文化。总体来说，改革开放后我国在高校校园文化建设进程中对于外来文化是审慎的、理性的，强调一定要与中国的实际相结合。相信随着我国综合国力的不断提高，大学生校园文化建设也一定会更加繁荣昌盛。

三、当前校园文化建设面临的问题与挑战

1. 当前影响校园文化建设的主要因素

当前高校校园文化建设取得了明显成就，但受多种因素的影响，也存在一些需要加强与改进的问题。由于校园文化是多个因素共同作用的结果，影响高校校园文化建设的因素也是多方面的，因此，问题产生的原因是高校校园文化建设

自身内在因素与外在因素共同作用的结果。从外在方面来说，主要受以下几个因素的影响：

（1）国家政治、经济形势的影响

确立改革开放政策以后，随着社会重心的转移，社会环境日益宽松，成为校园文化发展的新背景。社会转型中的各种因素从不同的侧面影响着校园文化的发展，校园文化在思想上、行为上都表现出更强的积极性和创造性。社会政治的发展直接影响高校校园文化发展的方向，社会经济的发展是高校校园发展的最终决定力量。

政治上，利用国家法律、法规，颁布一系列方针、政策，并通过行政手段加强党对校园文化的领导，尤其是加强马克思列宁主义，毛泽东思想，邓小平理论，“三个代表”重要思想，科学发展观和习近平治国理政的新思想、新理念、新战略以及社会主义核心价值观等思想理论和大政方针的贯彻与落实，其中加强社会主义核心价值观在高校的落实与实践，保证了校园文化的建设方向。

经济的前提和条件是决定性的，每个时代的经济发展状况对当时包括社会文化在内的一切社会现象都具有决定意义。校园文化作为文化的具体形态，与经济状况也密切相关，各个时期校园文化的发展总是深深地印上那个时代的经济印记。校园设施的建设和改善、校园文化活动的开展都离不开经济作后盾，校园文化不可能停留在原来的状态。经济的繁荣为校园文化建设投入大量人力、财力、物力，尤其是科学技术的发展，为校园环境、设备、科研设施的改善与更新提供了物质技术支持与保障。在大学，现代高科技的运用，比如规划设计的网络化、以纳米技术为代表的材料化等，不仅提高了工程质量，也增强了校园文化的价值，校园物质文化在经济发展中获益巨大，而且物质条件的改善在一定意义上使校园学生或教师参与校园文化活动有了内在精神需求。

经济基础决定上层建筑，随着社会主义市场经济体制的确立，必然会对作为上层建筑领域的文化产生影响，于是校园行为文化也深深地打上了市场经济的印记，进而影响到校园文化的方方面面。

首先，随着社会主义市场经济的发展，部分高校教师或领导由于物质或精神生活的冲击，尤其是收入差距的拉大，逐步使他们产生失落感，于是部分教师不甘心死守工资，纷纷在课余时间开展“第二战场”，没有一心一意坚守自己的岗位。而教师作为学生在校的直接影响者，他们的为人处世态度和方式会对学生产生深刻的影响，教师的失落感必然会对学生产生一定影响，于是部分学生将“挣大钱”“当大款”作为自己的人生理想，从而迷失了自己的价值观。

其次，市场经济会使基础学科受到削弱，在市场经济体制的催动下，被市场经济看好的热门专业和热门学科便急功近利，一哄而上，高校专门设立那些迎合市场经济发展的专业，形成高等教育学科和专业设置畸形发展的局面。与此相反，那些对社会主义市场经济作用不够明显或影响不够直接的基础学科被削弱、被冷落，呈现出日益衰落的趋势，长此以往，必然影响到教育的综合与平衡发展，不利于丰富多彩的校园文化活动的展开。

（2）西方文化的影响

随着全球化进程的加快，世界各国的联系日益密切，不同文化之间的交流、借鉴、学习和对话，对一个国家文化的发展，对一所大学校园文化的建设和发展都会产生深远影响。现代意义的中国大学是在西方文化的影响下产生和建立的，因此，中国大学校园文化建设必然受到也会显现出西方文化的影响，面对西方文化，我们应取其精华、去其糟粕，结合我国国情和高等教育的实际，批判地吸收借鉴，积极探索有中国特色的高校校园文化建设之路。

西方校园文化历史长、发展快，内容丰富、形式多样、成果丰硕，有值得我们学习和借鉴的地方。文化的全球化有利于中西方校园文化相互交流、融合，我们一定要抓住这个机会，在与西方文化交流互动过程中，吸取精华。

但是，文化的全球化又是一把双刃剑，更容易使高校校园文化受到外来不良文化的冲击和影响。西方文化价值多元、主流不突出，一些颓废、堕落的厌世情绪也随之而来，他们关心物质成就、关注自我、追求实用，尤其是以美国为首的西方资本主义大国利用全球化进程的趋势，大力鼓吹其政治制度的完善和文化的先进，宣扬自身的价值观念与意识形态，一些国家盲目追随，最终导致文化危机和国家解体。涉及校园文化方面，西方文化对我国校园文化变迁的影响是全局性的。在日常学习、生活、消费价值观等方面，师生受此影响产生了思想观念和评价标准的多元化，个人主义、利己主义、拜金主义、享乐主义、索取主义、个人局部利益主义在强化，集体主义、荣誉观念、奉献观念、社会全局观念在淡化。这些消极思想严重影响到校园文化的健康发展。因此，我们建设校园文化一定要立足自身，警惕西方文化的和平演变。

（3）中国传统文化的影响

中国校园文化早已存在于我国的传统文化之中，我国传统文化中孕育着丰富的校园文化思想，比如：儒家“和而不同”“自强不息”“厚德载物”“学而优则仕”等思想都深深地影响着几千年来中国校园文化的发展。一方面传统文化固有的价值观念对大学生素质的全面提升和高校校园文化的健康开展会产生积极的影响，有利于促进校园和谐的人际关系，培养学生的民族精神与爱国主义精神，树立学生良好的集体主义、团队观念，发扬学生自强不息的进取精神，培养在校学生诚实守信的道德观念，发扬中华民族勤俭节约、艰苦奋斗的优良传统等。

但是，另一方面，传统文化的封建因素对新时期校园文化也有消极作用，传统的整体主义观念激发了个人的社会责任感，形成了较强的民族凝聚力，但它无形中对个性的自由发展起到了抑制作用，不重视个体的自我能力与潜力的发挥。中国传统文化的保守心理，中庸之道的信条也阻碍大学生竞争观念和进取精神的形成，与自强不息的民族精神形成了鲜明对比，而且校园内师生也会无意识地受到地域文化的影响，无意识地受地域范围内制定的各种规范、制度、伦理道德的约束，如城市文明意识、个人公德等。

另外，优秀传统文化的宣传普及在高校教育本身实施得不到位，发挥的作用不显著，严重影响校园文化建设。在大学阶段，很多院校在课程设置上范围狭窄，一般只有单一化的选修课，传统文化课程没有系统地纳入教学日程安排中，加之学生对中国传统文化认识的不足，课余时间很少涉猎这方面的知识，造成高校校园文化丢失了传统文化的内涵。

（4）现代网络媒体技术的冲击

在信息技术高速发展的21世纪，计算机网络技术为我们提供了更便捷的服务，但是同时它对校园文化的建设又提出了新的挑战。由于网上信息鱼目混杂，不健康信息、有害的生活方式和文化垃圾的传播，使得大学生受到影响，再加上学生正处在世界观、人生观、价值观形成和发展的关键阶段，理性判断能力不足，部分大学生自控能力差，容易受到外部环境的诱惑，使得一些大学生沉溺于其中，进而影响到自己的人际关系，陷入虚拟的网络世界无法自拔，长期下去导致情绪失落或精神孤独，也造成他们对班级集体观念意识淡薄，团结意识难以提高，而一旦遭遇挫折，就容易自暴自弃或者是用暴力手段解决问题，随之产生一些不良行为，严重影响校园文化的发展。

很多境外网站大肆宣扬资产阶级自由、民主、人权思想与价值观念，西方敌对势力还建立了诸如“八九”风波、“西藏独立”“中国人权”等网站，随时发布着混淆黑白、颠倒是非的言论，混淆大学生的视听、腐蚀他们的思想，严重毒害了当代大学生。在高校，大学生通过新媒体可以随时随地自由浏览世界上任何其他国家的各种信息，因此，很多大学生不看主流媒体的报道，而是对一些外媒报道的反面、激进言论感兴趣，进而倍加赞赏，弱化了许多大学生的政治敏锐性和辨别是非的能力，容易导致大学生价值冲突更加尖锐化，价值取向更加多元化，价值选择更加困难，致使大学生理想信念迷失、价值观念混乱、法制道德意识弱化，从而给高校主流意识形态教育增加了难度，制约校园文化品位的提升和健康发展。

在上述外在因素影响大学校园文化建设和发展的同时，影响校园文化建设的内在因素有以下几方面：

(1) 教育者与受教育者对校园文化作用的认识不到位

作为教育者的高校教师注重的是自己的教学成果与福利待遇，高校领导将经费大量投入到教学、科研等见效快的环节上，并不会积极主动地关注校园文化的建设与发展；作为受教育者的学生注重的是个人学业成绩与升学就业等，将校园文化建设视为课外活动，出发点无非是为自己的就业增添几样证书等。高校并没有完全把高校校园文化建设上升到培养人的精神高度来认识，缺乏应有的重视。

(2) 学校管理制度不健全

由于眼界不够开阔、认识不到位，校园文化建设很难纳入学校建设与发展总体规划。加上校园文化需要一个长期积淀和与时俱进的过程，一步到位的统筹规划难以制定，这种情况加大了校园文化发展规划制定的难度，使得领导者在规划过程中只能看到眼前的局面，不能向经济战略那样制定中期或者是长远的目标，缺乏统筹规划，校园文化建设及其管理就没有目标与动力。

(3) 缺乏组织管理机构

对一所学校而言，财务、人事、党政机关、后勤、组织机构是健全的，工作有目标、有计划、有步骤，管理也有章有法，加上党政领导班子人员定期研究、指导、检查，工作开展起来就比较顺利。由于目前大多数校园文化建设缺乏上面领导必要的组织、管理与领导，难免使得在活动中带有自发性、随意性、盲目性和偶然性。尤其是由于我国高校社团成立起步晚，发展历史短，所以在社团组织管理机构上，社团成员层次不一，又无统一可行的管理标准来约束社团成员的行为，导致社团成员混乱流动，分工不明确，使活动流于形式，不能满足社团成员真正的需求，也不能达到社团预期的目标，发挥其应有的作用。

(4) 校园文化建设缺乏法律约束

虽然要求制定高校校园文化建设法规的呼声此起彼伏，但从上至下，依然没有一整套完整的法规出台。“目前大多数高校校园文化建设没有法规制度可依，便出现了方向不明、管理不力，无法规范校园文化行为”[①]，无法指导一系列丰富多彩的校园文化活动，有可能还会因为校园文化的混乱导致教育方向的偏离。加上高校办学中存在的功利性、实用性、通俗性、娱乐性等，都严重影响到校园文化的健康发展。

2. 大学校园文化建设的成就与不足

进入20世纪90年代，党中央提出了“科教兴国”战略，在这一战略的影响下，高校校园文化建设得到各级党和政府的关心与支持，进入了一个快速发展期，取得了一些成绩。这些成绩是来之不易的，也是喜人的，具体而言成就主要表现在以下几方面：

(1) 校园物质文化建设取得丰硕成果

校园文化具有强大的感染力，一个优美的校园环境总是以其特有的文化氛围对生活在其中的校园人潜在或公开地灌输某种思想、观念。而校园物质文化，

---

① 刘德宇.高校校园文化发展论[M].青岛：中国海洋大学出版社，2004：96.

它是浅层次的校园文化，是人们所创造或使用的、为人们的感官所直接触及的客观存在物，它是校园文化的外在标记，具有直观形象的特点，能迅速给人以感官的刺激，给人一种有意义的情感熏陶和启迪。由于校园的特色建筑、校园的合理布局、校园的绿化美化都能形成一定的物质文化，从而作为高校校园文化的物质载体。因此，在大多数高校校园里，校园的建筑布局、园林绿化等都向美的方向靠近，校园物质环境通过对环境美的创造和维持，使高校大学生的心灵在耳濡目染中得到净化与启迪。

随着经济的发展，社会的进步与稳定，国家对高校的发展也越来越重视，校园环境对陶冶学生情操、塑造美的心灵的作用越来越为广大师生以及校领导所接受与认同，高校师生参加校园文化建设的积极性与热情也增高。因此，在党和政府以及高校领导的支持下，为了方便学生生活、学习，学校从硬件设施、基础设备上打造、改善、提升教学环境。从住宿到餐饮到课堂，学校都进行了大规模的修整，校园物质文化载体得以大规模兴建。

原有的高校简陋设备得到改善，校园里修建新型的体育场、广播室、周末影院等文体活动场所，学校提高了新建宿舍的标准，宿舍类型、设施也越来越齐全，有二人间、四人间、六人间等，而且现在很多学生公寓内都配有独立的卫生间，宿舍内还有电视、无线网络可以使用，宿舍成为集学习、休息、娱乐、工作等诸多功能于一体的场所；由于校园餐厅面对的是有较高文化素质的客户群，他们具有较高的审美意识与标准，餐厅文化也越来越注重人文情怀，为了满足来自不同地区学生的不同口味与需求，餐厅饭菜种类也越来越多，餐厅内部建筑也越来越美观，灯光设计、餐桌摆设越来越符合学生需求，从而给学生创造了一个良好的就餐环境，学生在餐厅中面对优美、舒适的环境，也会自觉地收敛起自己的不良行为，从而提升自己的素质。

为了方便学生学习，丰富学生的知识，图书馆的设计也越来越体现人文关怀，除了外观上美观，图书馆内部更是配备了丰富的图书资料，还有很多先进的设备，供学生查阅，甚至有的学校还为身体有残疾的学生和教师提供人性化服务，比如在查阅图书、休息或如厕等方面，都考虑到了特殊人群的需求。

随着国家经济的发展，高校里校园雕塑种类越来越丰富，校园雕塑作为校园物质景观的一种表现类型，是大学精神的有效载体，往往能与民族历史、学校沿革、时代精神、学术追求结合起来，集中反映了校园文化价值的主流追求，尤其是教育目的和价值取向。在一些高校校园内随处可见一些充满人文气质的雕塑，比如：中山大学的孙中山铜像，体现着追求民族独立、国家富强的精神激励着一代又一代的“中山人”；坐落在未名湖畔的教育家蔡元培先生的铜像，已成为北大学术思想的象征；某些师范类院校偏向于建造一些在教育方面做出突出贡献的教育家雕塑，比如孔子、陶行知等；某些偏理工科院校偏向于建造在理工科方面做出突出贡献的专家雕塑，比如爱因斯坦、哥白尼等，这些都可以成为校园文化凝练的标志，从而潜移默化地影响学生品性。因此高校的一花一草、一石一砖无不渗透着文化美，也无不发挥着育人的功能。

（2）校园精神文化建设得到一定发展

高校校园文化的主体大部分是那些具有高等学历的、有较高人文修养的教师和那些有远大理想抱负的青年才俊，他们长期在校园里学习、工作、生活，在校园文化的价值取向上趋向于高雅与知性。改革开放后，高校在办学指导方针上始终坚持邓小平同志“三个面向”的思想，把握校园文化建设的主流，随着科学发展观的落实和社会主义核心价值观的践行，高校始终坚持社会主义文化的办学方向，坚定走社会主义文化发展道路，明确在校大学生的价值取向，使得高校校园文化在整体方向的取向是积极的。

随着中央加强党的先进性教育活动的展开和马克思主义理论研究和建设工程的深入展开，在校广大青年学生热心学习马克思主义理论，思想政治觉悟有了很大提高，学生积极开展学雷锋、树新风活动，加强对马克思列宁主义、毛泽东思想、中国特色社会主义理论的学习，有的学校学生还在老师的带领下，成立了马克思主义研究会、讨论组、读书会，积极主动地组织学生进行政治理论学习，很多高校还组织开展各种理论知识竞赛活动，这些活动大大加深了学生对马克思列宁主义、毛泽东思想、邓小平理论、“三个代表”重要思想、科学发展观以及习近平系列讲话等的理解，提高了他们的理论水平和政治觉悟，从而坚定了广大青年的中国特色社会主义信仰和共产主义觉悟，增进了对党和人民的感情，从而积极向党组织靠拢，光荣而自豪地加入了中国共产党。

学生文化活动日趋丰富多彩。以前学生每天的生活就是从教室到食堂，到图书馆再到宿舍，单调而乏味，校园文化活动处于消极状态，有的学生还会因为自己特长得不到发挥，产生低落消极情绪，严重者还会诱发抑郁症，若不及时调整就会产生一些不良现象。而丰富多彩的校园文化活动是大学生最易于接受的方式，也是高校校园文化最直接、最有力的形式，大学生在紧张的学习之余，参加各种娱乐活动，不但可以提高学习效率，还可以调节大学生心理。如今各种社团、讲座、辩论会、诗歌会接连不断，如雨后春笋般兴起，开展得如火如荼；还有各种协会，比如大学生创业协会、科技协会、足球协会、音乐协会、读书协会组织的各种活动等，不同风格的校园文化活动，让人耳目一新。比如北京大学，其在文化活动实践中明确“三个目标”，即以校园原创文艺为有效载体，深入推进大学生思想政治教育；围绕培养领导型、创新型人才的育人目标，着力培养学生的创新精神；立足推进世界一流大学建设的战略进程，引领校园文化发展潮流。完善“三个机制”，即完善原创文艺与时俱进的发展机制，完善重点扶持和辐射广泛的参与机制，完善内联外引的资源保障体制。最终取得了“三大成果”，表现为北大校园原创文艺已活跃在校园文化的各个层面，涌现出了大量的多元化原创精品；培养了一批原创人才队伍，呈现出了百花齐放、百舸争流的喜人局面；在校内掀起了原创热潮，营造了浓郁的创新氛围繁荣了校园文化建设，成为高校校园文化工作中的亮点与特色。这些活动不仅展现了大学生昂扬向上的精神风貌，而且锻炼了大学生的组织、协调和活动能力，提高了大学生的综合素质，也营造了浓厚的校园文化氛围。

某些高校，比如北京大学在继承传统的基础上，以学校为主导，以师生为主体深入开展大学文化建设。通过举办各种活动，对学生进行爱国主义教育，来弘扬爱国主义精神与民族精神。比如举办“一二·九”合唱比赛、开展五四青年节教育活动、定期举行升旗仪式等。从思想上明确校园文化的发展方向，确保学生树立正确的价值观。部分高校大学生开展社会实践活动，大兴调查研究之风，学生通过调研搜集资料，了解历史、认识国情，对现实问题进行思考，从而关心国情，了解民意，通过走向社会，熏陶情怀，实现自我教育。

(3) 校园文化管理制度方面有所健全

校园文化中的管理制度层面主要是指通过具体的规章制度、机构组织和纪律去约束大学生的内在行为。为了保障校园文化的健康发展，经过十几年的努力，学校文化的管理机构逐步健全与完善，上到校园文化的指导性机构，下到以学生为主的社团组织等都在不断地健全与完善，还有不少高校培养了一支校园文化建设的骨干队伍，校园里的学工处、校团委、院团委、人事处、宣传部等各部门也形成明确的分工体系并且相互配合，形成齐抓共管的局面。

总之，我国高校校园文化建设在党和政府以及社会各界人士的支持下，取得了显著的成果，但是仍然存在不少问题亟待解决，归纳起来主要有以下几个方面：

（1）精神文化建设仍然薄弱

高校校园文化建设是高校育人的系统工程，不仅需要在历史的长河中得到不断积累沉淀，同样需要在特定时期深化校园文化建设的内涵，提升校园文化建设的层级。当前我国正处于重要的社会转型期，在社会主义市场经济体制尚未成熟完善的背景下，市场经济自身的特点如追求利益最大化等观念对人们的世界观、人生观和价值观产生了一些消极影响，高校也难免受社会上功利主义思想的不良影响。

精神文化本来是校园文化的深层内核，也是校园物质文化建设所要达到的目的。但是在现实中，有的学校把校园文化建设仅仅停留在视觉层面，主要在校园环境绿化、美化和文化活动设施方面开展工作，忽视了对校园深层次精神文化的提炼。在他们看来，只有物质文化才是实实在在看得见的东西，既可以对外树立起校园的良好形象，也可以让学生潜移默化地得到熏陶和感染，又可以为师生员工工作、学习创造一个良好的环境，而精神文化体现得不直接、不具体，给人带来的感性认识不足，因此对大学精神、办学思想等精神层面文化重视不够，呈现表面化现象，这都使得大家对校园文化建设文化内涵的研究不够深入。

有些高校把校园文化建设的意义等同于丰富学生的业余生活，组办一些低层次音乐比赛会或者是选美会，这些活动大都是“娱乐性内容多，启迪性内容少”，不仅没有提升学生的艺术品位，反而消磨了学生大部分时光，使得校园文化娱乐化甚至庸俗化现象明显泛滥，对校园精神锤炼不够，真正的校园文化品位难以实现；还有一些高校忽视自身历史渊源和传统特点，对学校的办学定位和办学特色缺乏深刻总结和深入挖掘，在办学理念、人才培养等方面存在趋同现象，个性化严重不足，也使得有些高校在校园文化建设上存在相互套用甚至抄袭等现象，导致校园文化对大学生的吸引力、感召力不强，不能在广大学生中产生共鸣。

(2) 校园文化建设中出现一些不良行为文化

行为文化是在一定的环境下为人们共同遵守的规定，是人们选择或使用某种行为的样式，以群体的形态出现。当前高校校园文化建设过程中流行文化影响很大，甚至愈演愈烈。很多学生深受流行文化的影响，每天"宅"起来，逃课猫在宿舍里或者去校外网吧看一些非主流的影视片、动漫片，有些大学生还把大部分在校时间用来玩 cosplay、打游戏，人生没有目标，理想信念缺失，内心空虚又寂寞，而且由于长期沉迷于虚拟世界，在人际交往方面又存在很大问题；有的学生对手机产生严重的依赖症，成为那些所谓的"拇指族"，他们把大部分的时间用来玩手机，吃饭玩、走路玩、回宿舍玩，甚至上课也不停地玩，这就是目前高校比比皆是的那些"低头族"。有的学生因此而陷入"网恋"的泥沼中，不能自拔，还有的为网络里的色情、凶杀、暴力、吸毒吸引而不自觉地搜索着相关内容甚至模仿相似情景，这些都严重侵蚀着学生的心灵，影响学生正常的学习、生活秩序。

目前高校里存在着很多所谓的"课桌文化""走廊文化""厕所文化"现象，这些都与国家提倡的社会主义核心价值观背道而驰。当我们走进教室的，不难发现，不少课桌上面存在着乱涂乱写，大学生在上面信手涂鸦，有因失恋宣泄心中苦闷的，也有因空虚寂寞而交友留 QQ 号、微信号的，还有为了考试作弊在上面打小抄的，这就是所谓的"课桌文化"；甚至厕所和过道的墙壁上都被一些人乱涂乱写，而那些内容更是"丰富多彩"，这些现象的表面上是学生乱涂乱画不爱护公物，但实际上是更深层次地反映了大学生没有树立正确的人生观、价值观，学习态度不端正，没有树立长远的人生目标，久而久之会对高校大学生产生许多不利影响。

由于当前大部分在校高校生都是"90 后"，其中大部分又为独生子女，离家后很容易受到各种诱惑、遇到各种困难，再加上身边又缺乏倾听者、关心者，他们更容易走向孤独。另一方面他们在思想上又超前，追求"新、奇、妙"，于是有些人开始恶搞红色文化，一个搞笑的视频或画面就可以让他们开怀大笑，缓解心中的苦闷和压抑，一定程度上走出自己的那个“悲伤”世界，从而达到缓解心理压力的作用；还有部分学生恶搞校园建筑，种种不雅行为都弱化了学生对社会主义核心价值观与传统中华文化的认同，严重影响了校园文化建设的进程。

（3）校园文化建设形式主义现象依然存在

由于高校校园文化建设尚处于发展阶段，对校园文化中精神因素的作用认识得不够全面、深入，于是在现实中一些高校重视物质发展、忽视文化建设，重视教学科研、忽视文化建设的现象依然存在。一些高校虽然将校园文化建设纳入学校整体发展战略，但在具体实践中仍然未将校园文化建设落在实处，形式主义现象时有发生，这种忽视精神文化建设使校园文化建设流于形式的行为在许多高校普遍存在，是高校文化建设中最突出的问题。

首先在高校管理层面中，领导作为文化建设主体的核心，在校园文化建设中最具影响力，他们的水平反映了校园文化建设的水准。可是在现实校园中，部分学校领导忽视校园文化建设的全面性，各项规章制度虽都逐渐完善健全，却只是一纸空文，大部分领导只是将精力放在大众看得见的物质文化方面，大修校园建筑、大搞校园绿化，可在校园偏僻处却随处可见垃圾等卫生问题，有的领导等到上级部门来检查时，便在校园贴上几条标语或拉上几条横幅来应付，检查完毕，风声一过，校园文化建设就不了了之，严重影响到校园文化建设的连贯性与持续性。或者他们即使认识到了，也不一定肯花大力气去实践，反而将更多精力用于饭局，被应酬纠缠或被资金困扰，对校园文化建设无暇无力顾及，有部分领导觉得搞这些无形的远远不如搞科研来得实际，这些形式主义做法都严重影响了校园文化建设。

其次是学生学习方法上存在形式主义。部分高校虽然名义上是积极开展社会主义核心价值观教育，大力开设马克思列宁主义等理论类核心课程，但实际上效果却是不尽如人意，这种教育教学方式还是停留在以思政理论课教师讲授为主，学生很少参与课堂互动环节，学校也将思政理论课以期末考试为检测方式，因此，很多教师仅仅将其作为一门课来讲授，却忽视了它真正的教育意义，学生也很少静下心来学习，理解思政课的真正内容，只是为了应付期末考试，还有部分高校的学生在学习方法上仍然是过去的死记硬背，考试时临时抱佛脚、临阵磨枪的形式主义非常普遍，平时一味热衷于参加各种活动或是校外兼职，却忽略了作为学生真正的任务仍是好好学习，掌握知识与技能，从而形成一种死气沉沉的学习风气，不利于校园文化的健康发展。

学生社团活动方面也存在形式主义，学生社团本来是锻炼学生的一个机构或小组织，但是有的社团负责人为了个人私利，比如为了期末评奖学金多加实践活动分，或者是为了毕业简历上多写几条冠冕堂皇的评语，去赢得评审的青睐；还有的社团缺乏严密的组织管理机构，活动过程中缺乏充足的准备，组织安排不够合理，前期还能举办得像模像样、有声有色，但到了后期却不了了之，活动效果与质量都难以保证，使得不少成员有种上当受骗的感觉，严重影响社团的形象与初衷；还有的社团资金筹备困难，工作进行到一半难以维持下去，但是社团负责人又是一味地靠自己或者是社员自己资金来维持，实行自负盈亏的方式，这都严重地挫伤了成员的积极性，使得相当数量的在校社团陷入了形式主义的境地。

再次在校园文化建设方法上，校园文化是一所大学办学层次的集中反映，它的培养和形成需要真抓实干，需要全校师生的共同努力。但是在现实生活中，我们不难发现，有些领导忙于自己的日常应酬工作，难得深入学生，了解学生实际，对学生的活动缺乏系统、全面、有效的指导与组织，广大师生更是凭借一时的热情开展活动，尤其是喜欢通过重大节日来开展活动，比如：3 月 12 日植树节，就象征性地去植树，去绿化环境，可是在实际生活中，仍有不少学生随地乱扔垃圾，随手摘花朵、破坏树木；具有象征意义的教师节，感觉只有 9 月 10 号才能体现教师的地位等，这些活动使校园文化只是通过抓节日来体现，却脱离了校园文化原来的意图与宗旨，流于形式，使得校园文化难以收到良好的教育效果。而真正优良校风的培养，只有“经过认识的提高、情感的体验、意志的努力和行为的锻炼，才能逐步养成全体成员共同的习惯与风尚，形成学校统一的舆论与风气，我们要注意校园文化养成的特点，从一点一滴的培养做起，持之以恒、反复强化”[①]。总之，

① 荣慧.论高校校园文化建设中存在的问题及解决途径[D].吉林：吉林大学，2013:34.

校园文化的建设需常态化地运作，而不是通过某些活动来起到暂时性的教育意义。

(4) 重现代、轻传统，传统文化教育缺失

在当今校园里，大部分学生都以现代青年人自居，用挑剔的眼光对待传统文化，他们喜欢接受新奇的东西与文化，认为传统的就是过去的，过去的就是陈旧的，而陈旧的就应该抛弃，却不知传统文化中真正优秀的东西不是为过去服务，而是为了更好地立足于未来，这种认识上的偏差使得校园传统文化开始没落。

传统的文学作品本来是中国文化最形象的体现，也是中国传统文化最重要、最具活力的部分，深刻体现了中国文化的基本精神。但由于少数大学生对中国传统文化的疏远，他们在了解传统文化知识、道德观念、行为方式等方面表现出对优秀传统文化素养的缺失。除了专业需要外，似乎很少有人对这些古老的作品产生阅读及研究的兴趣，因此也缺少了了解中国历史、古为今用的路径，缺少了传统文化的人文素质。

中国的文字也是传统文化的重要内容，汉字及其独特的深层结构影响着中华民族的文化心理结构，塑造了务实、乐群、自强、中和的中华民族精神。相当部分大学生对汉字的产生、发展、结构、书写规律都缺乏了解，尤其随着计算机的发展，很多学生写字越来越"龙飞凤舞"，不能体现中国文字的形式美，不注重书写的重要性，对汉字之美的理解变得越来越浅薄，源远流长的书法艺术在校园文化中日趋衰落。中国传统的音乐与戏曲更是传统文化苑囿中的奇葩，而学生观看民族音乐和戏曲的热情也远不如对通俗歌曲或现代舞蹈的青睐，即使来观看，也很难融入其中体会其审美境界。

不了解我国的传统文化，就不了解中华民族优秀的历史，结果会导致一些人民族观念淡薄，缺乏民族精神和爱国情操，传统文化中的仁、义、礼、智、信等精髓也不能成为当代大学生应有的素质。大学生没有传统文化的底蕴，使得他们知识面过窄进而好奇心不强，求知欲也相应较弱，同时由于涉猎过于狭小，其他领域的知识过于贫乏，也就很难让他们具有更高的创新精神，缺乏从各个角度来解决问题的能力。

(5) 校园文化活动形式创新不够

校园文化活动形式作为校园文化最直接、最突出的外在现象，是校园文化得

以实现的具体手段和方式。随着多元文化的影响，加上高校学生思想活跃，个性鲜明，求知、求新、求整体意识增强，传统的校园文化模式已经不能满足高校学生的需求，有的高校把校园文化建设等同于学生课余文化活动的开展，并没有把校园文化建设放在整体办学方向和培养目标的大背景下来实施，有些校园文化活动缺乏明确的指导思想和主题，对学生的思想教育、素质提升和身心发展没有起到应有的效果。个别高校仍然用传统模式教育学生，内容陈旧、缺乏创新，对学生缺乏吸引力和认同感。

(6) 校园文化建设特色不够鲜明

近年来高校在校园文化建设方面的积极探索取得了一定的成绩，但同时存在着共性多、个性少、特色不鲜明的问题。由于我国市场的公平竞争机制还存在不合理的地方，高校尚缺乏较充分的自主权，办学资源还主要靠各级政府“有形的手”操控，高校的办学模式趋同、办学特色缺失，就是不可避免的“天然产物”了。

(7) 校园文化建设还是带有明显的封闭特性

当今世界是一个开放的世界，各国文化也呈现出包容与开放的特性，各种文化相互交流、相互影响乃至相互融合，形成世界文化大发展的局面。我国高校校园文化在这种文化发展大背景下，也开始走出自己校园，面向世界，并且取得了一定的成就。但是，我国历史文化的影响和高校自身的教育现状，使得高校校园文化在发展中又呈现出一定的封闭性。

首先表现在高校之间校际文化交流不充分，各临近高校之间虽然有时会举办一些联谊会、交流会，但仅仅是限于学生娱乐身心等方面，出于各高校自身利益考虑，再加上部分高校办学资金短缺，使得校际交流尤其是国际交流方面显得心有余而力不足；其次是高校与社会之间交流也受限制，高校一方面想看看外面的世界，但是另一方面却心有余悸，害怕高校平静的生活被打乱，长期处于矛盾的观望状态，忽视了校际交流。因此，大多数高校为了保持自身校园文化的“纯洁性”，仅仅把目光局限在自身校园这个圈内，对外联谊活动非常少，那种下工厂、深入农村调研的活动依然鲜见，而这种封闭、保守的校园文化必然导致未来校园文化发展走上枯竭的道路。

以上这些问题表明，高校校园文化建设不是一朝一夕完成的事情，而是一项需要长期投入的工程，在建设中不能光注重物质文化建设，更要注重精神文化的渗透，不能光注重形式，更要注重校园文化建设的内涵，且需要广大师生以及校领导在实践中持之以恒、坚持不懈，常抓、狠抓并且积极地探索下去。

3. 大学校园文化与高校意识形态安全[①]

目前高校意识形态安全正在经受着多重严峻的挑战，能否确保大学生的意识形态安全是培养国家合格栋梁的关键所在。为此，各高校不仅要捍卫意识形态安全的第一阵地——思想政治理论课课堂，更要从校园文化建设的视域来维护高校意识形态安全，探寻意识形态安全教育的路径，为社会输出更多德才兼备的优秀人才。

(1) 高校意识形态安全面临的严峻挑战

新媒体时代对高校意识形态安全的冲击。随着网络科技日新月异的发展，QQ、博客、微博、飞信、微信等网络新媒体不断获得大学生们的青睐，相继成为他们交流、获取信息的新宠。相较于新媒体，传统媒体尽管信息传递方式单一，所搭载的信息量小，但所传播的内容大多来自官方渠道，具有一定的权威性和公信力，可以较好地将社会主流意识形态传达给学生群体[②]。而新媒体的应用在拓展学生信息获取途径的同时，也将他们置身于虚假繁乱而又庞杂的信息洪流之中，让他们真假难辨，是非难分。美国密执安大学精神卫生专家詹姆斯·米勒曾说："一个人接受信息超过他所能处理的极限时，可能导致紊乱。"新媒体时代带来的这种文化、价值观和道德伦理的冲突令大学生们应接不暇，难以清醒地判断自我的价值标准，再加之不法分子的恶意散布和境外敌对势力的蓄意误导，容易致使缺乏社会阅历的大学生们道德价值取向错位，社会意识形态被扭曲。

经济全球化对高校意识形态安全的冲击。"一个阶级是社会上占统治地位

---

① 本部分内容以"高校意识形态安全教育路径探究——基于校园文化建设视域"为题，刊登在《教学研究》2016(1)：34-37，作者：王新华，李因莲。

② 刘景龙．增强新媒体对高校思想政治教育影响的对策研究[D]．上海：华东师范大学，2011：66-68．

的物质力量，同时也是社会上占统治地位的精神力量”[①]，资本主义的经济在全球化进程中占据主导地位，其意识形态也必然占据主导地位，并随着经济全球化而扩展。因此经济全球化在带来经济发展的同时，还会对异国政治、文化产生重大影响。而正在接受高等教育的青年才俊们素来都是社会政治、文化的继承者和传播者以及发展者，因此，高校便成为经济全球化背景下各种社会思潮与多元文化充斥、交流、碰撞的首要之所。大学生们在喝着可口可乐，吃着麦当劳、肯德基的同时，他们的味蕾易被其消费文化所俘获；在欣赏好莱坞大片，看着NBA，听着美国之音的同时，他们的视觉、听觉易被其大众娱乐文化所俘获；在追逐着不断升级换代的iPad、iPhone的同时，他们的心灵易被其企业文化所俘获；在疯狂地学习英语，寻求“大好前途”的同时，他们驾驭母语的能力易被削弱。此外，一些高校教师的思想防线也被西方的诸种社会思潮所攻破，鄙弃社会主义的价值观和意识形态，大肆鼓吹民主社会主义、新自由主义、普世价值等，脱离了基本国情，主动放弃高校主流意识形态的话语权和主动权。由此可见，“全球化建构并强化着诸如价值、观念、知识、生活方式、利益、金钱、人际关系、思想体系以及超越文化主体意识形态结构的哲学观点等象征。全球化的每一个行为体都受到文化全球化的影响。”[②]高校主流意识形态的阵地正在被无形地大肆侵蚀着。

社会转型期的矛盾对高校意识形态安全的冲击。江泽民同志曾指出：“我们实行改革开放，发展社会主义市场经济，推进两个根本性变革，进一步解放和发展我国社会主义社会的生产力，这场深刻的社会变革，必然引起人们精神世界的深刻变化。”[③]随着改革开放和市场经济的深入发展，我国社会发展进入转型期：我们在收获丰硕的物质文明成果的同时，精神文明正在遭受着多元价值观的冲击，个人主义、利己主义、拜金主义甚嚣尘上，社会主义、集体主义、爱国主义被一些人嗤之以鼻；我们在综合国力跃居世界第二的同时，阶层固化、贫富收入差距拉大、地区发展不平衡、贪污腐败泛滥、黑恶势力横行等问题日渐凸显。这些不和谐的社会现象无不折射在承受着巨大学习压力、就业压力、生存压力、竞争压

① 马克思，恩格斯.马克思恩格斯选集(第一卷)[M].北京：人民出版社，1995：92.

② 星野昭吉.全球政治学[M].刘晓林，等译.北京：新华出版社，2000：190-194.

③ 江泽民.江泽民文选(第三卷)[M].北京：人民出版社，2006：81.

力的大学生群体身上。一方面，许多大学生的社会主义信念被动摇，将金钱、权力、物质利益的获得视为人生成功的标志。有的甚至为了一己之私不惜以身试法，剥夺他人生命，例如马加爵、药家鑫、林森浩等。另一方面，许多大学生热衷于功利性的专业知识的学习和考取各种技能证书，轻视思想政治理论课，对社会主义政治不感兴趣甚或敌对化。很多人在价值取向上将功利现实、财富创造、科技实践、自我价值奉若“明珠”，而将理想信念、政治信仰、道德修养、社会责任弃若“糟糠”。

综上所述，这些冲击无不削弱了大学生对社会主义意识形态的认同，给高校意识形态安全带来了威胁。因此，加强意识形态安全教育是各高校首要而迫切的任务。然而，这是一项内化于心、外化于行的系统工程，仅仅依靠思想政治教育课堂是远远不够的，更需要与之相适应的校园文化建设这一强大后盾作保证。

(2) 必须努力探索高校校园文化建设视域下意识形态安全教育的路径

一方面，要从高校校园文化建设的主体维度入手，探索高校意识形态安全教育的路径。

要建立高校党委领导下的上下联动的监管机制。习近平同志指出：“看一个领导干部是否成熟、能否担当重任，一个重要方面就是看他重不重视、善不善于抓意识形态的工作。”[①]要抓好高校意识形态安全这一铸魂工程，首先要求高校党委自身要坚定共产主义理想信念和中国特色社会主义共同理想。习近平指出，理想信念是共产党人精神上的“钙”，没有理想信念，理想信念不坚定，精神上就会“缺钙”，就会得“软骨病”，就可能导致政治上变质、经济上贪婪、道德上堕落、生活上腐化[②]。只有坚定政治信仰，才能站稳政治立场，坚定不移地抓好意识形态的安全工作。其次，以高校党委为领导核心，各院系党委积极配合，从各院系、学校团委、学工处等相关部门抽调部分政治理论基础扎实、思想过硬、业务能力

① 习近平. 胸怀大局把握大势着眼大事　努力把宣传思想工作做得更好——在全国宣传思想工作会议上的讲话[N]. 光明日报，2013-08-21(1).

② 习近平. 紧紧围绕坚持和发展中国特色社会主义　深入学习宣传贯彻党的十八大精神[N]. 光明日报，2012-11-19(1).

强的教师，并吸收部分优秀学生干部组成上下联动的意识形态安全监管小组，对各院系、各部门的公寓、社团、网络、班级等各方面的文化建设进行意识形态安全方面的监督和巡查以及指导，建立起意识形态安全的预警机制。争取于第一时间对校园内的各种邪教组织的宣传，不良社会思潮的宣传，传销等不法组织的宣传、学生舆情等，做到早排查、早知道、早处理、早引导、早制止，维护好高校意识形态阵地的安全。

要建立一支与学生"心贴心、面对面、硬碰硬"的品牌红色宣讲团。《中共中央宣传部、教育部关于进一步加强和改进高等学校思想政治理论课的意见》指出："高等学校思想政治理论课教师是马克思主义理论和党的路线、方针、政策的宣讲者，社会主义意识形态和精神文明的传播者，要不断提高马克思主义理论素养，提高科研能力和教学水平，做坚定的马克思主义者，做教书育人的表率，做大学生健康成长的指导者和引路人。"各高校可以以思想政治理论课教师队伍为基础，打造一支在课余时间可以和学生"心贴心、面对面、硬碰硬"的品牌红色宣讲团。这样我们可以克服课时和教学任务的限制，在课下通过和学生一起阅读红色经典、欣赏红色光影，围绕时事主题进行大课堂讨论等大学生喜闻乐见的形式中实现学情、党情、国情、世情的无缝对接，使他们在交流中提高思辨能力，正确看待当今社会的不和谐现象，树立正确的人生观、价值观。燕山大学就有这样一支活跃在大学生中间颇受欢迎的品牌红色宣讲团，他们就是该校马克思主义学院的全体思想政治理论课教师们。他们以"教育青年、引导青年、赢得青年"为目标，不辞辛劳每周都为燕园的学子们呈现丰富多彩的红色活动，打造了一系列深受广大师生喜爱的红色活动品牌："红色旋律"讲坛、"红色旋律"读书会、"红色旋律"影院、"红色旋律"网站等。活动开展五年来，他们的"红粉"早已遍布燕园内外，大学生们在"体验思想激荡中"感悟了"红色豪情"，在"播撒红色火种"中构筑起精神家园。[①]

要建立一个网上网下联动的辅导员交流体系。辅导员是高校对学生负责的第一责任人和直接管理者，还是思想政治教育的直接贯彻者、意识形态安全的第

① 王新华，李晔."红色旋律"凝铸精神家园——燕山大学以主旋律引领校园先进文化建设[J].教学研究，2012(1):1-4,123.

一维护者和监管者，因此高校辅导员既要具备游刃有余的班级管理能力又要具备时刻掌握学情随时了解学生舆情的能力。然而要真正落实好这两点绝非易事。为此，学校可以建立一个以博客、微信或 QQ 等为载体的校内网络交流平台，使辅导员们可以借助平台随时对学生的学习、生活、心理健康指导、就业指导等具体而实际的问题进行探讨交流，也可以对高校学生的总体舆情、思想动态、觉悟水平等作一个宏观把握，还可以有针对性地上传一些当前时政热点的新闻链接、名人演讲、教育意义深刻的电影或音乐等，实现资源共享。此外，学校还可以定期在校内组织辅导员交流大会，大会可以采取专题报告、分组讨论、大会交流、参观学习等多种形式展开。通过交流大会辅导员们不仅可以交流具体的工作经验，还可以交流学校的意识形态安全教育的开展落实情况、存在问题等，这样既开拓了高校辅导员的视野，又提高了他们的思想觉悟，即交流了心得又拓宽了工作思路，既帮助学生解决了实际问题，又维护了高校意识形态安全。

另一方面，要从高校校园文化建设的客体维度入手，探索高校意识形态安全教育的路径。

要“堵”“疏”并举净化校园网络。信息“微时代”已经到来，微信、微博、米聊等网络新媒体为西方敌对势力的意识形态渗透提供了更加便利的条件和途径，高校意识形态安全面临更加严峻的挑战。这就要求高校要建立健全自己的“信息安检系统”，建立专业的网络信息管理部门以及校园舆情反馈机制等。一方面提升网络信息技术的安检水平，尤其是加强对信息传播迅速且广泛的校园论坛、博客、QQ 群等信息平台的检测，加大舆情控制力度，做好“堵”的工作。增强对蛊惑人心的封建迷信、反党反社会的不法言论、有违伦理和社会良知的不道德言论、反社会主义思潮，以及暴力、色情等有毒信息的有效控制和屏蔽，从而维护社会主义主流意识形态在高校网络信息传媒阵地的有效、有序传播。另一方面，密切关注学生的网络舆情，提高舆情信息报送质量，对学校热点、社会时事等学生热议的话题要掌握舆论主动权，及时做好“疏”的工作。通过公信度高的媒体辟谣及公示正面权威的信息，同时通过校园网及时将事件的来龙去脉客观、公正、全面、系统地展示给学生，邀请专业人士在校园网论坛、QQ 群等分析评议，与学生沟通交流，帮助学生们做出正确的价值判断。比如香港“占中”事件，我们可以让学生了解事件始末的同时，就“占中”爆发的原因，“占中”的性质、实质等网上激烈争论的问题通过校园BBS等平台组织专业教师和学生进行讨论，让同学们在思想碰撞、观点交锋中正确认识其实质：是西方敌对势力在中国精心策划的一场“颜色革命”，它以“争取真普选”为借口，实要夺取香港治权，建立亲西方的香港政权，而绝非如某些人炒作的那样是反抗“专政”争取“民主”的“公民抗命”运动。[①]

要奖惩结合优化校园社团文化。“学生社团文化是校园文化的重要组成部分，它以一定爱好为纽带，以一定的活动为内容，以社团为阵地开展的群体文化”，具有教育导向、素质拓展、凝聚激励、内化自律等功能，是高校进行意识形态安全教育的有效载体。然而高校社团类型繁多，信仰型、学术型、文娱型等种类丰富，这也给高校的意识形态安全带来了隐忧。所以，我们在鼓励发展社团文化激发学生兴趣爱好、提高综合素质的同时，一定要坚持“主旋律”弘扬先进文化，坚持社会主义方向，以高品位、高层次为目标，制定并践行明确的社团奖惩办法，优化校园社团文化。对于宣传腐朽思想，散布传销、法轮功邪教、暴力思想等背离社会主义的社团文化要坚决取缔；对于只注重追求娱乐性、趣味性，而不注重从思想上武装人、教育人、改造人，随意性较强的社团要限期整顿，通过思想政治教育加强对社团文化的正确引导；对于那些符合社会主旋律，利于社团文化发展和提升学生素质的社团文化活动要予以物质奖励和大力支持。

要主次相济建立丰富多彩的思想政治理论第二课堂。高校思想政治理论课是培育青年学生树立科学的世界观、人生观、价值观的第一课堂。“但素质教育的全面性、系统性，使得以课堂教学为主体的第一课堂无法完成全部的教学任务和培养目标。”限于教学大纲的要求和课时限制，在课堂上教师很难针对教学难点、时政热点和学生关注的焦点深入细致地展开来讲，很难激起学生的学习兴趣和热情，限制了思想政治理论课的德性教育和价值教育目标的实现。鉴于此，高校可以开设形式丰富，贴近学生、贴近实际、贴近时政的第二课堂，以拓展思想政治教育阵地，激发学生关注国家时政的热情。

---

① 马学柯.2014年意识形态领域十个热点问题[J].马克思主义研究，2015(2):116-129.

燕山大学开展的“红色旋律”系列活动就成功地用第二课堂弥补了第一课堂的不足。“红色旋律”讲坛紧贴学生实际，紧贴时政热点，每期精选大家关注的主题例如：话语权斗争中的南海问题；把横行无忌的话语权关进笼子——从网络谣言说起；血染的风采：捍卫“二战”胜利成果等。在教师们的精彩解说下和学生们激烈的话语交锋中，大家辨明了真相，拓展了理论，升华了思想，坚定了理想。此外，教师们还精选图书与影视作品，和学生们共同回顾历史、探讨现实、反思自我。丰富的形式、翔实的内容、学生的认可，使“红色旋律”有力地捍卫了高校意识形态安全教育的阵地。

要“软硬兼施”塑造特色鲜明的公寓文化。大学生公寓是大学生的第一社会、第二家庭、第三课堂，公寓文化是校园文化、家庭文化和社会文化的缩影。学分制的实施令大学生在公寓活动的时间越来越多，它既是大家的休息之所，也是大家学习、娱乐、人际交往之地，更是确保高校意识形态安全的重要阵地。因此，各高校在美化公寓区环境、改善住宿条件等加强硬件设施建设方便学生生活的同时，还要加强公寓的软环境——精神文化的建设。为此，高校党委、团委既要监督好高校后勤公司的服务，又要创新形式、拓展途径发挥学生的主体作用，建设特色鲜明的公寓文化。借助公寓文化这一无形载体，营造防护良好的软环境，于潜移默化中转化大学生的思想，提升其道德修养，加强意识形态安全教育。

绍兴文理学院在公寓区举办的“相约星期三”活动，就是大学生公寓文化建设的一个成功范例。每周三下午，该校的学校、学院领导和辅导员都要深入公寓，面对面地帮助大学生解决各类问题。此外，每幢学生公寓还开辟了8间房间，分别设立教授指导室、阳光心理屋、师生交流室、党团活动室等，加强对公寓的管理和对学生的引导，密切关注学生，在日常生活中随时帮助他们解决各种生活、学习、心理问题。该活动既密切了师生关系，又促进了校园管理的有序化；既普遍提高了大学生的思想境界，又很好地引导了学校的舆论宣传，强有力地促进了校园先进文化的传播发展。

总之，面对诸多挑战，高校要在这场没有硝烟的战争中捍卫好意识形态安全，仅仅依靠“第一课堂”是远远不够的。加芬克尔说过：“教育始终摆脱不了日常情景的权益性和紧迫性。”要想最大限度地发挥教育对意识形态的作用，适宜的校园文化环境必不可少，所以高校既要充分发掘高校文化建设主体，又要构建良好的文化客体；既要调动师生参与文化建设和维护意识形态安全的积极性，又要从净化校园网络环境、优化校园社团文化、丰富第二课堂、加强公寓文化建设等客体入手，构筑起良好的人文环境。在隐性教育中加强大学生对社会主义核心价值观、社会主义意识形态的认同。只有这样，我们才能掌握高校意识形态的话语权、主动权，才能为实现“中国梦”培养出合格的“筑梦人”。

第二章

社会主义核心价值观培育载体研究

数字媒体时代的到来在助力经济全球化的同时更加速了文化的全球化。这一时代背景对一个国家的民族文化、民族信仰、意识形态等方面的冲击是巨大而深邃的，这既给一个国家国民的价值观教育带来了难得的机遇，更带来了严峻的挑战。为国人构筑牢不可破的精神家园是我们抓住机遇、战胜挑战的关键所在。大学生是我们民族复兴的希望和栋梁，必须要在高校大力贯彻实施核心价值观教育，提倡主流价值观，掌握意识形态的主导权。

社会主义核心价值观在高校的培育和践行是一项系统而持久的教育工程。这一工程的成功构建既需要继续发挥传统载体的历史优势，又需要借助新兴载体的现代功能。为此，我们必须对思想政治理论课、专业课、校园环境等传统载体和手机、网络等新兴载体以及大学治理因素在核心价值观教育方面的利弊得失进行仔细分析详细论证，才能让二者扬长避短、优势互补，有效发挥好核心价值观的育人功能。

一、传统载体的优势及不足

高校传统的育人载体主要有思想政治理论课、专业课、校园文化活动、社会实践和校园环境，它们向来在为国家塑造品德端、“三观”正、专业精的人才方面发挥着重要作用。这些各具特色的传统育人载体，以其积淀的历史和成熟的平台在社会主义核心价值观教育方面拥有独特的优势。思想政治理论课和专业课在价值观教育中“显隐”相辅，是核心价值观教育的前沿和大后方。校园文化活动、社会实践和校园环境“动静”相宜是核心价值观教育的活动载体和精神花园。核心价值观在这一显一隐、一动一静中沁润洗涤着大学生们的心灵。然而，当这种不温不火的传统沁润遭遇“火急火燎”的数字时代时，它不得不面对人们新时代的至宠——手机、网络等数字媒体带来的诸多挑战。所以，传统载体具有传承优势，克服不足才能在核心价值观教育中更好地发挥自己的育人功能。

1. 思想政治理论课教学与社会主义核心价值观教育

社会主义核心价值观是我们对马克思主义价值理论的最新发展，它从国家、社会、个人三个层面为国人提出了正确而全面的价值范式和美好愿景。“办好中国特色社会主义大学，要坚持立德树人，把培育和践行社会主义核心价值观融入教书育人的全过程；强化思想引领，牢牢把握高校意识形态工作领导权。”①高校思想政治理论课是对大学生进行思想政治教育的主渠道、主阵地，肩负着对大学生进行系统的马克思主义理论教育和正确价值引导的重任。因而无论是从社会主义核心价值观的内容传承还是从它的实践价值目标来说，高校思想政治理论课都是帮助大学生理解树立社会主义核心价值观主要而有效的路径。

思想政治理论课以其特殊的地位、科学的结构、系统的内容以及高标准的队伍建设使其在核心价值观教育中具有其他载体无可比拟的优势。

(1) 高校思想政治理论课弘扬和践行社会主义核心价值观的优势

首先，党中央对大学生思想政治教育的高度重视，高校思想政治理论课在我国高等教育体系中的特殊地位，为社会主义核心价值观教育的实施提供了有利的平台。

思想政治理论课是对大学生进行思想政治教育的主渠道。高校的思想政治理论课不仅具有一般人文社会科学课程的共性，更具有坚定大学生政治立场的政治特殊性。它事关在青少年中掌握意识形态话语权的问题，因而历来受到党和国家的高度重视。1981 年，国家教育部就将马克思主义理论课列为高校必修课。2004 年，中共中央、国务院又出台《关于进一步加强和改进大学生思想政治教育的意见》，明确要求充分发挥高校思想政治理论课在大学生思想政治教育中的主渠道、主阵地的作用，帮助大学生树立正确的世界观、人生观、价值观。为贯彻文件精神，自 2006 年起，全国高校在本科生阶段实施思想政治理论课“2005 方案”，2010 年又对研究生实施“2010 方案”。2015 年 9 月，国家教育部又印发《高

---

① 习近平就高校党建工作作出重要指示：强调坚持立德树人思想引领　加强改进高校党建工作[N]. 人民日报，2014-12-30(1).

等学校思想政治理论课建设标准》的通知，在 2011 年暂行通知的基础上对思想政治理论课教师的专业素养、进修研修政策、专职思想政治理论课教师的师生比、课堂规模等诸方面做出了更加具体而明确的指示。由是观之，这一学科的特殊性决定了思想政治理论课的教学必然受到自上而下的绝对重视，使其在我国高等教育教学中拥有与其他课程不同的特殊地位。

思想政治理论课和社会主义核心价值观教育在马克思主义的一般立场、方法论、具体规范等方面，既有内容、功能的整体耦合，又具有教育目标的高度吻合。因而思想政治理论课在高校教学中的这一特殊地位既有利于保证思想政治理论课教学任务的顺利完成，又有利于马克思主义理论的系统灌输，为大学生全面理解、科学认知社会主义核心价值观提供理论支撑。同时，思想政治理论课的权威地位，使其无论是从学校的教学氛围还是从自身实际都会引起学生的高度重视，使其能够成为在青年学生中有效开展社会主义核心价值观教育主要平台的不二之选。

其次，思想政治理论课科学的结构、系统的内容，为社会主义核心价值观的理论认同夯实了基础。

理论认同的前提是理论自信。要让大学生对社会主义核心价值观产生理论自信，首先需为其提供科学系统的理论认知，而这也正是思想政治理论课的理论教育功能所在。思想政治理论课具有强大而系统的理论灌输功能，这为科学全面地理解社会主义核心价值观提供了可能性。要让青年学生自觉树立并践行社会主义核心价值观，首先就要使其明白什么是社会主义核心价值观，其立论的基础和依据是什么，与资本主义的价值取向相比其特色和优势是什么。在思想政治理论课的四门主干课程中，《马克思主义基本原理概论》课程系统阐述了马克思主义的科学体系、本质特征、物质世界的本原规律，这既让青年学生全面了解了社会主义核心价值观的立论基础，又为其系统、正确地认知社会主义核心价值观提供了正确的立场和科学的方法论。《毛泽东思想和中国特色社会主义理论体系概论》从马克思主义基本原理与中国革命、社会主义建设的实际结合的历史演进中，让学生知晓马克思主义中国化的两次历史飞跃、两大理论成果，帮助学生从源头上明白中国特色社会主义国家的“自由、民主、平等”等价值取向与资本主义国家所倡导的"自由、民主、平等"等所谓的"普世价值"的本质区别。同时，有助于学生把握和理解社会主义核心价值观在中国特色社会主义理论体系中的准确定位。《中国近代史纲要》在带领学生重温近现代历史的过程中，使其在历史情境中体验感受中国人民奋力抗击国内外敌人，探索国家出路，追求国家独立、民族富强的艰辛，明确选择中国共产党、选择社会主义的历史必然性。这既利于深化学生的爱国主义情感，又利于增强学生的道路、理论、制度和文化自信，进而为其践行社会主义核心价值观增加了"信、意、行"的动力。《思想道德修养与法律基础》紧扣社会生活实际，引领学生树立正确的价值观、道德观、法律观，帮助学生学会处理个人与他人、国家、社会及自然之间的关系。这就为青年学生正确践行社会主义核心价值观提供了翔实、明确的规范与方法。

最后，思想政治理论课严格的要求、过硬的师资队伍，为社会主义核心价值观的贯彻提供了坚实的人力保障。

社会主义核心价值观教育的实施与高校思想政治教育的实施是相辅相成、相互促进的。社会主义核心价值观的提出将隐含在思想政治教育中的内在价值诉求明示出来，明确了我国作为社会主义国家的思想政治教育所具有的思想特质和精神高度。思想政治理论课是高校进行核心价值观教育的主要载体，因而思想政治理论课教师责无旁贷地承担起了借助思想政治理论课这一载体弘扬社会主义核心价值观的历史和文化使命。

要承担起这一使命就要求教育者政治立场坚定、思想端正、学术精进，为此，教育部在 2015 年 9 月最新修改的《高等学校思想政治理论课建设标准》中对于思想政治理论课教师队伍的构建和发展给予了明确细致的规定："思想政治理论课教师应坚持正确的政治方向，有扎实的马克思主义理论基础，在事关政治原则、政治立场和政治方向的问题上与党中央保持一致。思想政治理论课教师具有良好的思想品德、职业道德、责任意识和敬业精神，无学术不端、教学违纪现象。"为了保证其理论素养的提高又规定："新任专职教师必须参加省级岗前培训；所有专职教师应积极参加省级或中宣部、教育部组织的示范培训或课程培训或骨干研修。学校每年对全体教师至少培训一次。每学年至少安排 1/4 的专职教师开展学术交流、实践研修和学习考察活动。有条件的学校可以开展国(境)

外学术交流和实践研修。安排专职教师进行脱产或半脱产进修，每人每 4 年至少一次。""设立思想政治理论课教育教学研究专项课题。创造条件支持思想政治理论课教师申报各级各类课题，参评各种科研成果奖等。"[①]从规定中我们发现，无论是从教师的任用还是从教师的发展都有明确严格的要求和制度的保障。这既利于夯实思想政治理论课教师的理论素养，又有利于坚定其政治立场，增强其道德修养，在教育教学过程中为学生践行核心价值观提供直接的行为范型。

理论只要彻底，就能说服人。社会主义核心价值观作为意识形态的教育，要使学生信服和掌握，教育者扎实的理论功底以及良好的人格素养至关重要。唯此，教育者才能驾轻就熟地用自己丰富的学识拓宽学生的理论视野，赢得学生的敬重，才能用自己特有的人生阅历点燃学生对理论的信服，发挥教育主体的人格魅力，激发学生对真善美的追求。可见，在这样道德境界高、理论水平高的"双高"标准之下，高校思想理论课教师队伍的组建和发展有利于为社会主义核心价值观教育的实施提供强劲的人力支持。

尽管思想政治理论课作为高校思想政治教育的主渠道在贯彻社会主义核心价值观教育方面具有上述一系列的优势，但矛盾是普遍的。在改革转型、社会思潮泛滥、数字媒体迅即发展的当下，这门具有政治性色彩、事关国家主流意识形态话语权的学科，在高校校园正面临着多元文化、多样社会思潮、泛滥的数字媒体信息等带来的诸多挑战。

(2) 高校思想政治理论课在核心价值观教育方面面临的挑战

首先，学科特有的政治性色彩在一定程度上引发了学生的抵触心理，制约了对核心价值观的情感认同。

意识形态性是高校思想政治理论课的本质属性，确保社会主义意识形态在青少年中的主导地位，培养合格的社会主义建设者和接班人是思想政治理论课的终极教学目标。为此，从国家性质和民族利益的维度出发，我们国家一直高度重视马克思主义基本原理、中国特色社会主义理论的教育，这种教育由浅至深、从小学一直伴随到青少年的高中时代直至大学时代。这一浓厚的政治性，对于

---

① 教育部关于印发《高等学校思想政治理论课建设标准》的通知[EB/OL].(2015-09-28)[2015-12-08]. http://www.jyb.cn/info/jyzck/201509/t20150928_638437.html.

正处在青春叛逆期渴望张扬个性的大学生们而言，在相当程度上会引起他们的心理反弹。然而其公共必修课的绝对地位，每门课程不少于2学分的权重，使学生们在不愿重视但又不得不重视的心理冲突中产生潜意识逆反。而教学过程中教学内容的绝对统一性和一定程度的重复性又在不同程度上进一步加重了这种逆反抵触心理。按照国家教育部的要求，思想政治理论课必须使用全国统编教材，这样做虽然有利于保证教学内容的系统性和科学性，但如何在坚持共性的前提下更好地保证个性，实现因地制宜、因材施教又是现阶段思想政治教育工作者们纠结不已的问题。此外，根据国家的相关要求，高校专、本、硕、博四个层次都要开设中国特色社会主义理论和实践的课程内容，这就不可避免地出现内容的交叉重合，这又对思想政治教育工作者如何实施层次性教学，处理好教学内容的结构性矛盾提出了挑战。这些问题解决的力度如何都会在不同程度上影响青少年学生对社会主义核心价值观的情感认同。

其次，教学模式的固化在一定程度上弱化了理论教育的效果，削弱了核心价值观的理论支撑。

高校思想政治理论课的新课程设置是经过中央认真研究和审慎考虑的，其科学性和合理性毋庸置疑。合理的结构、科学的内容有利于增强青年学生对核心价值观的理论认同。但是很多高校受课堂规模大、思维固化、课时限制、师资力量不足等诸多因素的影响，无法适应当今时空场域的巨大变化，有的仍然惯性沿用传统的“一言堂”或者“包班制”的教学模式，严重制约了马克思主义理论课程的学习效果。“一言堂”模式下，一节课教师从头讲到尾，只是充当着知识“传输机”的角色，显然这种复印机式的知识传输严重无视学生主体能动性的发挥，很难激发学生的学习兴趣，更谈不上理论知识的吸收与运用，发挥理论武装学生的功能。“包班制”模式下教师则要扮演起万能机器人的角色，一人身兼一班或多班的全部或者大部分的思想政治理论课的教学任务。这种模式下，教师本人所学专业为何已经不重要，重要的是能完成教学任务。然而，尺有所短，寸有所长，这种模式既无法令思想政治理论课教师发挥其专业所长，又令其疲于应付自己的业外知识，更别提同社会主义核心价值观相结合，融会贯通地开展价值观教育了。显然这些传统的教学模式有违学生主体性的教学理念，忽略了学生的实际与需要，照本宣科，一味扮演知识搬运工的角色，无法帮助学生理清社会主义核心价值观的理论来源。同时，这些模式既无课前的情境引导亦乏课后的实践演练，完全将思想政治教育的功能固化于课堂，固化于抽象晦涩的理论灌输，而忽视了思想政治教育的实践性和持久性的特点。因而，无论是“一言堂”还是“包班制”的教学模式，在社会利益主体多样化、价值观念多元化的今天，都无法帮助学生形成正确的理性认知，无法成功引导学生在利益冲突、价值取向的矛盾中实现自我的突围。传统模式的这种固化与滞后在图文并茂、形象生动、方便快捷的数字媒体的比较之下，它的教化功能更显得捉襟见肘，丧失了教育魅力。如此一来，思想政治理论课作为社会主义核心价值观教育主渠道的作用也大打折扣，无法为社会主义核心价值观教育提供良好的理论支撑。

最后，教师队伍建设相较于课程建设的滞后，在一定程度上弱化了教育功能的发挥，削弱了核心价值观的传播力度。

教学主体的整体素质水平决定着课程建设的质量和课程目标的实现程度。所谓“学高为师，身正为范”，“信其师，听其道”，教师的专业理论素养深厚与否、教学案例选取得当与否、教学理念方法先进与否、个人魅力指数大小等无一不影响着课程教育的效果和教育目标的实现程度。因而思想政治理论课教师作为思想政治教育课程的组织者、实施者只有在日常生活中不断提升理论完善个人修养，才能在教育教学过程中更好地发挥主导作用。思想政治理论课具有内容多、范围广、时效性强的特点，因而思想政治理论课程建设也不断革故鼎新，历经“85 方案”“98 方案”至目前我们实施的“05 方案”，还有针对研究生的“2010 方案”，课程设置在与时俱进的建设中多学科性、综合性的特点更加显著，对思想政治理论课教师这一队伍的整体要求也越来越高。同时，作为实施社会主义核心价值观教育的主力军，还要求高校思想政治理论课教师不断在理论教学中深入挖掘理论契合点，在课程实践中努力探寻实践衔接点。

然而目前思想政治理论教师的整体队伍建设已经严重滞后于课程建设，影响了课程质量和核心价值观的教育效果。很多教师学科背景单一，教师队伍结构配置不合理，教学理念方法守旧。尽管为了提升思想政治理论教师的教育教学水平，加强队伍结构的合理性，《高等学校思想政治理论课建设标准》明确规定了教师研修交流的时间、人数等相关指标，但是规定与现实之间还是存在较大距离。思想政治理论课程建设的实施，仍然受教师队伍建设的掣肘。就宏观而言，教师队伍建设既缺乏业务骨干的引领带动亦没有衡量整体队伍水平的具体指标，还缺少相应制度、措施、资金等的保障；就微观而言，教师个体所承担的工作量过于繁重，教学理念固化，进修渠道狭窄。这种掣肘不仅在一定程度上折损了教师队伍在学生心中的形象，而且严重影响到学生对社会主义理论和道路的信服程度。因而，如何创新方式加强教师队伍的整体建设，如何更好地为教师个体深化理论提升自我、提供发展交流平台，也是我们今后提高思想政治教育水平，保证社会主义核心价值观实施效果迫切需要解决的问题。

(3) 高校思想政治理论课贵在管用[①]

高校思想政治理论课直接关系高校培养什么样的人、如何培养人以及为谁培养人的问题。党的十八大以来，高校思想政治理论课的时代感和主动性、针对性、实效性明显增强，取得了很大成效。但也要看到，目前高校思想政治理论课仍面临一些亟待解决的问题，特别是有的高校对思想政治理论课重视不够、创新教学方式方法的力度不大。高校应把思想政治理论课放在突出位置，针对当代大学生特点创新教学内容和方式方法，真正让思想政治理论课见效、管用。

注重解答当代大学生的思想困惑。高校思想政治理论课是做人的工作的，要达到得人心、暖人心、稳人心的效果，就必须围绕大学生、面向大学生、服务大学生。目前，高校大学生多为“95后”，他们思想活跃，接受新观念、新事物快，可塑性较强。面对纷繁复杂的社会现实，大学生难免会遇到这样那样的迷茫与困惑。高校思想政治理论课要注重为大学生解疑释惑，及时解答大学生在学习、生活、社会实践中遇到的问题与矛盾，让他们明确人生应该在哪里用力、对谁用情、如何用心以及做什么样的人等重要问题，不断提升思想政治教育的亲和力和针对性。比如，针对大学生对"理想很丰满，现实很骨感"存在的心理落差，思想政治理论课应回答好“怎么看”和“怎么办”的问题。只有将话语体系从天边拉到身边，把道理讲成故事，才能让大学生找到有生命力的坐标、形成有温度的共鸣。

---

① 本文发表在《人民日报》(理论版)2017-8-11(7)，作者：王新华。

实现传统教学方式与现代教学方式有机结合。加强和改进高校思想政治理论课，要努力使教学方式方法贴近实际、贴近生活、贴近大学生，符合大学教育教学的规律和大学生学习的特点，不断增强思想政治教育的针对性、实效性和说服力、感染力。应大力提倡启发式、参与式、研究式教学，关注社会热点焦点问题，多用通俗易懂的语言、生动鲜活的事例、新颖活泼的形式活跃教学气氛，启发大学生思考；精心设计和组织教学活动，探索专题讲授、案例教学等多种教学方法。同时应看到，随着互联网和信息技术发展，网络媒体、微博微信、移动客户端等新媒体层出不穷，"大水漫灌"、简单说教的传统教学方式非常容易让大学生感到枯燥乏味，影响其学习的主动性和积极性。高校思想政治理论课应打破单一教学方式，运用虚拟现实技术等手段改进教学。但是，单纯依赖现代教学方式会缩短大学生思考的时间，影响他们对理论内涵和逻辑的理解。因此，应把传统教学方式与现代教学方式有机结合起来。这既有利于增强高校思想政治理论课的实效性，又能及时帮助大学生了解党的理论和路线方针政策，不断提高他们的思想水平和政治觉悟。

把课堂理论教学与社会实践教学统一起来。理论联系实际是对高校思想政治理论课教学的基本要求。课堂教学应侧重理论传授，让大学生充分了解马克思主义理论的形成、发展过程和基本内容。但是，如果只是从理论到理论、从抽象到抽象，就会影响大学生对理论的理解。社会实践教学可以超越课堂教学的限制，增强思想政治理论课的说服力，让大学生直接体验和观察社会生活及其发展变化，更好分析现实社会存在的问题。在这个过程中加以科学引导，就可以帮助他们确立对马克思主义的信仰、对中国特色社会主义的信心，更好学习掌握中国特色社会主义理论体系。因此，要把课堂理论教学与社会实践教学统一起来，采取专题授课与现场教学、情景模拟相结合的方式，更加注重嵌入体验式教学，通过社会调查、志愿服务等实践活动，形成以理论为先导、以体验为载体的"知行合一式"教学模式，让大学生学得"解渴""过瘾"。

(4) 提升思想政治理论课教学实效性[①]

第一，激昂向上的主旋律是我们这个时代青年追求的目标，是最能够引起学

---

① 本部分内容发表在《光明日报》2012-5-2(13)，作者：王新华。

生共鸣的教育元素。比如,2012 年体现河北农大果树 93 师生爱心传递的话剧《约定无期限》之所以在大学生中产生巨大的震撼,其感人之处在于它体现的是"爱的传递"。这是一种向善的追求,这是一种向上的力量。弘扬主旋律,宣传社会主义核心价值体系,是思想政治理论课的"灵魂",是我们的课堂能够吸引学生、打动学生的"利器"。

第二,实效性是思想政治理论课教学的价值旨归,是一切教学改革成功与否的衡量尺度。《约定无期限》让人们流下了热泪,引发了心灵震撼,关键在于抓住了三个字:真、情、新。真则可信,真则可学,真则永恒,真是思想政治教育实效性的根基;情是思想政治工作实效性的动力,科学理论与真挚情感的结合,定能开出艳丽之花,结出丰硕之果。

第三,把握学生的思想脉搏,了解他们的所思所想所求,是思政课教学摆脱困境的基本思路。只有与学生心贴心、面对面,甚至"硬碰硬"地沟通交流,我们的教育才能有的放矢、温暖人心。思想政治理论课才能摆脱"要我学"的尴尬,成为学生"我要学"的自觉追求,成为他们生活的一部分。

第四,以先进典型教育学生,是提升课堂教学吸引力的重要手段。这出话剧的成功,在于创作者们挖掘到了优秀的典型素材。思政课教学中,教师不仅要善于用先进典型事迹教育引导学生,还要善于把握宣传典型的方式、方法,让学生觉得典型可敬、可亲、可学。只有这样,才能通过我们的教学活动,达到"一盏明灯照亮一片天空,一面旗帜渲染一片春色"的效果。

第五,创新教学方法,丰富教学手段,是思政课教学改革的重要内容。形象化、艺术化的表现形式,使求新、求异、追求时尚、善于理性思考但也重视感官刺激的当代大学生从《约定无期限》中找到了适合于自己的文化元素。

2. 专业课教学活动与社会主义核心价值观

核心价值观教育的终极目的是培育"四有"公民,造就合格的社会主义事业接班人,这亦是我国大学教育的主旨所在。要实现这一目标仅仅依靠高校思想政治理论课是力所不及的。尽管思想政治理论课作为公共必修课在核心价值观教育方面具有无可比拟的优势,但囿于课时和专业所限终有鞭长莫及之处。大学之“大”首先在于其所涉专业类型之“博大”，它的首要任务是培育社会所需的各类专业之人。在校大学生的学习精力主要集中于专业课而非公共课，所以专业课是高校核心价值观教育另一倚重途径。相较于思想政治理论课，专业课无论是就课程性质还是就课时数而言，在核心价值观教育方面都拥有自己独特的优势。

（1）专业课教学在核心价值观教育中的独特优势

首先，与未来职业挂钩，备受重视，利于核心价值观教育的隐性植入。

大学担负着为社会输送各类精英人才的重任，其依据社会发展所需设置了分门别类的专业，以服务于社会。对于在校大学生而言，基于日后要立足于职业起点的需要，无论是从学习态度还是从精力投入上，绝大多数的人对专业课的重视程度都要高于其他课程。因此在大学所有课程中，高校学生用于专业课学习的时间最多，精力投入最大，相应的它对学生未来职业素养和人格塑造的影响也最大。出于自身未来职业发展的需要，学生对专业课的学习和成绩测评格外关注，在专业课堂上他们出勤率高，认真听课，仔细做笔记，积极参与课堂互动，主动探索专业疑难。专业课堂上这种主体能动性的充分发挥使课堂效率远远高于一般公共性课程。专业课教师若借此将守法、诚信、敬业、合作等公共基础道德要求适时融入专业课教学之中，在与职业技术操作规范、行业道德要求相等衔接中，以案例分析、经验分享、技术操作示范等的形式呈现给大学生们，无疑会受到他们的热烈欢迎和高度关注。如此一来，既活跃了专业课堂气氛丰富了授课内容，又激发了学生浓厚的学习兴趣，与此同时，法治、诚信、敬业等核心价值观的基础道德要求无形之中借助专业课这一载体高效映入学生的头脑。

其次，与专业课相融合的道德教育，利于拓展核心价值观教育的时空场域。

道德观教育是从精神层面出发造就服务于社会的社会人，各类专业课是从物质创造的层面造就服务于社会的社会人，二者异曲同工。在造就社会人这一终极目标中，二者实现的路径交集于公共道德基础之上的职业道德、职业法律法规。然而在高校教育中一直存在这样一个认知误区：很多校领导、教师认为道德观教育仅是思想政治理论课教师的事，是思想政治理论课的范畴。显然他们忽略了道德观教育是一项宏大而持久的教育工程，它的实现应该是多渠道的、全方位共同作用的结果。美国教育学家托马斯·里克纳明确强调各门学科的教学对道德教育来说都是“一个沉睡的巨人，潜力极大，不利用各科教学进行道德和价值观教育是一个巨大的损失”[①]。

国有国法，行有行规，每一门专业课都蕴含有个体必须遵守的特定的职业道德操守、技术行为规范以及法律法规。医学专业的学生应具备“救死扶伤”的职业道德，严防草菅人命的医学犯罪；财会专业的学生应具备“诚信第一”的道德操守，坚守“财经法规”的法律底线；生命科学专业的学生要秉持生命至上的理念，严防生命科技的犯罪。显然，这些“行规”教育既是学生未来就业必备的职业道德素养，也是核心价值观教育的题中之意。可见借助专业课的职业道德、职业法律法规教育，不仅利于培育学生的专业素养，提升学生的专业造诣，也使法治、诚信、敬业、友善等核心价值观的理念于细微中深入人心。

与此同时，古今中外每一专业领域都有自己的楷模，爱因斯坦、居里夫人、李四光、钱学森、袁隆平……不胜枚举，这些楷模为世人敬仰，不仅因为其在专业领域的成就，更因为其道德上的光辉，这些专业楷模的事例更加丰富了核心价值观教育的素材，增添了道德教育的魅力。

虽然专业课与思想政治理论课相比在价值观教育方面具有“随风潜入夜，润物细无声”的优势，但是要尽显这一优势，在专业课教学中还要接受诸多挑战。

(2) 专业课教学在核心价值观教育方面面临的挑战

首先，专业课教师需要端正认识，走出认知误区。

目前，社会上很多人包括部分专业课教师都存在这样的认知误区：对于已经迈入成人行列的大学生，对他们首先母行的教育应是专业技能方面的，应是未来能立足社会的谋生本领，至于道德教育，那应该是基础教育阶段的事。也有一些教师认为大学里有专门的思想教育课，有专门的思想政治理论课教师和辅导员，对学生进行道德观教育那是他们的事，与我无关。此外也有很多教师借口专业课教学时间紧、压力大，无暇兼顾道德教育。显然，在这种错误认知的驱动下，专业课教师不会主动挖掘专业课中蕴含的道德教育资源，不会探求价值观教育与

---

① 韦莉明.发挥专业课教师在大学生核心价值观教育中的作用[J].高教论坛，2011(10):13-15.

专业案例的契合点，更无意去努力深化自己的政治理论认知。将道德观教育从时间长、载体多的专业课教学中剥离出去，无疑使我们大学教育中失去了一块价值观教育的重要阵地和一条核心价值观入脑入心的有效路径。同时，专业课教师这种对道德教育的无视也会在学生中树立不良的人格范型，暗示学生可以无视道德对于专业、对于人生的意义。因而，如何引导专业课教师正确认识专业课的德育功能，正确认识专业课和道德价值观教育相得益彰的关系，走出认知误区，主动寻找核心价值观教育与专业教育资源的契合点是利用好专业领域这片沃土进行核心价值观教育首先要解决的问题。

其次，专业学生要厘清价值取向，走出自我的小圈子。

市场经济的深入发展，社会结构、利益格局、价值观念等深刻的变化也都映射在了当今大学生身上。实用主义、功利主义、享乐主义等不良社会思潮无不影响着他们的身心，年轻的他们更加崇尚特立独行，价值观更加功利化，人生观更加自我化。“实用”“利益”是他们衡量生活和周边事物的标准。在学习中他们往往重技能轻修养，重专业轻人文，重实用轻理论。对于思想政治理论课等人文课课程经常迟到早退或缺席，兴趣缺失。对于专业课课程忙于占座、课堂互动获取专业课教师好感，对于考级、考证、参加各种技能培训更是乐此不疲。如此种种的动机是毕业后能谋得好职业，获得更高的经济收入，其价值取向的功利性昭然若揭。同时，大多“90后”和“00后”更加注重个性自我的实现。他们强调自我，重个体轻团体，重自由轻纪律，重权利轻义务，在奋斗过程中往往以自我为中心无视社会责任、国家法纪、他人利益。对药家鑫、林森浩等大学生犯罪的案例追根究底，大学生以身试法的原因无不是唯我独尊，惧怕责任，过于自我，价值观人生观的扭曲。因而，专业教育教学中在帮助大学生习得专业技能的同时，如何正确引导他们走出狭隘的自我，帮助其树立正确的价值观，是高校专业课教学中落实核心价值观必须重视解决的又一现实问题。

3. 校园文化活动与社会主义核心价值观

校园文化活动不仅是校园文化建设的动态载体，而且是校园文化多样性的重要呈现，更是高校思想政治教育课堂的课外延伸和实践课堂。全方位、多层次、宽领域、高质量的校园文化活动，拥有极强的思想政治教育内涵，不仅能促进大学生自我完善、自我发展，也是核心价值观教育的有效途径。校园文化活动的主要形式是社团活动、主题活动、志愿者服务活动，它们具有价值导向、集体聚合、鼓舞励志等功能，是高校核心价值观教育不可多得的有效实践载体。

（1）社团活动在核心价值观教育中的优势与挑战

高校社团是大学生依据朋辈间共同兴趣爱好和志向追求组建的，具有精神涵化、教育引导、调节转化等功能。这些功能的发挥利于促使核心价值观和谐、民主、爱国、诚信、友善等价值理念在具体的活动开展中无形隐入人心。首先，社团所固有的精神文化对其成员具有精神涵化的潜质和教育引导功能。在高校里，一些成熟的社团都拥有自己薪火相传的精神理念如：创新、竞争、奉献、科学、合作等。这些价值观念作为社团的灵魂和宗旨，在成员之间的交流协作，在活动的组织开展中既激发了学生的使命感、认同感，使其升华为强大的团队内聚力，又春风化雨般滋润了学生的心田，无形之中成为他们价值判断和价值选择的准则。同时，这种朋辈之间的相互帮助和影响也提高了他们面对价值冲突的分析判断力。其次，社团具有调节转化功能，利于个体之间和谐人际关系的构建。个体在社团文化氛围的感染熏陶以及社团成员之间良好互动的过程中，潜意识下会不断发展自我、完善自我，向朋辈看齐。① 可见，社团生活既利于大学生在宽松和谐平等的氛围中娱乐自我、放松身心、释放压力、解除生活烦恼，增强自信和学习动力，实现自我的身心和谐，又利于社团成员之间无压力交往，在实现共同目标、锻炼能力的同时，形成互信、互爱、互助的和谐人际关系。显然，社团成员虽“出身”不同但志趣相投，更易于情谊相通。

当然，如果让社团活动更好地发挥道德教育的功能，仍有很多方面需要改进。首先是来自网络社团的挑战。科技网络的普及与发展，使得高校社团文化网络信息化程度不断增强。在数字媒体时代，上网已成为当代大学生学习、课余生活的重要组成部分，网络社团的兴起与发展已成为潮流，大学生参与网络社团的人数远远多于参与校园实体社团的人数。有的网络社团的栏目设置涉及科

① 张耀灿，陈万柏．思想政治教育学原理[M]．北京：高等教育出版社，2001：79．

技、娱乐、文艺等诸多方面，满足了大学生多层次、多领域的需求，同时网络亦为大学生跨越地域的交流提供了实现路径，因而某些网络社团的活跃程度远远超过校园实体社团。例如面向全国高等院校的5jia1社团网目前的社团注册已经超过17000个，其成员兴趣涉及诸多领域，来自全国各地各高校。因此对于各高校实体社团来说，怎样与时俱进，适应数字时代的迅猛发展以求生存和发展，怎样在万象陈杂、成员素质参差不齐的网络中坚守积极上进的社团宗旨，发扬社团奉献社会、服务他人、创新科技等精神理念，是加强高校核心价值观教育必须面对的挑战。其次，来自内部组织管理和学校规范引导方面的挑战。高校实体社团种类繁多，规模各异，因而部分高校社团难免存在着管理混乱、运行效率低的问题。一些社团缺乏科学的管理模式和良好的运行机制，社团组织管理者责任分工不明确，活动以组织娱乐性为主，有哗众取宠之意，缺乏思想性、学术性、创新性，这些都给核心价值观的教育带来隐患。

(2) 校园主题活动在核心价值观教育中的优势及挑战

校园主题活动与社团活动相比，其主题更明确，时效性更强，影响更广，计划组织更缜密。大多数社团是根据兴趣组建，学员参与源于其自发性，活动组织也是围绕兴趣开展，因而无论是就组织纪律性、活动规模还是影响力而言，社团活动都不能与校园主题活动同日而语。首先，校园主题活动的组织者不是学生个人，而是学校或院系层面，是一种自上而下的号召和组织，其实施具有一定的强制性，因而活动开展更有物质保障、人力后盾，组织更具计划性、科学性、目的性。校园主题活动的开展或是借助特殊的节日及贴近学生生活的“开学”“考试”“毕业”等特殊时间段，或是借助国家、地区、学校的文体赛事，或是借助环保、创新等社会话题开展，在价值观教育的节点选取方面更到位，这种贴近实际、贴近生活的教育渗透性更强，更易被学生吸收和接受。其次，校园主题活动有学校物质人力的支持，其开展形式亦更加丰富多彩，可以是知识竞猜、演讲比赛、辩论会、专题讲座等学术性活动，也可以是足球赛、篮球赛等体育活动，还可以是歌咏比赛、才艺比拼等文艺汇演，价值观传播教育的形式让学生更加喜闻乐见。再次，主题活动既可以借助“五四”“七一”“十一”增强学生爱党、爱国的热情，也可以借助“中秋节”“春节”激发学生对亲朋、师长的感恩之心和对传统文化的热爱之情，还可以借助“环保”“法治”“和谐”等社会热点话题提升学生的社会责任感和生活技能。此外，其传播载体既有班级、社团、寝室等实体载体，也有校园广播、校园网、BBS、微信公众号等虚拟区间载体，因而，无论是就主题活动所涉及的主题领域还是其传播载体而言都更具广泛性。

当然，各院系、班级在响应学校号召开展活动的过程中，如何更好地结合自身的专业、学生特点等展现本院系和班级特色；如何更加贴近学生学习生活，更加贴近学生的情感、生活需求激发学生的情感共鸣和情感认同；如何利用好微博、微信、微电影等现代传媒手段，在微时代发掘更多为学生所喜爱的渠道，提高学生的参与热情等问题也是各高校在充分发挥主题活动的价值观教育效能方面不得不面临的挑战。

(3) 学校志愿者服务活动在价值观教育中的优势和挑战

志愿者服务是现代社会人们社会责任意识增强的标志，有利于人际关系的和谐和精神文明建设的推进。相较于其他的活动载体而言，大学生的志愿服务活动是对社会主义核心价值观最好的行动诠释。首先，他们在贡献社会的同时感召了同辈。大学生们以其特有的执着和活力成为青年志愿群体的中坚力量。他们用其特有的知识技能、专业特长、青春热情在落后地区传播文化，在边远山村普及科技知识，在城市喧嚣中宣传节能环保。无论是在奥运会还是在世博会上，无论是在抗震救灾现场还是在边疆建设中，我们都能看到大学生们活跃的身影、明亮的笑颜。这种来自同辈的榜样，源自身边的示范，对大学生在价值观方面的感召无疑是现实而有力的。其次，他们在贡献社会的同时实现了自我价值。大学生们借助志愿者组织搭建的实践平台，不仅积累了实践经验，丰富了社会阅历，摆正了社会心态而且使自己为他人、为社会奉献一己之力的美好人生愿望得以实现；这不仅锻炼了大学生服务社会的技能，增加了他们实现从校园到社会成功跳跃的基数，而且增强了大学生贡献社会的责任感，有利于大学生这一特殊群体在未来的岗位上更好地发挥其对社会的道德辐射功能。

虽然志愿者服务活动对于大学生的发展、价值观教育的实施而言具有颇多优势，但是由于我国的志愿者服务活动起步较晚、经费不足、重视不足等许多原因，它面临的挑战更多。首先，由于起步晚，国家迄今为止既没有保障志愿者权益的全国性的法律法规，也缺乏国家层面的志愿者服务活动的激励性政策，更无配套的经费保障，制约了志愿服务活动的开展。其次，一些企业或者志愿者组织把大学生视为廉价劳动力，对其缺少应有的尊重，致使大学生的服务活动得不到社会的认可和重视，对学生的自尊心是一种打击，对其服务社会的热情更是一种打击。最后，很多高校的志愿组织缺乏体系健全、机制协调的运行机构，致使其服务活动的目的不明确，策划不科学，脱离实际。无论是在公益服务还是在便民服务方面，很多高校都不能将学生的专业技能和社会实际所需相结合，很难激发个体的服务热情，实现预期服务效果，使服务流于形式。

4. 学生社会实践与社会主义核心价值观教育

实践是指人们改造自然和社会活动的总和。于大学生而言，社会实践是指高校学生走出校园，有目的、有计划、有组织地走入社会，认识社会，服务社会，是学生在接触社会环境的过程中受教育、长才干、做贡献的一系列物质和精神活动的总称。[①]它贴近社会、贴近现实、贴近生活，为大学生从象牙塔走进社会、感悟社会、锻炼技能提供了实践平台。实践活动的内容丰富，途径多样，比如政策理论的宣讲、基层支教、医护服务、法律援助等。这些活动使学生在深入基、层服务社会的过程中，价值观、人生观得到升华，对改进高校思想政治教育，落实社会主义核心价值观教育具有重要意义。

（1）社会实践在高校核心价值观教育方面的优势

首先，社会实践为核心价值观教育提供了有力的实践载体。实践是检验真理的唯一标准。大学生们只有在真切地处理社会问题、生产问题的实践中才能深化检验自己已有的专业理论认知；只有通过切实的实践将知识转化成现实财富的过程中才能真正产生专业学习的自信心和成就感。实践是认识的来源，只有当大学生们真正走入与现代隔绝的大山，面对近乎与世隔绝的物质和精神贫瘠时，他们才能真切体会到什么叫落后，才体会到知识之于人类的重要，才体会到自己的价值，才体会到自己之于孩子、之于大山的重要。实践是认识发展的动

① 黄永斌. 大学生社会实践活动的特点、问题及对策[J]. 青海民族大学学报(教育科学版)，2010(2)：73-76.

力。大学生们只有在参与企业生产等具体的实践过程中实实在在地面对生产安全、产品规格、消费需求等具体问题又穷于应对之策时,才会产生书到用时方恨少的学习迫切。实践是认识的目的。只有当学生们在参与污染源调查、环境现状调查等环境问题,真实地面对酸臭无比的污水河,闻到从化工厂里飘出的呛人气体,检测到严重超标的污染指数,调查到因污染问题导致的各种恶性疾病时,那种心灵震撼才是最切身的,保护环境的责任感、从自我做起的紧迫感才是最本真的。而这也绝不是一两节环境课所能赋予的。因而,大学生们只有在入基层、进企业、走社区与群众密切交流合作的实践过程中,才能知道群众所需、社会所求、切实感受到自我价值的意义,才能感受到时代的脉搏,激发社会责任感,增强践行核心价值观的自觉和能力。

其次,社会实践有利于增强学生的道路自信、理论自信、制度自信和文化自信。社会实践活动为大学生提供了真实的生活育人环境。在各个具体的社会实践领域,大学生们能亲自领略到改革开放以来在中国特色社会主义理论的指导下中国取得的骄人成就。这利于他们在感性认知社会主义优越性的基础上坚定对社会主义道路、理论、制度和文化的自信,这一效果是思想政治理论课堂单纯的理论灌输很难达到的。实践让教育回归到生活层面,更加具体生动贴近学生心声。感性认识是主体理性认知升华的前提。实践使大学生们的憧憬理想回归到现实思考,开始全面理性地认知中国现阶段的道路、理论、制度和文化。实践过程中大学生对现实的国情、民生有了切身体会,他们不再以理想的眼光看待社会、人生,不再以简单的书本知识衡量复杂的现实生活。他们在享受改革开放成就、期待社会巨大发展的同时开始认真思索改革的复杂性、艰巨性、长期性,理性看待改革过程中伴随的丑恶、困难,全面辩证地分析社会主义初级阶段的成就与问题。这不但提高了大学生们辨别问题是非、做出正确价值判断的能力,而且使他们学会了理性面对社会分歧、理性爱国、理性行使权力和履行义务,甚至即使面对某些恶意的煽动他们也能理性地做出正确的价值和行为选择。这一点从香港旺角暴乱后内地青年致香港“回归一代”那三封有理有据又不失温情友善的信中可见一斑。

最后,社会实践有利于大学生提升自我认知,强化核心价值观的日常践行。

“思想本身根本不能实现什么东西，思想要得到实现，就要有使用实践力量的人。”[①]核心价值观只有在社会实践中，日常行为的践履中才能彰显其生命力。“道不可坐论，德不可空谈”，核心价值观应体现在我们的一言一行一举一动中。不同的实践会让学生有不同的人生体味。勤工俭学活动在增加学生工作经验之余，也让他们初尝经济独立的乐趣，有利于培养大学生自立自强、自尊自爱的意识。各种社会调研在深化学生对各类社会热点问题认知的同时，锻炼了他们理论联系实际解决问题的能力，激活了他们思维的创新性以及工作学习的独立主动性。各类服务活动使学生在把爱国热情和奉献社会帮助他人的美好心愿转化为实际行动的基础上，增加了他们的成就感和自豪感。总之，在这些点点滴滴的实践中，大学生们学会了与同伴相扶相帮、谦虚礼让、友善待人。在这些真真切切的现实生活境遇中，大学生们学会了慎独慎行、自觉自省、勤俭自律，核心价值观在生活细微中得到践履。

综上，社会实践活动不仅是促使学生实现理论和实践结合的重要路径，而且是高校思想政治教育的有效课外课堂，为大学生树立正确的人生观、价值观增添了活力，社会实践活动之于大学生具有重要的意义？然而要尽显其核心价值观的教育意义，社会实践还要面对诸多挑战。

（2）社会实践在核心价值观教育中面临的挑战

首先，对社会实践的重要性认识不足。从学校层面来看，有的高校、院系认为实践就是参观走过场，因而既不注重构建稳定的实践基地，也不为实践活动提供物质的保障和专业教师的指导，只是辅导员组织学生到工厂、社区游览一圈便让学生撰写实践报告。这样的实践活动既无针对性又缺乏计划性，更无实效性可言。学生层面来看，很多学生参与社会实践是出于参加学校评优、评奖学金的功利目的，而非自觉意愿。所以很多学生的实践就是在实践场地拉旗留影以兹证明，对于实践的内涵、内容、实质置若罔闻，对实践的教育意义、心得体会也鲜有人去总结。从社会层面来看，尽管中宣部、中央文明办、教育部等部门曾联合发文要求社会和高校要重视社会实践，然而在具体开展过程中，地方政府、企事

① 马克思，恩格斯．马克思恩格斯文集（第一卷）［M］．北京：人民出版社，2009：287．

业单位在配合和重视学生实践方面仍然应付了事。当学生进入实践单位之后，只容许观摩，不许上手演练，上班时间来晃一圈就算出勤，对实习学生管理不严。有的地方政府或基层单位把学生的实践当作旅游参观，将其视为上宾敬而待之，好茶好水好招待，唯恐他们吃半点儿苦，远离了通过实践锻炼能力的初衷。此外，家长认识上也存在偏差，他们或者认为实践是不务正业，或者怕自己孩子吃苦受罪，不支持学生实践甚至为其请假逃避实践。这些认知误区的存在严重制约了实践活动的开展和实效，因而理清这些错误认知是保证社会实践活动有效有序持久开展的前提。

其次，广泛性差，参与率低。社会实践耗资较多，而由于政府和学校经费投入不足所限，活动开展经常捉襟见肘，为此经常压缩时间减少参与者，或集中支持共青团扶持的几支精英团队，搞精英实践。而对无组织形式、缺乏资金的学生自发组织的自主实践鲜有问津。因此，尽管学生们大多都有参与实践锻炼的愿望，但真正能参加的只有少数学生干部、党员、特长生等，无法满足广大普通同学参与实践、体验生活、锻炼自我的一般要求。在实践指导培训方面，往往把精力投入到个别品牌实践小分队，或者某类突出的实践活动，对于个别学生、一般的实践缺乏关注和专业指导。长期以来，共青团的这种精英实践模式使实践活动的效果“雷声大雨点小”，对于广大学生来说，它更成为一块“鸡肋”，无法得到普通学生的广泛认可。因此高校能否把社会实践纳入教学计划，计入人才培养成本，丰富实践内容和途径，是发挥好社会实践这一核心价值观教育隐性载体的德育功能不得不面对的关键问题。

最后，缺乏实践平台，保障机制不健全。稳定有效的实践基地是实践活动顺利开展的有效平台，是确保活动开展的连续性、规范性的物质保证。然而事实上，很多高校没有自己稳固的实践基地，学生的实践常常处于“游击战”的境况，要么频繁更换实践基地，要么自己四处奔波寻找实践场所，更有甚者无奈之下挂靠父母或亲属单位开个证明了事。这样一来，学生的实践既无连续性、规范性，更无实效性可言，严重影响了学生实践的热情和积极性，实践流于形式。而对某些已建立的实践基地而言还存在着社会保障机制不健全的问题。学生的社会实践大多由高校根据学生的专业教育所需开展，为此学校付出了大量人力、物力和精力，而与之对应的社会、企事业单位等的配合却存在不到位的情况。此外，学生在实践过程中人身保险、安全保险、法律救助等保障机制也不健全，成为学生全身心投入实践的后顾之忧。因此，如何本着“合作共建，双方受益”的原则，通过加强校企合作，与地方政府共建等途径建立稳定的、功能全、类型多的实践基地，优势互补实现双赢是高校搞好实践活动、锻炼人才、加强核心价值观教育需要解决的一个物质前提。

5. 校园环境与核心价值观教育

校园内部的所有物质设施及条件和充溢其中的人文精神统称校园环境。其中物质条件及设施属于物质环境，它以显性的形式存在，而人文精神则以隐性的形式蕴含于校风、校训、学校的教育观、管理理念、规章制度等精神文化之中。无论是物质环境还是精神环境都承载着环境育人的功能，在核心价值观教育方面具有潜移默化的涵化功能。

（1）校园环境在核心价值观教育方面的优势

首先，校园环境具有无意识规范功能。个体总要置身于一定的环境之中，无论是精神的还是物质的，脱离环境而存在的个体是不存在的。置身于特定环境之中，我们的身体感官无时无刻不在捕捉周围的环境信息以期适应环境。这种信息获取与适应往往是无意识地处于人的潜意识层面。个体与其周围时空总是处于一种相互影响、相互制约的动态平衡之中，相应的时空背景规范相应的个体行为与之相匹配。在安静的图书馆中每个人都自觉地缄其口、呐其声，静悄悄地来，静悄悄地去。同样的在欢呼雀跃的体育赛场看到生龙活虎的运动员娴熟而紧张地腾挪转移，我们的每根神经也都随之律动。徜徉于整洁幽静的校园中，我们的心情总是舒畅而恬淡，不忍些许地破坏，于无形之中厌恶抵制那些破坏美好环境之人。环境赋予个体这种自觉自为的行为绝不是说教所能及的。可见，蕴含于学校物质空间的价值观、人生观、道德信念、审美观等均借助物质载体以暗默的方式牵引着学生的情感，引导着学生的习惯养成和道德践履。

其次，校园环境具有人格塑造功能。人类创造性的生态学理论研究者亨廷顿认为人格资源的表达和发生影响离不开生态资源即环境因素的参与。如果我

们要求个体具有勇气，那么我们就必须构建具有“鼓励勇气”要素的生态环境，这种要素蕴含程度越高，个体获得人格资源的程度就越高。人格资源的塑造总要匹配于其所处的环境氛围，所谓“蓬生麻中，不扶自直，白沙在涅，与之俱黑”就是这个道理。环境的优劣，学生适应环境能力的高低，影响着学生的学习动机、生活态度、为人处世的方式与能力以及人生观价值观。据说，在北京高校就读的那些女孩子们能一眼即分辨出对方是北大男还是清华男：如果男生侃侃而谈国家大事而又不容你插半句嘴，抑或对你的言论立马做出犀利的批判不容你质疑半分，那他是北大男无疑；如果男生群体出现缄默不语，默默听你讲话憋不住了才说一两句，甚至还会脸红，那他指定是清华生。的确，“思想自由，兼容并包”的北大造就了如俞敏洪、张向东等一大批张扬不羁且敢想敢为的跨界企业家。“厚德载物，自强不息”的清华人秉承“行胜于言”的校风造就了如倪正东、徐航、邓峰等务实低调而目标明确的诸多企业精英。可见，校园环境对学生个体的人格塑造具有深远持久的影响，并将其延伸于个体的家庭生活、事业发展等人生的方方面面。

最后，校园环境具有心理健康教育的功能。皮亚杰认为个体的心理发展是自身与所处外在环境相互作用的结果。遗传因素和环境因素是影响个体心理发展的两大重要因素。在遗传因素一定的情况下，环境因素的影响举足轻重甚至是决定性的。不同的校园环境对学生心理的发展作用不同。一方面，优雅整洁的校园环境、积极上进的校风学风、民主和谐的师生关系等构成的优良的校园环境给学生的身心发展以积极正面的影响。优美雅致的校园舒缓了学生的身心，积极上进的校风学风鼓舞了学生的学习热情，民主和谐的师生关系优化了校园里的人际关系。另一方面，如果校园里满目垃圾、攀比享乐之风盛行、老师不务正业、学生各行其是，在这样的校园“染缸”里只会“染”出目无法纪的肖小之徒、胆小怕事意志薄弱的卑琐之辈或者压抑厌世之人。低劣、粗糙的校园环境会给学生的身心发展带来消极不健康的负面影响。可见，环境优良、健康与否直接影响着学生的心理健康维护、动机激发及行为导向，直接影响着学生心理品质的养成及变化。

校园环境虽然在核心价值观教育方面具有行为规范、人格塑造、心理引导等优势，但在全球化、数字化时代背景的冲击下要发挥好校园环境的育人功能还要面临颇多挑战。

(2) 校园环境在高校核心价值观教育中面临的挑战

首先，校园扩建过程中时代性与文化传承关系的处理问题。校园建筑以其特有的文化内涵成为校园中无声的“导师”，时刻向学生们传递着大学精神，彰显出独特的育人功能。沧海桑田，随着社会的迅速发展，为了追上时代步伐，彰显现代办学理念，扩大自身的社会影响，很多高校“开疆扩土”大兴土木。为学校的发展考虑，扩建无可厚非，然而很多高校在扩建过程中盲目追求时代性、现代感，置自己悠久厚重的历史文化底蕴于不顾，无法处理好发展与文化传承之间的关系。任何一所大学都有自己的发展史和校园特色，它们是大学的“名片”，也是大学精神的传承与表达。一提到未名湖、博雅塔人们立刻想到北大，北京大学高耸雅致的博雅塔与湖光潋滟的未名湖一刚一柔，刚柔相济中让学子们传承了北大自由奔放的创新精神和有容乃大兼容并蓄的博大胸襟。北京大学扩建过程中，在处理时代性与历史传承的关系方面有很多地方可圈可点，值得借鉴。比如北大图书馆的扩建，屋顶的设计保持了北大传统建筑房檐的特色，结构外观上传承了古代建筑横向结构的特点而内部构造采用了现代纵向结构的特点，实现了现代与传统文化传承的完美结合。然而很多高校在追求发展的过程中无法协调好新老建筑在位置、造型、色彩、风格等方面的一致性，有的甚至一拆了事、“废旧立新”，结果使学校发展丢失了文化根基，丧失了自己的人文特色。因而对于很多高校而言，如何做好校园规划实现传统与现代的统一，绿化与美化的协调，在愉悦学生身心的同时传承历史、传递人文精神，发挥好环境的育人功能，是它们必须面对的挑战。

其次，全球化时代多元校园文化对学生社会主义理想信念的消解。“一个阶级是社会上占统治地位的物质力量，同时也是社会上占统治地位的精神力量”[①]，经济全球化带来了文化的全球化和资本主义意识形态的全球渗透。全球化的每一个行为体都受到文化全球化的影响。[②] 大学生们正处于追奇猎新的年龄，更无

① 马克思，恩格斯．马克思恩格斯选集(第一卷)[M]．北京：人民出版社，1995：92．

② 星野昭吉．全球政治学[M]．刘晓林，等译．北京：新华出版社，2000：190-194．

法回避这些影响。高校作为文化发展传播的前沿阵地，无可避免地成为经济全球化背景下各种社会思潮、多元文化充斥、交流、碰撞的首要之所。大学生们在校园里酣畅淋漓地享用着可口可乐、麦当劳、肯德基的同时，他们的味蕾易被其消费文化所俘获；在欣赏好莱坞大片、看着NBA、听着美国之音的同时，他们的视觉、听觉易被其大众娱乐文化所俘获；在追逐着不断升级换代的iPad、iPhone的同时，他们的心灵易被其企业文化所俘获；在疯狂地学习英语，寻求"大好前途"的同时，他们驾驭母语的能力被解构。高校主流意识形态的阵地正在被弥漫在校园里各个角落的多元文化无形地大肆侵蚀着，学生社会主义的理想信念正被无形地瓦解。这就给校园文化建设如何渗透核心价值观教育，如何坚定大学生中国特色社会主义理想信念，抵制享乐主义、功利主义等错误思潮提出了严重挑战。

最后，数字化时代"娱乐至死"的价值观对社会主义价值观的解构问题。数字化时代的到来改变了人们的生活方式、娱乐方式。功能日新月异的手机、迅捷便利的网络已成为人们的生活必需品，它们已经不再单纯的是通信工具，而是传播各种文化的载体，各种信息交流的集结地，更是携带便利的娱乐工具。以至于呈现出一种"全民娱乐"的状态，"低头族""宅族"随处可见，其中青少年占据了一半的比例。在高校校园里更是流行着网络秒杀、网络游戏、网络交友、网络恶搞、韩剧美剧热等各种学生乐此不疲的娱乐休闲文化。网络游戏在刺激学生感官神经的同时往往还会激活学生心中的暴力因子，崇尚暴力；网络交友让学生在虚拟中幻化自己的同时丧失了实际的交流技能，封闭自我；网络恶搞在恶搞红色经典、恶搞领袖精英中解构了人们的精神信仰让一切归于荒诞，陷入虚无。"一切公众话语都日渐以娱乐的方式出现并成为一种文化精神。我们的政治、新闻、体育、商业都心甘情愿地成为娱乐的附庸，毫无怨言，甚至无声无息。"①

娱乐至上的价值观在校园里蔓延，极度冲击了学生对主流文化的关注和认同，人们的社会主义信仰在娱乐恶搞中被解构得支离破碎，一切变成了娱乐的目的。可见，在数字化时代如何净化校园网络环境，引导学生走出娱乐至上的流行

① 尼尔·波兹蔓.娱乐至死[M].章艳，译.南宁：广西大学出版社，2004：13.

文化怪圈，增强其对主流价值观的认同是高校加强校园环境建设必须面对的棘手问题。

总之，在数字媒体时代的今天，要克服传统载体在核心价值观教育中的不足，发挥其传统优势，我们还需要借助好网络、手机、iPad 等新兴载体的传播优势，为此，我们必须了解新兴载体的特点、功能等。

二、数字媒体的出现及应用

互联网、手机等新兴数字媒体，从问世以来，凭借其迅疾的传播速度、丰富的传播资讯、交流的同步性、主体参与的能动性等特点迅速成为人们尤其是青少年的至宠。数字媒体作为一种全新的集声、光、电、影于一身的现代传播媒介还具有强大的文化功能，它不但拓宽了文化传播交流的场域，增强了文化发展创新的动力，而且丰富了传统教育的发展路径。同时，数字媒体以其自身的特点、强大的功能以及青少年的青睐，给拓展核心价值观的教育平台、丰富价值观教育形式、增强价值认同等方面带来了一系列的机遇。当然，我们在抓好机遇的同时也必须正视数字媒体的负面影响，正视数字媒体的蓬勃发展对社会主流价值观的冲击、对社会主流意识形态安全的威胁，以及数字媒体对几千年传统文化根基的撼动。

1. 数字媒体在大学校园的传播特点

数字媒体是信息时代的产物，它的成员规模越来越庞大，既包括互联网、手机报、电子期刊，又包括数字电影电视、数字广播、数字化出版等各种同数字技术结合产生的新事物，它以时间上的即时持久性和空间内容的广泛性以及受众间交流的平等性而备受现代人所宠爱。然而，关于数字媒体学术界还没有统一的定义。就狭义而言，数字媒体是同传统的纸质媒体对应的一种新的媒体形式，其载体主要表现为三种形式：以网络为载体、以电子纸为载体、以手机为载体。[①] 在互联网和 3G、4G 技术的融合中，手机、iPad 等成为携带便捷的移动互联网终端，

---

① 王会，田士威，乔相军. 数字媒体与纸质媒体博弈的原则、策略及意义[J]. 河北大学学报（哲学社会科学版），2007(6)：93-98.

人们可以不受空间预制，随时随地收受信息，数字媒体成为人们每日生活工作所必需。根据CNNIC发布的数据显示：2014年6月全国网民规模达6.32亿，其中手机网民达5.27亿，比例为83.4%，首次超越传统PC上网比例的80.9%，手机成为第一大上网终端设备。截至同年12月，我国网民规模达到6.49亿，以10～39岁年龄为主要群体，比例达78.1%。在职业结构中，网民中学生群体的占比最高，为23.8%。[①] 可见，数字媒体以其特有的传播优势获得了青少年学生的青睐。其传播特点具体表现在以下几个方面：

第一，传播速度的迅捷性。传统媒体的信息传播需要经过采集、编辑、审查、印刷到播报这一系列较为漫长的过程，而数字化技术的出现使信息在第一时间、第一地点就可以迅速传播。尤其是互联网技术和3G、4G技术实现完美融合之后，手机成为携带便捷的上网终端设备。手机已成为当今人们的生活必需品，每个人都拥有传播媒体，每个人都可以成为信息的传播源。数字媒体时代到来省略了传统传媒印刷、运输、发行等的烦琐，信息瞬间就能从传播者到受众。任何信息的到达与事件的发生几乎可以同步，信息传播间隙无穷小，信息流通更自由；信息传播边界更宽广，信息超越国界的交流更便捷频繁；信息传播时空更开放，任意个体在任意时间、任意地点均能和其他任意个体进行任意形态的信息交流。

第二，传播路径的多样性。数字化技术的应用拓展了信息的传播路径，互联网与手机的完美结合更使得网络遍及天涯海角。首先，传统媒体与网络的结合。传统的纸质媒体在数字化时代面临着适者生存的境遇，为此，各大报刊争相同网络整合实现网络化，出现了"数字报业""电子期刊""网络小说""网络电视"等。它们与传统媒体交相辉映、互动广泛，有利于其更好地了解受众的需求和建议，更好地改善自我。其次，各种交流软件的开发增加了传播平台。数字技术日新月异促使E-mail、BBS、ICQ、QQ、飞信、微信、微博等交流软件的开发层出不穷，为广大网民共享信息以及交流观点提供了越来越多，越来越便利的平台。最后，在数字化技术的支持下，人们从网络的文字和图片交流上升到语聊、视频等，交

① 唐平秋，卢尚月．新媒体环境下大学生社会主义核心价值观培育的思考[J]．思想理论教育导刊，2015(4)：73-76.

流方式也更加丰富多样。

第三，传播模式的交互性。与传统媒体传播者至大众这种点对面的传播模式不同的是在互联网技术的支持下实现了点对点、一点对多点的传播者与接受者，或者接受者与接受者之间面对面的即时互动交流。这就打破了以往的传播者与受众之间单向的交流模式，转向了信息双向的交流模式。借助互联网这一平台，每一个人都扮演着传播者与受众的双重角色，传播与信息反馈即时完成，这就从根本上改变了过去二者分离的状态。借助微博、微信等通信软件，人们可以随时将身边大事小情和圈子里的人交流意见或调侃娱乐。同时也有人会将这个圈子里自己感兴趣的信息随时转发给自己其他圈子里的人，这种转发的即时和便利可以瞬间引来无穷多的围观和吐槽。网络将人们之间信息交流与共享的这种即时性、便利性发挥得淋漓尽致。

第四，传播信息的丰富性。传播速度的迅捷、传播路径的多样、传播模式的转变为传播内容的博杂与时新提供了可能。首先，就传播形式而言，网络的应用使存储和传播的各种信息以比特的形式出现，使网络空间的存储量趋向无穷，几乎可以容纳全世界所有的信息。国际互联网承载的信息量已经被公认为是人类最庞大、最综合的，实际上与现有光盘的50亿乃至500亿比特的信息量相比网络的信息量是没有边界的。[①]其次，就传播内容的覆盖面而言，政治、经济、文化无所不包，时势、军事、科技无所不含，财经、娱乐、体育无所不有，内容海量覆盖各个领域。总之，随着自媒体时代的到来，只要你愿意几乎每个人都可以成为信息传播者和生产者。传播主体的多样化使传播的内容更加花样无限，在网络这个平台上，你可以寻获你所需要的各类信息，既有“阳春白雪”的高大上文化亦有“下里巴人”的草根文化，既有老百姓生活的点滴写照也有国际方面的大事小情，应有尽有。

第五，参与者的主体性。在数字媒体时代，信息参与者拥有了更大的自主性。首先，数字媒体的交互性打破了传统媒体中专业人员及部门等权威传播主体主导控制传播模式的格局。在数字媒体时代，人们利用手中的手机或电脑等

① 雷跃捷.网络新闻概论[M].北京:中国传媒大学出版社,2001:69.

终端设备，既可以成为媒体的使用者也可以是创造者，传播主体向多元化发展。其次，网络的虚拟性和隐匿性增加了信息参与主体的积极主动性，减少了外力的阻挠和内心的顾忌，使双方的交流更自由畅通。因而，在这一时代，民众能够更主动地参与到社会公共事务的讨论中来，更积极地为社会和国家发展建言献策。这一点从两会期间国务院总理、各地人大代表、政协委员等利用网络倾听民意可见一斑。最后，手机、平板电脑的普及使人们随机阅读成为可能。快节奏的现代生活缩短了阅读的时间，而网络信息的碎片化、简短化正好满足了现代人利用“碎片时间”阅读的需求。工作之余，人们可以随时随地利用自己的间歇时间来迅速浏览自己感兴趣的图片新闻、压缩新闻、压缩小说、微视频等各类信息，阅读摆脱了时空的限制。因而地铁站里、公交车上、步行的人流中利用手机享受“精神快餐”的“低头族”随处可见。

无疑，以上特点也是青年学生们热衷于手机、网络的原因。显然，这种传播速度的迅捷性，“碎片化”的阅读迎合了大学生们快节奏的学习生活；传播路径的多样性和信息的丰富性满足了大学生们求新猎奇的心理；传播模式的交互性和参与者的主体性挥洒了大学生们激扬文字“粪土当年万户侯”的热情。这些特点也赋予了数字媒体强大的文化功能。

2. 数字媒体的文化功能

第一，拓宽了文化传播交流的场域。首先，地域的跨越。数字化时代，“蛛网”覆盖全球，使全球间的文化交流广泛而迅捷。互联网的交互性、超时空性使超越地域边界的国际间文化传播交流的同步成为现实。这种功能较之纸质时代的“鸿雁传书”，较之文化使团长途跋涉的出访等文化传播交流方式的时空阻隔已经被跨越。就传播主体而言，这种超越国界的同步交流更加有利于双方在文化多样性的交流中求同存异、取长补短，促进自身文化的发展，更加加深了双方对彼此文化的理解和尊重，更加利于推动人类文明的演进，并且在意识形态、宗教信仰文化、地域文化差异等方面的全球沟通也有利于世界各国在共识的基础上和谐国际关系，构建和谐世界。这就为全球文化更深层次、更为广泛的文化交流传播提供了更加宏大有力的背景。其次，交流主体的广泛性。微博、微信、

QQ、ICQ 等传播路径的多样性使得文化传播交流的媒体平台更为广泛，每个人都能寻得适合自己的交流途径。数字媒体集生光电于一体，集文字、图画、FLASH、音频、视频于一家，传播形式更加生动活泼，每个人都能找到自己喜欢的传播形式。传播内容上至天文、下至地理，应有尽有，是一个文化超市，在这里每个人都能找到自己喜爱的文化，都能跨越时空找到自己的文化知音。这一系列的网络传播特性使得网络成为无论男女老少人见人爱的传播媒体。最后，时间的跨越。尽管时间的一维性决定了时代前进的步伐不会停止，然而以比特为计算单位的数字媒体其几乎无穷的存储量以及其遍布全球的交流主体，为我们对传统文化的追根溯源、对文化现象的追根究底提供了可能。

第二，增强了文化发展创新的动力。首先，数字媒体为文艺创作和才艺展示提供了平台。在当下网络技术支持的自媒体时代，任何人只要拥有一台电脑或一部手机就拥有了文艺创作和才艺展示的平台。在数字媒体时代，如果你想发表小说不需要耗尽资财，也不用费尽周折去审批出版，你只要注册一个账号就可以将自己所写的网络小说传至其专属空间。同时还可以和自己的粉丝通过视频、音频等随时“面对面”地交流意见，不断完善自己的作品。《蜗居》《花千骨》《琅琊榜》等影视热播作品的前身都是网迷们热捧的网络小说。如果你想成为综艺达人，网络是你展示才艺最平民最直接的舞台。自我展示的门槛已经被网络完全“秒杀”，在这里你可以尽情展示才华，收获无数粉丝成为“网红”，“小沈阳”“丫蛋”成名之前就曾是网红。其次，为文化创新提供了技术支持。数字化技术的发展下出现了形象逼真的网络游戏，虽然这也引发了一系列的社会问题，但不可否认其对文化产业的推动作用，颠覆了传统的娱乐文化。同时，数字化技术的应用创新了传统影视，给人们带来了全新的视听效果。美国好莱坞 3D 电影《阿凡达》一搬上屏荧就因为其现实与虚拟空间的完美结合给人们带来了巨大的视听冲击。3D 技术也开始被各国影视界所学习应用，此项技术的应用既节省了制作成本，又大大提升了视听效果，极大地促进了影视文化的发展。最后，特色网络文化的产生丰富了人们的文化生活。随着网络的发展，产生了一系列网络语言、网络表情动画、网络符号等，例如：886（拜拜了）、萌萌哒（懵懂可爱）、么么哒（感谢、亲昵），此外还有各种贴切的动画或图画表情包。这些网络专属语言不仅流行于网络空间亦流行于人们现实生活的交流中，其形象生动的表达方式无形中拉近了人与人之间的心灵距离。比如，如果你对对方表示理解时你可以发一个微笑的表情动画，对方在看到这一表情动画时瞬间感到了被理解，并且心情也会比较愉悦。因为尽管是一个动画表情，但这种立体的笑感同样能起到情绪感染的作用，让对方在收到这一符号时大脑神经会立刻产生情绪的感受和回应。

第三，丰富了传统教育的发展路径。首先，颠覆了以往的课堂教学。传统教学总是在同一时空中由教师、课堂、学生、黑板、粉笔等基本要素的共同构建，教与学总是同步，按照教学计划按部就班地进行。而数字化技术的产生不仅使以往的课堂教学摆脱了课堂的阈限，而且跨越了时空的限制。在网络教学里没有实体的课堂，教师的教和学生的学是相分离的。教师可以决定教什么、怎么教，学生也可以决定什么时候学、怎么学。比如微课，教师可以利用网络根据对学情的了解，针对一个重难点展开教学，这样时间既短又具针对性，既方便不同学情的个体有针对性地学习和提高，又为学生随机学习提供了便利，这就使学生的主体性得到了充分的发挥，真正实现了因材施教。除了这种短小而精炼的微课外还有跨越学校、跨越国家的超大规模的慕课，像哈佛、牛津、北大等一些世界知名大学均开设了慕课，只要你感兴趣，就可以学习选修世界知名大学的专业科目，真正实现了全球间的资源共享。其次，专业性的教育整合功能。网络教育在颠覆课堂教育的同时，也促使各种教育实体借助网络发展了独具特色的专业教育。而且这些实体又整合了专业内的教育，自成体系。比如新东方英语，从幼儿英语到大学英语四六级、托福、旅游英语等都整合于其门户网站，在那里任何学龄阶段的主体都可以找到自己所需。除了专业内的整合，还有跨学科的整合，例如很多专门的基础教育平台从小学到高中，从数学、语文、外语到政史地、物化生均有针对性地开设。最后，隐性思想教育功能。在日常的学习生活中，如果教师经常借助多媒体或者借助微博、微信等和学生分享一些国家时事评述，或一些社会事件的分析评判，不仅无形中有利于增强学生价值判断和价值选择的能力，引导他们坚持正确的价值取向，而且潜移默化中提升了他们的爱国情感和社会责任感。一些学校借助网路开展的“我与祖国合个影”“说说我的家乡”“我身边的好人好事”等网络主题活动，都无形之中融入了“爱国”“友善”等积极元素，很好地发挥了隐性思想教育的功能。

3. 数字媒体对大学生社会主义核心价值观生成的影响

数字媒体凭借其特有传播速度的迅捷性、路径的多样性、模式的交互性、信息的丰富性等特点，对促进全球文化的传播、交流、发展、创新，推动文化的全球化具有重大意义。这些特点也为传统教育的发展带来了机遇和挑战，对核心价值观教育的实施而言也是如此。大学教育作为教育的顶层，直接担负着为社会主义培养合格建设者和接班人的任务，因而要充分认识数字媒体给大学生核心价值观教育带来的机遇和挑战。

首先，数字媒体在拓展核心价值观的教育平台、丰富教育形式、增强价值认同等方面带来了一系列机遇。具体表现为以下三方面：

第一，促使价值观的教育平台从“现实”转向“虚拟”。目前我国手机网民已达5.27亿，比例高达83.4%，已经超越电脑上网率，学生网民的比例高达23.8%。可见，在大学校园中智能手机的普及为大学生们提供了便捷的阅读终端，他们可以随时利用手中的终端设备通过微博、微信、QQ等进行群体信息交流情感沟通，也可以随机阅读网络文学，收看网络视频放松身心，还可以随己所需选择微课、慕课等发展自我。可见，网络已经深入到学生的学习、娱乐、交友等各个方面。这就为核心价值观教育拓展了平台，使教育平台从实体课堂、社团活动等现实空间转向了慕课、公众微博、微信、QQ群等虚拟空间，使价值观的宣传从静态转向动态，使教育方式从课堂灌输向涵化渗透转变。同时，网络的搜索引擎功能可以使每个个体根据自己所需检索到海量的相关信息。网络的交互性特点可以使个体随时在自己的朋友圈里发布或接受个性化的信息。数字媒体时代，个体无法摆脱信息围城，围城中的信息不断导引并影响着个体的生活方式、思维方式、价值取向等。可见，这样低成本、高效能的信息载体为核心价值观教育提供了精神沟通，情感认同的捷径，既利于价值观教育利用其多样的路径扩大教育覆盖面，又利于其利用交互性获得教育对象的情感共鸣。

第二，促使价值观的教育形式从平面转向立体。在数字媒体时代的语境下，“图文并茂”“绘声绘色”“活灵活现”“亲临其境”早已被数字技术演绎得淋漓尽致。新媒体集图片、音频、视频、动漫于一体，活泼多样的形式让信息传播的“图文并茂”“绘声绘色”轻而易举；虚拟仿真技术的应用使人们穿越古今时间之壑，纵步天地宇宙之间的“活灵活现”“亲临其境”美梦成真。数字媒体克服了传播形式单一的传统媒体的局限，使信息的传播向度从一元走向多元，从文字的单调转向形式的多样。这种高科技与超炫文化形式的新媒体合力将核心价值观教育的灌输隐含于历史文化、文学艺术、工艺时尚等学生们热衷的生活元素提供了路径。核心价值观教育可以借助数字媒体丰富的传播形式和载体来实现价值理念、思想道德等意识形态元素在文化产品中的嫁接和渗透。这就使核心价值观教育脱离了时空的阈限，借助数字媒体实现化整为零的教育。同时，在传统的教育教学载体中，教育工作者也可以借助多媒体为学生提供翔实具体的案例和贴近生活的价值情境等手段激发学生的求知欲和学习热情，还可以开设微信公众号等进行微文化的价值观宣传。没有了对话就没有了交流，没有了交流就没有真正的教育。[①] 显然，数字媒体时代，这种立体的传播教育通过即时互动交流为核心价值观的认知互动、理念渗透提供了前提，为随时关注舆论动向、防止价值观教育的偏离提供了条件，为潜移默化中提升核心价值观的教育效果提供了保障。

第三，促使个体对价值观的理解从认知走向认同。正如康德所言，人们知道了真理是什么不等于知道为什么，知道了为什么不等于知道应该怎样做，知道了怎样做不等于愿意做。在大学里，大学生们通过思想政治理论课课堂，学校党委、共青团委的宣传等途径对核心价值观的内容都会有所认知，然而很多学生的认知只是为了应付考试，考前灵光考后忘光，很难上升至认同的层面。数字化技术的产生促使文化的生产、传播和反馈等各环节的载体和形式发生了巨大变革。这不仅为大学生全面认知核心价值观丰富了路径更为价值认同增添了驱动力。对媒体的使用某种程度上决定了被传播信息的特性。数字媒体时代，无论是草根文化还是精英文化的传播发展都借力于手机、电脑等新媒体，变得越来越平民化，在网络的圈子里兜转。价值观教育作为主流文化也必须借助网络信息的兜

① 保罗·弗莱雷.被压迫者教育学[M].顾建新，译.上海：华东师范大学出版社，2000：93.

转才更能入民心合民意。互联网技术和高校道德教育资源的结合为高校核心价值观教育开辟了新阵地。在校园网站中开设特色的“经典导读”“党史回眸”等专栏，有利于学生在校园媒体的引导下自觉学习马克思主义的理论知识，了解中国社会发展的历史背景，增强理论自信和道路自信。校园微博、微信公众号等新载体针对学生的所感、所惑，对国家的政策、方针等进行形象细致解读，增强了学生的制度自信。核心价值观认同的关键在于在全面认知的基础上的情感认同和自觉实践。新媒体的应用使社会话语权向平民大众转移，大学生个体参与的意愿得以实现，对核心价值观的学习由被动转向主动，自发参与价值观教育成为可能。网络的分众化特点又使具有核心价值观取向的学生汇聚到一起，在彼此的交流中加深认知形成情感认同，同时圈子里的道德榜样对大学生更具有行为示范的功能。

其次，数字媒体在威胁意识形态安全、挑战传统文化根基、消解主流价值观等方面给高校核心价值观教育带来了诸多挑战。

第一，高校社会主义意识形态安全遭到威胁。数字媒体交流的超时空性和资源共享性在丰富繁荣世界文化、促进文化交流发展的同时也带来了意识形态的文化入侵。经济基础决定上层建筑，在全球化进程中经济上占主导地位的西方国家要求精神上的主导，其从来不会放过任何意识形态渗透的机会。网络的普及为在“信息位势差”中占尽优势的西方资本主义国家对发展中国家的文化侵略提供了平台。在数字化技术的支持下，用户之间省略了服务器的中间环节，受众之间可以自由交流。这种交流的无障碍性使信息传播的可控性越来越低，为西方国家意识形态的渗透提供了更为便捷的路径。“当今，中国无论政治形象、经济形象还是文化形象，都在不同程度地遭受着西方的恶意攻击和诋毁。”[①]他们将资本主义的价值理念植入影视作品、网络游戏、网购商品等大学生们热衷的娱乐文化与消费文化中，使他们在娱乐消费的间隙产生对西方文化理念的认同。在数字化的背景下，越来越多的高校学生选择学习西方一些知名大学的慕课课程，在网络课程的学习中很多大学生对社会主义意识形态的认识发生了偏离。

① 曾林，刘锦钢．广播电视媒体与社会主义核心价值观传播[J]．青年记者，2013(23)：29-30.

此外，还有一些西方媒体通过网络借维护人权之名，蛊惑煽动青年学生破坏社会主义国家的稳定。他们利用青少年价值观还未完全成型的特点，通过对事件的肆意剪辑和扭曲，在网络间以各种隐匿的角色在青年学生中煽风点火，误导其价值取向。"香港占中"事件的恶化升级便是其对青年学生推波助澜的结果。

第二，高校传统文化根基遭到挑战。优秀的传统文化是民族精神的基石，是核心价值观的文化根基。核心价值观中"和谐""爱国""敬业""诚信""友善"等元素均是对我国优秀传统文化的传承。然而快节奏、强压力的现代生活，使很多人沉溺于娱乐文化，盲目崇拜西方文化，而对自己的民族文化视若敝帚。更有甚者，非但不珍惜反而玷污传统文化，"和庄子聊聊艳照门""和李白一起研究研究黑社会"等类似恶搞还被一些人奉为时尚经典在圈里频传。喜爱新鲜事物，崇尚个性的大学生对于类似网络娱乐文化也是趋之若鹜。此外一些网络传媒为了点击率、关注度等，不断推出低俗的选秀、相亲等栏目，热炒各类明星的花边新闻，推崇暴力色情网络游戏等，这些追求感官刺激的各种媚俗文化，冲击了人们的荣辱是非观，淡化了传统的审美观，解构了人们的民族信仰。"娱乐至死"被青年学生们追捧，为了成为"网红"不惜丑化自己，晒百般不堪入目之"写真照"，穷极搔首弄姿之丑态，网络空间里"国学辣妹""芙蓉姐姐"之辈层出不穷，以"丑"为美。自强不息的民族精神被束之高阁，传统的审美观、荣辱观被颠覆。同时有些大学生出于实用主义的角度出发，为了托福留学整日在外文网站逗留，对传统文化无暇且无意顾及。远离了传统文化的沁润，致使某些人只要出国留学成功便成了"香蕉人"，只有皮肤是黄的其他皆被同化。在娱乐主义、实用主义等的冲击下，我国优秀传统文化的网络发展空间被挤压于网络一隅，就像个过气的美女备受冷落，这给高校学生核心价值观的生成带来了极大的挑战。

第三，高校主流价值观遭到消解。网络空间丰富的信息资源，在满足人们信息需要的同时，其内容的博杂也给人们的生活方式、行为方式、思维方式带来了一系列的不良影响。各种社会思潮纵横于网络空间，使人们的价值观趋向多元，主流价值观的主导地位受到冲击。在文化全球化的背景下，一些国家在文化交流外衣的掩盖下借助网络对大学生进行价值观的输出。例如"新自由主义""民主社会主义""宪政主义""历史虚无主义"等在网络间的流传就迷惑了很多大学生的价值判断和价值选择，核心价值观的认同程度和感召力被削弱。在高校不了解核心价值观的大学生比例高达17.1%，入党时信仰党之后就淡忘的比例高达48.6%。[①] 信息控制的缺席使享乐主义、实用主义、功利主义等不良价值取向强势渗入青年学生的思想领域。在泥沙俱下的信息洪流中，价值观念尚未完全成形的大学生很容易受到无良思想的裹挟，吸收一些非主流的价值观。这些对社会发展具有威胁性的非主流价值观借助于网络以病毒或裂变的方式进行迅速传播。每一条煽动性的信息都可能带来网络飓风，引发强大的汇聚效应或蝴蝶效应。在这一刻"微民们享受着草根英雄集体狂欢的快感，表现出对于传统价值观的嘲讽和解构，其本质是一场争夺信息主导权的舆权博弈"[②]。显然，一些消极信息或过激言论经过某些缺乏人文素养、没有价值底线的"意见领袖"的发酵，很容易点燃虚拟空间中一些人尤其是年轻人的负面情绪，促发"假、恶、丑"信息的扩散甚至引发社会恶性事件。这些负面消息对社会主义制度的污蔑，对社会主义道路的质疑，对社会主义理论的解构，动摇了大学生的社会主义理想信念，弱化了大学生对社会主义核心价值观的认同。

综上，在数字媒体时代高校要在核心价值观教育中取得主动权，就要充分认识数字媒体给高校教育带来的机遇和挑战；就要在认真分析仔细研判数字媒体利弊的基础上，实现数字媒体与传统育人载体的有机结合，趋利避害，优势互补，抓住机遇，应对挑战。只有这样，我们才能帮助大学生树立正确的价值观、人生观，担负起培养社会主义接班人的重任。

三、大学治理与社会主义核心价值观的契合[③]

大学治理是国家治理的重要组成部分，是国家治理体系、治理能力现代化的应有之义。社会主义核心价值观是当代中国大学治理的灵魂，大学治理的一整套制度设计及治理行为是社会主义核心价值观培育的重要载体。如何在大学治

① 王华敏，李晓娟，黄蓉生.大学生社会主义核心价值体系知行现状调查研究[J].思想教育研究，2011(5)：100-103.

② 吴小英.微时代视阈中高校网络德育困境及对策[J].学校党建与思想教育，2011(10)：84-86.

③ 本部分内容发表在《学术论坛》2015(12)：172-176，作者：王新华。

理中体现社会主义核心价值观的规制和引导，如何使社会主义核心价值观通过大学治理这一重要载体真正落细、落小、落实，实现二者实质上的契合，是当今大学治理现代化和社会主义核心价值观教育面临的双重课题。

1. 社会主义核心价值观是大学治理的灵魂

大学治理体系由三个层面构成：价值体系、制度体系、行动体系。其中，价值体系是导向，制度体系是根本，行动体系是保障。价值体系是高校治理的思想观念、价值导向和道德规范的总和，在整个大学治理中起着灵魂和导向的作用。它要求大学治理要体现高等教育的发展规律和办学规律，体现国家的教育方针，体现国家战略与社会需求，确保按照国家、学校和社会多方利益最大化的逻辑来确立和行使权力和职责，最大限度地财避免因为个别利益驱动而导致整体价值偏离、组织异化、行为失范。在此基础上，形成师生员工和社会公众广泛而自觉的价值认同，形成对于学校治理的认可支持。由于价值体系对大学的制度、行动起着规制和导向的作用。一旦价值体系出现偏离，大学治理的制度设计和行动方式就必然出现偏差，就不可能出现大学的“善治”。因此，大学治理的价值导向决定着建设什么样的大学、为谁办大学、培养什么样的人等大学发展的根本性问题，是大学治理的灵魂。

第一，大学不同群体的利益诉求需要价值整合。利益是大学治理的基础，与其他社会组织不同，高校的组织体系与内部成分构成相对复杂。从组织体系上看，高校既有学院、系室、研究室（所）等教学科研单位，又有处科等行政、后勤服务管理部门；从人员构成看，有教师、学生，还有管理干部、后勤服务人员，其中既有院士、博导这样的高级知识分子，也有文化程度不高的普通工人、勤杂人员，有人生观、世界观正在形成时期的青年大学生，也有年逾古稀的耄耋老者。这些差异性使各个群体利益诉求在属性、内容、层次上也有诸多不同，呈现出复杂的，多元立体的利益关系结构。如何让不同利益群体形成共同的价值认同与价值追求，是大学治理的困局所在，更是实现高等教育目标需要破解的难题。

第二，大学内部各种权力需要价值规制。权力是大学治理的关键。大学的各种权力关系表现为不同利益主体之间的权力博弈，这样的权力主体在大学内部主要有三个：学术权力、行政权力以及学生权力，这三者构成了大学内部权力构成上的“三足鼎立”。无论是学术权力、行政权力还是学生权力，只有用社会主义核心价值观对其进行规制，才能保证权力不被滥用。大学治理过程中既要防止行政权力对学术事务干预太多，又要防止学术权力对于行政权力的抵制，同时还要考虑到学生也是大学治理的主体，无论是学术权力还是行政权力都不能侵害学生权力。如何围绕着建设中国特色社会主义大学的办学目标，让大学内各种权力不为一己私利所侵蚀，形成共同的办学合力，服务于国家和社会的共同目标，是大学治理的关键所在。

第三，大学制度体系建设需要价值灵魂的引领。价值引领制度设计，社会主义核心价值观是大学制度设计的价值导向。制度是大学治理的根本，大学治理过程中通过制度体系的确立来构建内外权力运行的规则和机制。目前来看，诸多院校已经制定并且实施的大学章程，反映出中国特色社会主义大学治理体系的制度设计基本构造包括：党委领导下的校长负责制、党政联席会议制度、学术委员会制度、教职工和学生代表大会制度、理事会制度，这些构成了我国大学治理的制度体系，形成了借鉴国际经验、具有中国特点、比较完善的大学内部治理结构。如何让大学的上述各项制度体现大学精神，体现社会主义的办学方针，服务于国家和社会发展的总目标，是大学治理的基本内容。

第四，大学多元治理主体需要价值观凝聚力量。大学治理的主体是多元化的各种利益相关者，包括学校内部的广大师生员工以及学校外部的政府、毕业生接收单位，以及如科研经费提供者、产学研合作者、贷款提供者等与学校有合作关系的当事人，还包括大学所在地的社区社会公众等。尽管如此，社会对大学治理的介入，只是承担了间接的特殊责任。一般而言，大学治理最重要的主体是教师、管理人员和学生，大学目标和职能的实现要依靠他们的努力工作落到实处，大学治理的效果如何只有在他们身上才能体现出来。检验大学治理是否实现了现代化，最根本的不仅是看其治理机制是否科学合理，制度设计是否至臻完美，而是要认真研究各个治理主体之间的关系状况，分析学校的各项治理措施是否能够把广大师生的主动性与能动性调动起来，是否将推动学校实现预设目标与价值追求的各种力量真正调动和凝聚起来。总之，检验治理效果必须衡量大学治理实践与价值初衷的契合程度。尤其是在治理过程中是否形成了基于师生员工所共同认可的价值自觉与价值认同。这样的价值自觉与认同是大学产生凝聚力的根本所在,它的实现需要以社会主义核心价值观来凝聚。

第五,大学社会责任的履行需要借助核心价值观来推动。大学肩负着学术、育人、政治、法律与伦理等多种社会责任。[①] 学术责任体现的是大学的研究功能,满足社会对大学知识创造和人力资本价值的诉求。育人责任是大学的本质与功能的内在需求,要求大学培养出社会需要的人才,服务于社会,其彰显的是大学的人才培养功能与社会服务功能。大学与政治难以截然分开,大学的政治责任表现在大学在实践中承担着对政治思想进行引导、为国家现实提供应用以及学术的政治批判等责任。法律责任要求大学作为一个行政主体,必须遵循最基本的法律法规要求。同时,大学追求其自身目标的实现,必须在一定的伦理框架下进行,如果违背了最基本的伦理规范,大学也将失去其存续的正当性。因此,大学必须秉持社会成员所共同认可的基本价值观念,成为社会正能量的拥有者、创造者、传播者。

2. 大学治理与国家价值追求的契合

社会主义核心价值观在大学治理中的上述功能决定了大学治理过程中必须体现国家治理的目标和价值追求,贯彻国家治理的指导思想。国家治理的指导思想、经济社会发展的战略目标、执政党和政府的方针政策、法律法规在大学治理中应得到充分体现,大学治理只有与国家治理相互协调促进,自身在教学、科研、社会服务、文化传承方面才能做出更大的成绩。

社会主义核心价值观在国家层面的要求是富强、民主、文明、和谐,要解决的是我们要建设一个“什么样的国家”的问题。大学“培养什么样的人”与我们要建设一个“什么样的国家”密切相关。因此,当代大学治理必须服从服务于实现中华民族伟大复兴的中国梦,必须服务于实现国家富强、民主、文明、和谐的伟大目标。

---

① 李维安,王世权.大学治理[M].北京:机械工业出版社,2013:175.

首先，大学是先进生产力的创造者，为了实现国家的富强，在大学精神培育和制度设计上，应当体现鼓励创新和技术发明，使大学教育更好地服务于国家经济社会发展需要，为国家的强大提供知识和智力支持。教育强国是近代以来不少仁人志士的不懈追求，虽然历史的残酷让不少人梦断求学路，但“科学技术是第一生产力”，教育兴则国家兴，早已成为人们的共识。高校是新技术、新知识的“策源地”，是社会高精尖人才聚集的地方，大学在自身精神的塑造上，应积极培育知识分子的国家情怀，积极提倡为大家、舍小家，献身祖国科技事业的“两弹一星”精神。在制度设计上，应积极创造条件，通过收入分配制度的改革与完善，使知识分子的新技术、新发明能够得到推广应用，在积极服务社会的同时，能够劳有所得，使他们自己的劳动创造能够为社会所承认。

其次，大学是民主政治的倡导者，为了推进社会主义民主政治目标的实现，大学要积极宣传与践行中国特色社会主义民主政治理论，通过鼓励学术研究构建中国特色民主政治的话语体系，向世人讲清楚“中国故事”，即中国需要什么样的民主？应该如何实现这样的民主？为什么在民主问题上中国不能照搬西方？在大学治理过程中切实体现民主治校，让各种权力都得到尊重，让各种利益诉求能够伸张，让广大师生在学校的改革发展中享受充分的话语权和参与权，使高校不仅成为民主政治的传播阵地，更要成为中国特色社会主义民主政治的示范基地。需要特别强调的是，治理的民主性体现在大学中，要求大学必须秉承“多中心治理”的治理秩序观，在“治理权分享”的基础上确保治理主体多元化。通过治理权分享机制，让更加广泛的利益相关者真正参与到大学治理中，使其具有利益表达与获取的渠道，使其获得正当追求利益的权利和空间，进而使大学在治理层面成为一个事实上的利益相关者联合体。

再次，大学是社会主义精神文明建设的“高地”，建设社会主义文化强国，大学的使命尤其神圣。大学治理的制度设计、过程实施、治理效果的评价都应特别重视人的精神塑造，努力推动高校成为精神文明建设的排头兵，成为引领社会高尚道德的风向标。大学教育应把学生的思想政治工作和优秀道德品质的培育放在突出的位置，在学生成绩评定、评优评先中做到德智体全面考核，把学生的道德养成作为教育的核心目标，作为衡量教育成败的最重要尺度。在教师的评职晋升、业绩考核中，通过制度设计真正体现“德才兼备，以德为先”，破除“唯业务论英雄”，把师德放在最显著的位置，鼓励教书育人、德业双馨，为学生、为社会做文明表率。

最后，大学和谐校园是社会主义和谐社会的重要组成部分，大学治理应特别秉承以人为本的价值理念，让每个师生员工从教育中获得快乐，从学校的改革发展中获得幸福，构建和谐校园。大学内部收入分配机制的完善，学术民主氛围的营造，良好师生关系的培育，不仅是社会和谐的缩影，更是和谐社会建设的示范和榜样。

3. 大学治理对社会价值追求的推动

社会主义核心价值观在社会层面的要求是自由、平等、公正、法治。大学是社会的一个组成部分，需要秉持社会的规则，做合格社会“公民”。不仅如此，大学以其独特的人员构成以及扮演的社会角色来引领社会，走在社会发展的前列。因此，社会核心价值层面的要求必须在大学治理中得到真正落实，一方面，使大学融入社会，另一方面，通过使大学扮演“模范公民”角色来引领社会，真正实现大学的使命。

第一，自由是大学的本性，大学自治与学术自由历来是大学精神的主要体征。长期以来，行政主导支撑了相当长时间中国大学的治理，导致的直接结果就是行政权力泛化，学术权力缺失。现如今，社会各阶层对大学的变革充满期待，大学治理变革的要点就是以“大学自治与大学自由”为目标，以“去行政化”为依托，重新匹配大学的行政权力与学术权力，实现由“行政型治理”向“学术型治理”的转变。大学自治是学术型治理能够得以实现的必要条件，正所谓“失去了自治，高等教育就失去了精华”①。与此同时，自大学产生发展至今，学术自由作为现代大学制度不可或缺的伦理原则，已经成为优秀大学赖以存续的根基。“只有充分享有学术自由，赋予浓厚学术氛围的大学，才有可能实施真正意义上的学术性治理，才可能创造并传播出高深知识，才可能成为一流大学。”[4]学术自由思想

① 布鲁贝克.高等教育哲学[M].王承绪，等译.杭州：浙江教育出版社，2001:31.

反映了一种"善治"的治学理念,尤其是反映了学术活动主体的价值与权利诉求,它是大学的核心价值。

大学的学术自由与社会自由的契合性决定了二者可以相互平衡与促进。社会自由发展将为大学的自治与学术自由提供更广阔的舞台,为现代大学制度的建立和完善提供完善的社会环境。以自治和自由为显著标志的现代大学制度的建立,必然会促进自由平等社会的形成与发展。大学人是践行学术自由的主体,学术发展的规律与功利化的社会需求让今天的大学人面临着"两难"的选择,迫使他们必须在学术效率和学术自由的价值选择上进行权衡。大学在服务社会的同时应尽可能多一些对学术人员自由权利的尊重。同时,必须通过社会舆论的监督和引导,营造推进大学自治与学术自由的社会文化氛围。

第二,平等是大学治理的实质。现代社会,尤其是已进入大众化时代,大学的受教育者突破了政治、经济、文化、民族、信仰、性别、地域等诸多限制,人们希求的不仅是在法律上享有平等的受教育权利,更需要在实践中享有同等的接受高等教育的机会。教育的平等观强调人即目的,最终目标是通过接受高等教育促进个体更加自由、更加全面,促进社会更加健康、和谐地进步。教育制度的平等包含的不仅是保证每个学生有均等的入学机会,而且要在大学教育过程中享受被学校、教授平等对待,以及学成后走向社会拥有同样的成功机会。平等不仅强调包容性,同时还强调差异性。也就是说,由于受教育者个人的天赋、机会与勤奋程度而不同,必须对每一个个体以不同的教育对待,在教育过程中实行"因材施教",在大学治理过程中实施个性化策略。

让每个人都享有人生出彩的机会,将平等作为社会主义核心价值观社会层面的诉求,反映了党在实践拓展上的人文价值追求。教育平等是社会平等的基础和台阶,教育权利不平等是最严重的不公平,这已经成为社会的共识。给公民平等接受教育的权利,公平对待每一个学生。大学治理之善,最根本在于能否通过制度设计及教育教学改革,做到以教育公平推进社会公平。

第三,公正是社会主义核心价值观的灵魂,是大学治理的真谛和必须秉持的不二法则。公平正义,不仅是当今中国社会的最大公约数,也是凝聚改革力量的"集结号"。在优质资源相对稀缺的高等教育领域,是否公平成为人们透视社会、审视时代的“多棱镜”。这不仅因为公正是社会主义制度的首要价值，反映了社会主义的本质属性，还因为，在由于不公引发的社会各种“病候”多发的时代，以公平正义为准则，实现全体社会成员公正共享式的发展，已经不容置疑地成为建设中国特色社会主义的首要任务。高校是知识精英荟萃的场所，知识分子对社会的公平正义有着特殊的敏感和执着，在大学治理中必须将公正的价值化作制度的保障。在高校治理的制度体系日臻完善的基础上，通过治理过程将各种形式上追求公正的制度变成具体的社会公平正义的结果，不断理顺高校内外各种利益关系，这不仅是社会主义核心价值观对大学治理的基本要求，也是在大学治理中培育和践行社会主义核心价值观的必然结果。

第四，法治是大学治理现代化的重要保障。全面推进依法治校是全面推进依法治国在高等教育领域的具体实践，是实现大学治理现代化的内在驱动力和必然选择。较高的文化水平和道德素养，使大学拥有较为浓厚的法治文化氛围。大学的思想先导和学术研究属性使其内部拥有众多的法治信仰者、研究者和实践者，所有这些都是大学实现依法治校的重要条件。大学的依法治理具有社会关注度高、引领示范作用强、影响范围大等特点，因此，依法治校必须也理应成为依法治国的先锋和中流砥柱。

大学章程作为大学治理的“宪法”，是大学治理范式选择的根本性依据和纲领性文件，是现代大学制度建设的现实载体。大学章程的制定是实现大学依法治校的第一步。必须强调，实质意义上的大学章程的制定，不仅要考虑制定程序的公正性以及所需的技术，还必须要有先进的大学治理理念来支撑。这种先进的理念就是当代中国先进文化的集大成——社会主义核心价值观。大学章程的制定及内容中所彰显的大学治理理念，本质上是各利益相关者的一种内心祈望与价值建构，堪称大学章程的灵魂。比如，就民主治理理念而言，大学章程的制定就不应该成为“少数人的时髦游戏”，应该有来自校内各层次人员、政府以及社会公众等利益相关者的广泛参与。

4. 大学治理与公民价值追求的统一

社会主义核心价值观在公民个人层面的要求是爱国、敬业、诚信、友善。热爱祖国、敬业奉献、诚实守信、乐群友善，回答了我们要造就“什么样的公民”的问题。大学的核心使命就是培养具有健全心智的人，培养德智体全面发展、热爱祖国、奉献社会、人格高尚、善于与人沟通共处的全面发展的人，这也是高等教育的中心任务。不仅如此，中国特色社会主义事业的人民性也决定了我们的高等教育要坚持以人为本，实现以人为本与立德树人的高度统一。“德”的核心就是社会主义核心价值观，大学治理的制度设计应体现在促进培养青年学生对于中国特色社会主义事业的担当意识和对社会主义核心价值观的思想认同。

从通俗意义上划分，大学治理可分为人心治理和行为治理两大领域。人心治理主要依靠思想政治教育和伦理道德教化进行由内而外的引导，而行为治理则更多地依靠法律条文和制度规范进行由外而内的强制约束，二者相辅相成，相互补充，确保整个大学治理的安定有序。没有对青年大学生内心世界的约束与熏陶，对行为的任何规制都成为“不情愿”，自觉性、主动性将大打折扣，治理的成效便无从谈起；离开制度约束下具体行为的落实，价值的寻踪根本无法落细、落小、落实，多少心灵的“鸡汤”都将于事无补，治理便成一句空话。

首先，对于大学治理而言，爱国、敬业、诚信、友善是大学人正向道德的引导力量，在人心治理方面大有可为。人的内心世界所思所想具有隐蔽性和欺骗性，因此人心治理通常情况下难以通过刚性的制度规范来强制约束，更多的时候需要的是柔性的伦理道德来实现内在的教化和正向的引导。人内心世界善的力量通常不是通过制度的力量强制推行的，更多的是在日常生活中经过长期的道德引导日积月累、潜移默化地养成的。从这个意义上说，爱国、敬业、诚信、友善的社会主义核心价值观本身就是一种教化育人的道德力量，对大学人、社会人都起着重要的道德引导作用，如，爱国既是一种历史绵延、与生俱来的情感，又是可以具体到每个人行为中的准则，既可以是一种情感体验，又是一种行为规范；敬业，既是做人做事的准则，更是工作方法和态度；诚信，既是一种高尚的道德境界，又是一种人与人之间的良性互动；友善则更体现人之为人对同类的民胞物与的情怀和善的传递。在大学治理过程中，可以充分发挥它们的道德教化作用，结合高校内部的激励机制，对大学人进行正向的道德引导，以便提升大学校园乃至带动整个社会的道德水平，促进人心向善以及人心的凝聚，进而提升大学治理的效能。正如中央在《关于培育和践行社会主义核心价值观的意见》中所指出的那样，只有这样，才能真正做到通过完善激励机制，褒奖善行义举，实现治理效能与道德提升相互促进的正向效应。事实表明：社会也好，大学也罢，道德水平提升了，人心凝聚起来了，治理的难度自然就降低，治理的目标也就更容易实现。

其次，在大学治理过程中，爱国、敬业、诚信、友善等社会主义核心价值观的基本要求可以转化为大学的具体的制度规范，在大学人行为治理方面发挥重要作用。一般看来，爱国、敬业、诚信、友善都是一些抽象概念，不容易被理解，更难以找到贯彻落实的“抓手”。事实上，这并不妨碍它们成为社会治理的重要力量，可以把它们融入到高校制度建设和全方位的治理工作中去，变成一项项具体的制度和行为规范，从而对大学人工作、生活和行为方式进行规范和指导，使正确行为得到褒扬和鼓励，使错误行为受到谴责和鞭挞。

就现行大学治理制度体系本身而言，实际上可分为正式制度和非正式制度两种。一般而言，正式制度是指由学校权力部门或职能机构制定并保证实施的成文的规定；非正式制度则是社会和学校历史发展中形成约定俗成的、师生共同认可和遵守的行为准则，主要体现在学风、教风、校风“三风”上。现代大学治理制度的完善，不仅要不断完善校内法律法规等正式制度，也要高度重视以“三风”为代表的非正式制度的培育，将爱国、敬业、诚信、友善等社会主义核心价值观对公民行为规范的要求融入到大学制度的设计中去，充分发挥制度规范在大学治理尤其是行为治理中的重要作用。制度的价值就是对社会组织成员的行为进行规范和引导。社会主义核心价值观代表当代最广大民众价值理想的“最大公约数”，在大学制度规范中理所当然地得以体现和彰显。也只有以社会主义核心价值观来引领制度设计，才能最大限度地获得大学人的认可，才能更有效地规范他们的行为，实现大学治理的目标。

当前，多种社会思潮的猛烈冲击已经成为大学的一道独特风景线，在思想多样化、价值多元化的背景下，尤其应该重视社会主义核心价值观在大学治理中的导向和统领作用，充分发挥它在高校人心治理和行为治理中的功效。只有将社会主义核心价值观教育和培育全方位地融入大学治理的整个过程和各个领域，上升为全体大学人的共同的价值理想和道德基础，中国特色社会主义大学治理现代化的目标才能真正实现。

四、传统载体与新载体的优势互补

传统载体和新兴载体在社会主义核心价值观教育既各具优势又各有不足。校园环境、课堂教学和实践活动等传统载体为核心价值观教育提供了必不可少的教育环体和介体。它们为大学生的价值观教育既提供了理论学习的空间又提供了行为实践的平台，既提供了人格涵化的环境又提供了社会化的践行路径。但面对多样动感的网络它们又存在相对单一、静态滞后等不足。数字媒体的应用为核心价值观教育提供了更丰富的教育路径、更灵活多变的教育环境、更广泛的教育空间，但它也必须克服自身存在的教育主体的“去中心化”，教育信息的“碎片化”，教育客体的“分众化”等问题。因此，只有在权衡二者利弊得失的基础上寻找优势互补的路径才能在双方显隐相辅、动静相成、虚实结合中，巩固高校核心价值观教育的话语权、管理权和领导权。

1. 传统载体的不可替代性和面临的新问题

教育主体、教育客体、教育介体和教育环体是实现教育活动必不可少的四要素，核心价值观教育的实现也不例外。大学校园是教育主体与教育客体活动的环体场域，而课堂和实践活动则是二者相互作用相辅相成的教育介体，这些传统载体在核心价值观教育过程中具有无可替代的作用。

（1）传统载体在核心价值观教育中的不可替代性

首先，课堂教学是核心价值观教育中必不可少地显性教育载体。

显性教育是指教育主体有意识有计划有目标地对教育客体进行直接的外显的教育，具有条件可靠、效率显著的优势。在大学里，无论是思想政治理论课的传授还是专业理论知识的习得，面对面的传统课堂教学都是显性教育的主要途径。无论是从知识理论科学系统的传授而言还是就教学的机动性而言，课堂这一载体都具有其不可多得的优势。首先，思想政治理论课与核心价值观教育具有高度契合性。思想政治理论课既是一门意识形态课也是一门文化课，既有广泛的受众触角又有自己精神的理论渊源。其在大学生中开设的目的就是掌握主流意识形态在青年学生中的话语权，核心价值观的适时提出也是出于民族信仰和主流意识形态的地位的需要，二者在政治目的上具有高度一致性。其次，思想政治理论课与核心价值观教育在理论上具有高度一致性。思想政治理论课中，马克思主义基本原理、毛泽东思想和中国特色社会主义理论概论四门必修课既是核心价值观的学理支撑，又阐释了核心价值观产生的历史渊源。核心价值观教育在国家层面的“富强、民主、文明、和谐”是“中国近现代史”中世代中国人民一直追求的富强民主的国家价值取向，社会层面的“自由、平等、公正、法治”是“毛泽东思想和中国特色社会主义理论概论”中毛泽东、邓小平等坚定的社会主义者崇尚的社会价值目标，个人层面的“爱国、敬业、诚信、友善”是“思想道德修养和法律基础”中身为社会主义接班人的青年学生们应践行的价值规范。这种理论的高度一致性使思想政治理论课成为核心价值观教育不可替代的主阵地。最后，专业课与核心价值观教育具有特殊的契合性。第一，科技是第一生产力，富强民主中国梦的实现离不了专业科技人才的支撑。各高校各类专业课的开设都是为了造就实现中国富强的精英人才，这与价值观教育的终极目标具有一致性。此外，只有在专业课系统的学习中，学生才能更好地了解这一门专业的历史和用途，进而喜爱自己的专业，这是个体敬业的前提。第二，专业的课堂能为学生提供系统完整的专业理论知识和系统的职业道德法律规范，这是个体维护“法治”、践行“诚信”的前提。每一个专业领域都有自己值得自豪的德才兼备的前辈先贤，比如医疗领域里不畏生死遍尝百草为世人留下医学巨著的李时珍，博爱世人的“提灯女神”南丁格尔，再比如航天领域里破除美国重重阻力回国效力的“中国航天之父”钱学森，这些专业领域内的模范人物对学生的德行感召是亲切特殊而又深刻的。因而，专业课堂将专业道德、专业技术规范同价值观教育在职业维度的契合是其他载体所无法替代的。

其次，校园环境是核心价值观教育中不可或缺的隐性教育载体。

隐性教育是指借助教育环体、间接的教育介体等间接地和无意识地对教育客体进行的一种内隐的教育，具有陶冶情操、渗透内化的优势。无论是校园建筑、绿化、基础设施等物质环境，还是校风校训、教风学风、管理理念、规章制度等精神环境，都是核心价值观教育“春风化雨”的隐性教育阵地。首先，洁净便利的物质环境是学生身心健康的物质保证。以校园为生活社区的大学生们总是无法脱离物质情景这一教育环体的影响。正如康德所言:“我们在自然面前会表达出一种本源的、天然的情感,如在凝视星空时的颤抖,或在和风吹拂的春天心跳加快。”[①]教育总离不了日常情景的渗透,校园里清幽的小径、淡雅的花香总能让人心情恬静;朝气蓬勃、热闹非凡的运动场总是让人跃跃欲试;教学楼内墙壁上哲人先贤的话语,总是在不经意的一瞥中撞击了人的心房。校园里无意间邂逅的爱因斯坦、马克思、孙中山等伟人的雕塑,日日穿梭其间的人文建筑都是无声传递核心价值观的有效物质载体。其次,健康向上的精神环境是培育学生核心价值观的有效精神载体。校风、校训等是一个在长期的发展历史过程中的精神积淀,它是每一个身在其中的个体都必须遵从的无形精神戒律。个体被一个群体所接纳和认同的前提是个体悦纳并自觉遵行这一群体的文化。大学新生入学之后要融入大学这个环境,被这个环境中的群体所接纳和认可,就得自觉遵守这一精神戒律。当然这是一个无形的被精神环境同化的过程,是一种滴水穿石般的润透。每一个走出大学校园的学生从行为习惯、处世态度方法到人生观和价值观都不可避免地烙印上母校的精神风范。崇尚自由创新、兼容并包的北京大学造就的学子身上往往闪耀着自由不羁与故鼎新的光芒,这一点从北大学子在事业上的不落窠臼、不拘一格中可见一斑。北大的学生既有陈生、陆步轩这样身价百亿的“杀猪才子”,也有挺立在孤独之上将英语做成大事业的俞敏洪,还有甘于奉献扎根西藏的胡春华,他们身上这种大河奔流的精神是北大“思想自由,兼容并包”的精神沁润的结果。可见,积极健康的精神环境是事半功倍的人格育化载体。

最后,实践活动是核心价值观教育中无可比拟的社会化教育载体。

社会化是指个体在与社会环境相互作用的基础上接受并认同社会价值体系、行为规范并内化于心的过程。在这个过程中既需有个体对教育活动的价值体系、行为规范、生产技能等的感受和接受,也需有个体与对应的社会环境相互作用的内化和检验。高校的实践活动将二者有机统一起来,促使大学生在从自

---

① 霍尔姆斯·罗尔斯顿.哲学走向荒野[M].刘耳,等译.长春:吉林人民出版社,2000:60-62.

然人向社会人的转化过程中实现了核心价值观从理论认同到行为认同的转化。首先,实践活动实现了理论与实际的统一,深化了核心价值观的理论认同。高校根据学生实际开展的有目的、有计划的实践活动,对学生将其所学理论知识转变为处理问题的立场方法,对实现知行统一具有重要意义。大学生们在义务支教、科技下乡、政策宣讲等一次次的社会实践中检验了核心价值观的真理性,提升了自我认知。在奉献人民、服务社会的志愿实践中体会了“幼吾幼以及人之幼,老吾老以及人之老”的大爱情怀,实现了核心价值观从理论层面到情感层面的价值体验,这种真实的爱的体验对个体的启示比任何理论都要深刻。理论一经群众掌握就会变成无穷的物质力量,核心价值观的基础理论只有在服务群众的实践过程中才能转化为现实的物质力量,只有在真情奉献的实践中才能变成最真切朴实的情感体验。人民大众对这种物质力量的认可、触动心魂的情感体验让还未进入社会的大学生们在情感的共鸣和心灵的震撼中实现了对核心价值观从认知到认同的华丽转身。其次,实践活动实现了自我价值与社会价值的统一,固化了核心价值观的行为认同。自然性和社会性是人的两种基本属性,社会性则是人的根本属性,个体的吃穿住用等自然属性能被满足的前提是个体社会性转变的完成。因而从价值的角度而言,学生社会化的过程就是学生所贡献的社会价值被认可,自我价值被尊重和实现的过程。高校里为大学生们提供的专业对口的生产实践、社会实践等是课堂上学生学习的价值体系、职业道德行为规范及专业技能等从理论认知对接到实践境遇的严格遵从践行。在这种真实境遇里,反复的严格遵从强化了职业维度上核心价值观的内化认同。同时,专业技能理论在生产车间里经由学生的亲手实践转变成实在的物质产品,使个体的社会价值在物质转化的过程中被肯定。这种现实的物质肯定激发了个体的自豪感自信心,坚定了个体为社会贡献的决心,从职业领域固化了核心价值观的行为认同。

课堂教学、校园环境和实践活动作为传统的教育载体,虽然在落实核心价值观教育、培育合格的社会主义接班人方面各有千秋,但是在瞬息万变的数字媒体时代,它们要更好地发挥自己的特色优势,就必须直面网络带来的各种挑战,不断取长补短,推陈出新。

(2) 数字媒体时代传统载体在核心价值观教育中面临的新问题

首先,课堂教学的相对单一性遭遇到网络多样性的挑战。

网络的多样性表现在网络信息的博杂性和时新性、传播手段的丰富性和生动性、传播平台的多端性和便捷性等方面。网络的这些特点使传统课堂教学中方式单一、内容滞后、主体乏味等短板在活泼多样的数字媒体面前更加相形见绌。“一言堂”的教学方式在图文并茂、音像俱全的多媒体面前理论灌输的力量变得势单力薄;相对滞后的教学内容在信息秒变的网络面前遭到喜欢标新立异的大学生们的嫌弃;针对性相对较差的大课堂在因材施教、短小精悍的微课面前变得灰头土脸;传统课堂固定的时空局限在可以随机随时学习的慕课面前也一败涂地。因而,如何面对和利用网络信息的丰富多样和传播手段的便利来克服传统课堂教学内容单薄、教学形式单调、教学模式单一的短板是传统载体在高校核心价值观教育中首先要接受的挑战。

其次,校园环境教育的静态性遭遇到网络动感性的挑战。

网络的动感性是指借助网络信息交流的交互性和即时性人们可以随时随地地进行信息获取或信息传递的特性,以及在这一过程中信息呈现的立体性。这种立体性和互动性对高校学生视觉、听觉的冲击较之校园安静的人文景观传递的信息而言要强势得多。校园的人文精神对学生是一种静谧的感染,妙处在于无声中的自我感悟。而网络的这种动感性对学生的感官是一种强势的介入,在喧嚣的信息洪流中撕裂了学生对这份人文静谧的敬畏和静悟。借助手机或电脑网络端口,他们和天南地北的“微友”“博友”们交流传播着各种感兴趣的话题,在“娱乐至上”价值导引下,他们或者戏谑自己的校园文化,或者恶搞自己的校园领导,或者抹黑自己的学长。这种“互黑”或“自黑”的娱乐交流无形中解构了校园权威,解构了历史人文精神。“校园暴力”“校园色情”等各种无良视频段子在网络间的立体呈现和传播对“三观”尚未成熟的青年学生而言无疑是一种反面示范。近年来的“校园凶杀”“校园互殴”“校园脱衣”“校园虐狗”等种种校园暴力的涌现与这种网络立体的反面示范不无关系。总之,各种媚俗、暴力、恶搞的视频音频等恶劣信息在学生的博圈和微圈里酝酿兜转,正气势汹汹地瓦解着校园里厚重的人文积淀,悄无声息地吞噬着大学生们的三观。因而,要发挥校园环境人文育人的功能,我们就必须克服网络动感性带来的一系列问题。

最后,实践活动的时空局限性遭遇到网络广泛性的挑战。

网络的广泛性是指其信息传播交流所涉领域、地域、空间的广泛性。社会意识是对社会存在的能动的反映。万千网络信息则是来源于各个领域、各个空间的各种社会意识的杂陈。在这里你可以找到志同道合的志愿团队,也可以找到来自专业领域一些“大咖”们的技术指引和经验的分享,网络的“分众化”和信息汇聚功能使这些变得轻而易举。因而相较于只能在寒暑假开展、只让少数人参加而无法大面积普及的学校志愿服务活动,网络上志愿团队的招募对于大学生而言更具吸引力。相较于缺乏实践基地的走马观花式的观看“实践”,仿真机上的操作让学生觉得更有实用价值。面对实践过程中的一些无法领会或掌握的实际操作问题,相较于专业老师的无法适时指导,用手机即时搜索专业“大咖”们的经验分享更便捷。因此,网络世界在满足学生的实践意愿和需求方面的这种广泛性令校园实践活动的魅力逊色了许多。

综上,在数字媒体时代,我们要使课堂教学、实践活动和校园环境在核心价值观教育中发挥好自身介体和环体的作用,要克服数字媒体带来的一系列问题和挑战,我们首先必须认真分析网络、手机等新兴载体的优势与不足。

2. 新兴载体的优势与不足

(1) 新兴载体的优势

首先,新兴载体为高校社会主义核心价值观的培育提供了丰富生动的网络教育路径。

高校的教育路径主要表现为课堂教学、专题讲座、社团活动等。显性教育的突出优势是时间集中,知识传授系统,信息传输效率高、收效快,因而课堂教学仍是高校最主要的教育路径。其主要特点就是以课堂为载体,师生面对面地口耳相授。而数字媒体的出现使教育路径变得丰富生动起来。首先,表现在课堂形式的多样性上。在数字媒体的技术支持下出现了远程课堂、微课、慕课、易班等多种形式。相比较于传统课堂,这些课堂形式更具针对性,更能满足主体发展的层次性需求。例如,对于已经工作无法离开工作岗位但又想接受大学或专业培训领域系统的专业知识的就可以选择相应领域的远程课堂并接受相应的网络测试获得相应专业证书;如果你是在校大学生,想及时突破解决课堂上的疑难点可以选择微课；如果你需要和兴趣相投者共同进步相互提携，可以选择易班。其次，表现在教学内容呈现的生动性上。相较于传统课堂黑板的平面传达，数字媒体集声、光、图、电于一体，使教育信息可以立体化地形象生动逼真地呈现在教育客体面前，借此抽象的知识变得感性易懂，学生的学习积极性也被即刻调动起来。例如碳原子的结构及其组合变化这样的抽象理论知识几分钟 FLASH 的立体呈现要比老师天花乱坠般卖力讲解一节课的效果要好得多。因为数字媒体技术下，视觉、听觉等多方面组合对大脑神经刺激的强度比单纯的听觉刺激要大得多。最后，表现在教育信息获取源的丰富性上。网络具有汇聚功能，个体只要在搜索引擎里输入想要查找的疑难问题的关键词，就可以迅速获得与之相关的各种信息，它们或者来源于权威期刊，或者来源于专家学者的博客，或者来源于路人的转载等，个体可以根据需要在这些信息源中做出信息的取舍。

其次，新兴载体为高校社会主义核心价值观培育灵活多变的网络教育环境。

高校教育环境由硬环境和软环境两部分构成。网络环境是学校软环境的重要组成部分，学生是主要的网络成员，网络虚拟社区环境对学生的涵化作用比校园实体环境的作用有过之而无不及。首先，网络教育环体相较于校园实体的教育环体而言，相机性更强，更灵动。利用校园网学校可以以最快的速度跟踪社会热点和校园热点，向大学生们进行解读和引导，帮助其全面认识事件原委，做出正确的价值判断。通过校园 BBS、校园微信公众号等，学校可以及时了解学生舆情，随机疏导，可以了解学生的利益所需，及时改进校园设施服务，提升学生校园生活的幸福感。其次，网络社区交往的互动性和身份的隐匿性为学生的心灵释放提供了隐私空间。学习的压力、就业的压力以及现实生活中的一些摩擦经常让大学生们得心灵陷入烦恼纠结的泥沼，想解脱却挣扎得更深，想倾诉却碍于情面、隐私找不到合适的人选，而网络交流恰好打消了学生们的这种顾忌。在网名的隐匿下，他们可以在校园 BBS 上随意吐糟，也可以和网络路人无厘头地发发牢骚，还可以找网络知己倾诉一腔委屈，这些都不同程度地给学生以精神减压。最后，网络教育环境可以根据学生的需要随时改善而无经济负担。实体校园环境的改善往往限于大量人力物力财力的投入速度相对滞缓，而网络空间里学校可以根据学生学习生活所需借助网络随时开设一些教育栏目和服务平台而无经济负担的困扰。如一些校园网络跳蚤市场、网络读书会等的开设既无须担负另辟场地的经济负担又满足了学生生活学习所需。网络环境这种改善的便利性是现实校园环境力所不及的。

最后，新兴载体为高校社会主义核心价值观培育提供了逼真广泛的网络教育空间。

高校的教育场地主要是课堂，此外还有实验室、实践基地等，空间有限。在动漫、3D、光纤等越来越成熟的数字媒体技术的支持下，教育空间从现实拓展到了虚拟社区，克服了学校实践教育的时空阈限。首先，3D 等仿真技术的应用帮助教育客体在虚拟空间里获得真实的体验感。随着仿真技术的普及，在电力、医学、汽修等专业领域普遍开始应用仿真机，通过程序设定可以让学生置身于逼真的专业问题情境中，进而通过操作平台进行真实的操作获取职业技能和职业体验。这种网络仿真技术的应用在一定程度上节约了学校实验成本，化解了实验基地资源不足的矛盾，更重要的是这种真实的模拟锻炼了学生的职业技能和职业责任感。其次，网络社会化使社会教育资源跨越时空。在网络时代，社会各部门各领域的网络化使网络空间社会化，社会教育资源可以无限集中于网络，访客可以随时学习。只要轻触手中的鼠标或手机键，我们就可以置身于世界各地著名的历史博物馆、科技展览馆、图书馆之中“游历”学习，其间的历史资源、科技信息资源、图书资源等尽你所用。这既省却了旅途劳顿又节约了时间成本，使教育空间无限扩大。同时，教学主体还可以利用个人的教育博客、教学微博或者专业 QQ 群等，使教育的时间从课上延伸到课下，使教育对象从小面积拓展为大范围。

(2) 新兴载体的不足

首先，教育主体的“去中心化”。

“中心化”一词原指传统媒体中传播主体单向度地向受众传输信息的特点，在教育的语境下主要指传统课堂教学模式中教师对学生单向度的知识传授。对应的“去中心化”在这里主要是指在网络的语境下教育主体这一角色的扮演者不再局限于教师，从过去教师的单向度知识主导传授演变成多向度主体的交流收受。这种交流有利于克服过去教育客体接受知识的被动性，可以让受众充分反馈信息表达个人意见。然而问题是这种“你言我语”的所有人对所有人的知识讨论传播缺乏权威的鉴定，最终无法保证知识获取的科学性，教育主体被泛化，从一元主导走向了多元争论，知识的真伪陷入相对论和诡辩论的泥沼。

其次，教育信息的“碎片化”。

“碎片”的意思是整体被解构为零散的部分。教育信息的“碎片化”便是指这种信息呈现的不完整性，缺乏系统性。与这种教育主体的“去中心化”对应的是教育信息的“碎片化”。显然教育主体的“去中心化”打破了原有传统课堂模式下主体与客体的二元对立，每个参与个体都可以随时发表见解，成为教育主体，这必然导致知识见解讨论的空前活跃和信息的泛滥。“公说公有理，婆说婆有理”，由于无法对信息来源的权威性和科学性进行考证，面对这些海量的知识片段，受众既无法确定内容的真伪也无法进行系统地拼接，增加了获取价值性信息的难度。与此同时，手机的普及为受众的“碎片阅读”提供了可能，大部分社会个体除了必要的工作学习、生活交往外，大部分时间用于微信、微博等的阅读或网页的浏览中，但这种阅读时间的碎片化使个体始终处于阅读的浅层次，更无法考证“碎片化”信息的真伪。

最后，教育客体的“分众化”。

与分众化的传播概念定义的维度不同，教育客体的“分众化”是指教育客体根据自己的认知结构和立场选取自己所需信息并在自己的网络交流圈里传播交流的现象。心理学家肖·阿·纳奇拉什维里认为人们会本能地注意到那些符合于自己的定势和信念的思想及见解，较少接触那些和自己信息不一致的信息。[①]很显然，在对教育信息的真伪性缺乏权威论证的境遇下，教育客体会根据自己的认知结构和判断标准去筛选符合自己见解的“碎片化”教育信息，并在自己现实生活中或虚拟交流平台上的交际圈中进行传播。教育客体认知和需求的差异性使泛滥的“碎片化”信息出现了分化和离散，信息获取出现“分众化”。

总之，传统载体和新兴载体在教育教学方面各有利弊。课堂教学、实践活动和校园环境等传统载体，在知识的系统传输、增强实践能力和精神感召等方面具有明显优势，但又暴露出教育单一性、实践基地不足、校园环境信息传递滞后等弊端。

---

① 肖·阿·纳奇拉什维里.宣传心理学[M].金初高，译.北京：新华出版社，1984:29.

而新兴载体网络教育路径的丰富生动、网络教育空间的逼真广泛以及网络教育环境的灵活多变正好有利于克服传统载体的不足。这就为传统载体和新兴载体的优势互补，核心价值观教育实现现实与虚拟空间的双赢提供了可能。为此，我们要趋利避害，努力探寻二者的融合路径，使核心价值观教育真正入心、入脑。

3. 传统载体与新兴载体的融合路径

(1) 借力使力，“显隐结合”，严守校园核心价值观教育的话语权

高校思想政治理论课在系统的显性理论灌输掌握核心价值观的话语权方面具有不可替代的优势。其有利于帮助学生了解国史国情，全面掌握马克思主义基本原理和中国特色社会主义理论，增强社会主义核心价值观的理论认同。由于课堂教学方式的相对单一性，这一载体在激发学生的学习兴趣、学习热情方面明显动力不足。数字媒体这一新兴载体丰富生动的教育路径正好弥补了课堂教学这一传统载体的不足。为此，我们要努力尝试二者最佳组合的路径以巩固核心价值观在校园的话语权。

首先，利用数字媒体呈现方式的生动性增加思想政治理论课堂的教学魅力。思想政治理论课的教学内容是国家教育部组织专家学者经过详细推敲和严密论证制定的，具有科学系统、逻辑性强的特点。尽管如此，由于其自身的政治性和理论的抽象性等特点，教师在进行知识传授的课程中往往遭到学生们的心理抵触。数字媒体图文并茂、声电合一的呈现特点正好可以化抽象为具体，增加了理论课的吸引力。这就要求思想政治理论课教师在娴熟掌握思想政治理论的基础上增加数字媒体技术素养，可以将抽象的理论知识借助 FLASH、3D 等技术立体地呈现给学生，使抽象的理性知识感性生动地展现在学生面前；在教学内容一定地情况下，教师可以借助数字媒体信息传递即时性的特点为理论课选取匹配的视频、音频事例或新闻，和学生们在课堂上讨论。在讨论过程中，教师可以借助这些学生热议的话题或焦点进行适时的正面宣传或者反面点评，以引导学生学会用唯物辩证法的世界观和方法论来理性评价和认识这些事件。这样无形之中让学生学会对信息的去伪存真，掌握信息认知的主导权。当然，教师还可以借助班级 QQ 群等网络平台在课前进行相关的议题设置和讨论，一方面让学生提前

预热，增加对相关理论知识的熟悉度，激发学习热情；另一方面利于教师掌握学情有的放矢地进行理论讲解。数字媒体时代的到来为创新改进思想政治理论课堂的教学模式提供了路径。增强数字媒体的技术素养，有利于思想政治理论课教师从“知识搬运工”的角色解脱出来真正升级为“灵魂的工程师”，有利于学生从“知识容器”被动学习接受的角色升级为“理论拥护者”，主动参与讨论学习。

其次，利用数字媒体交流平台的多端型延伸思想政治理论课堂的教学维度。思想政治理论课无疑是社会主义核心价值观教育的主渠道。但是囿于课时、课堂所限，造成核心价值观教育周期短、空间不足，无法持续巩固教育效果，数字媒体交流平台的多端性有利于克服核心价值观教育时间不足、阵地狭窄的缺陷。思想政治理论课教师可以充分利用网络的交互性和跨时空性的特点，利用微博、微信、微课、QQ 群、Email 等，将核心价值观的教育阵地从现实空间延伸至虚拟社区，将教育时间从课堂延伸至课前课后，将教育内容从教材掌握深化至社会热点的探讨。教师借助网络既可以利用专业 QQ 群、个人博客进行课前的议题设置或课后的理论延伸，又可以针对课上疑难点制作包含动漫、音频、视频等形象直观的微课进行课后辅导。互联网的隐匿性与互动性的特点让学生利用微博、微信、QQ 群等平台和老师以及同学交流时能展现本真观点，自由表达看法和意见。这有利于教育主体全面掌握学生的思想状况和理论水平，进而针对不同个体、不同类型的观点，制订具体计划措施提供个性化的引导服务，具体问题具体分析，有利于核心价值观教育于细微差异处深入人心。同时这种柔性而隐蔽的方式无形之中化解了学生抵触思想政治理论课政治渗入的心理防线，深化了学生对社会主义核心价值观的理论认同和情感认同，有利于帮助学生个体实现核心价值观知、情、意、行的良性循环。

最后，利用互联网开设慕课，变革创新思想政治理论课的教学模式。慕课是“Massively Open Online Courses”的音译简称，意即大规模的开放式在线课程。网络空间容量的无限性使数以万计的人可以同时异地进修同一门功课，这种课程规模之大改变了以往的学校设置；网络的平等性与隐匿性等隐没了教育对象学习背景、社会地位等限制，使课程面向所有人；任何人都可以申请学习，这种公开性之开放程度也是传统课程所远不能及的；同时网络的交互性和即时性又使传统教学的教与学的互动过程实现了完整在线体验。在慕课空间里，教育者可以根据个体需要进行专题讲座、专题讨论、问题剖析，使个体尽享学习主体能动性的乐趣。在这种全新课程模式的倒逼下，思想政治理论课教师需要不断精进理论学术造诣，创新教学方法。同时，它也为教育者腾出更多的时间和精力来研究关注学生价值观的日常养成。显然慕课模式的开启既调动了师生双方教与学的能动性，又拓展了核心价值观的教育空间和路径。

数字媒体和传统课堂的优化组合促进了思想政治理论课从教学内容呈现到教学模式的创新变革，使思想政治理论课的教学空间从课上延伸到课下，从课堂拓展到网络，使教学方式从以显性为主演进至多端隐性渗透，全方位巩固了社会主义核心价值观在高校教育的话语权，有效规避了数字媒体的“去中心化”对核心价值观教育带来的挑战。

(2) 监管并重，“动静结合”，增强校园核心价值观教育的管理权

校园里静置的人文景观在默默地传达着历史的凝重，这种静默在数字媒体时代遭遇到灵活多变的网络的挑战。任何事物都有其两面性，我们要辩证地分析网络的灵活多变，一方面，静默的人文、凝重的历史可以借助数字媒体动感十足地呈现在学生面前，增强高校人文精神的涵化育人效果。另一方面，我们也要注意到这种灵活性带来的泥沙具有的“碎片”信息的博杂，这种博杂混淆视听给高校的核心价值观教育和校园人文的涵化带来了危机。这就要求高校趋利避害，在加强校园网络监管的基础上，增强核心价值观教育的管理权。

首先，高调动态展现校园历史人文，增强价值观教育的人本性。一方面，高校可以借助校园网开设历史人文专栏，综合利用声、电、图、像等，将校园里人文景观或建筑物的源头由来、历史典故等动态地展现给学生，让学生们在声、光、影、像交织的综合感官中全面感受认同校园的人文底蕴；开设校园人物专栏，将学校的杰出校友、杰出教师的历史贡献、生活故事、工作业绩等详细展现给全校师生。与此同时，高校可以借助互联网的链接功能在专栏里设置相应的链接，链接这些杰出校园人物的博客、网页等，便于学生更深入地动态了解或交流。这种亲切的身边故事给学生的榜样范型功能更能深入心扉。另一方面，各专业院系借助校园网构建好自己专业特色的院系交流平台。在各院系的专业平台上设置

专业领军人物链接、职业道德模范链接、专业技能BBS、专业网络社团等，为学生在专业领域内的职业技能、行为规范、职业道德的交流提供便利，这样既利于激发学生的专业学习兴趣又利于朋辈之间的相互影响。还要利用校园里的电子屏幕、校园网络等，借助特殊节日进行主题宣传，例如借助入学季宣传校规纪律帮助新生尽快融入大学生活，借助毕业季宣传步入社会应遵循的公共道德和具备的社会责任感、职业责任感等，帮助尽早适应社会。可见，学校的人文环境建设借助数字媒体使其涵化功能更灵活，能够应时而动，细致入微，更具人本性。

其次，提升网络素养，增强主体的价值判断力。数字媒体的即时性和交互性使海量的信息碎片存在于网络间，这使“三观”还未成熟的学生容易断章取义，被蛊惑或误导，因此加强校园核心价值观教育管理权的根本是提高学生的网络道德和素养，增强辨析抵御不良信息的能力。为此，高校可以效仿西方发达国家开设专门的媒介素养课。媒介素养课程可以围绕媒介的特点属性、运行机制、传播原理、道德责任以及法律法规等一系列基本问题进行课程设置。这样有利于学生破除媒介传播的神秘感，了解媒介信息宣传炒作的背后机制原理，清醒地认识网络媒介产生的“放大效应”“汇聚效应”“溃坝效应”带来的舆论后果。在对数字媒介全面理性认知的基础上，大学生能够发挥价值判断和价值选择的能动自主性，对各种繁杂的碎片信息做出正确的价值取舍。同时，网络道德以及法律法规的学习有利于增强学生的网络慎独意识，构筑网络心理防线。网络的隐匿性、虚拟性对传统社会中主体的道德提出了新的要求。在现实社会中道德和法律的他律功能比较成熟完善，而网络空间的隐匿性严重制约了社会他律功能的发挥，这就需要强化网络主体的自律功能。因而媒介素养及相关课程的开设利于高校在日常教学中加强学生网络道德的培植和网络自律实践体系的构建。当然，我们在强调开设媒介素养课程构建网络自律实践体系的同时也要强化网络的舆论他律功能，利用舆论批判谴责无良网络言行。数字媒体的隐匿性、即时性掩蔽了道德在网络中的他律性，因而衍生了网络暴力、人肉搜索、网络色情等一些网络道德社会问题。要遏制这些恶劣的网络言行，除了依靠网络法律法规的完善之外，还需依靠网络主体自觉抵制谴责这些无良网络言行，形成强大的舆论他律体系，为此高校要注意培养部分校园知名度高、影响力大、思想先进、三观端正的师生成为网络意见领袖，对网络里出现的一些网络道德社会问题、无良网络言行进行谴责，形成强大的舆论批判共振，发挥网络他律的功能。

最后，加强网络监管，净化价值观教育的网络环境。外界环境是影响主流思想信息选择和摄取的基本因素，网络环境是校园环境的重要组成部分，因而校园网络环境的健康与否直接影响着青年学生对主流意识形态以及核心价值观相关信息的摄取取向和摄取量。为此，我们必须严格加强网络监管。高校可以利用互联网接入校园网的端口设置防火墙、信息自动净化拦截程序等，从信息源头上将一些不良社会思潮、反社会言论、网络暴力、网络色情等各种混淆是非、蛊惑人心和有违社会道德伦理的毒性言论信息屏蔽阻隔于学生视野之外。同时，还要建立网络舆情反应机制，随时对校园网内的舆情进行监管引导，掌握信息管理的主动权。这就要求高校建立一支思想过硬又精通数字媒体技术、媒介素养优秀的网络舆情监督队伍，利用微博、微信、校园 BBS 等学生热衷的交流平台随时关注校园舆情动态，制定相应的干预政策。或者链接权威媒体辟谣，或者邀请专业人士解析社会焦点，或者扮演校园网络意见领袖引发网络批判讨论，时刻掌握舆论主动权，捍卫校园网络信息管理权。

加强校园人文和数字媒体的结合，主体媒介素养的提高以及网络环境监管有益于帮助大学生突破博杂的网络“碎片”信息的包围，强化校园核心价值观教育的管理权；一动一静有机组合，有利于核心价值观在刚柔有度、动静相宜间隐性植入教育客体。

(3) 正本清源，“虚实结合”，强化校园核心价值观教育的领导权

数字媒体技术的应用使传统教育空间从现实校园拓展至虚拟空间，无论是从传播形式还是从传播空间上，都是一种拓殿对高校核心价值观教良的实施机遇。然而我们在抓住这一机遇的同时，还要迎接好虚拟空间的“分众化”对校园核心价值观教育领导权的挑战。

首先，搭建网络价值观教育基地，拓展思想教育空间。网络以及数字媒体技术的应用已经广泛深入到政治、经济、文化、生活等各个社会领域，对人们的生活方式、思维方式、行为方式已经并正在产生着深远的影响。社会网络化的时代已经生成，网络空间被社会化，核心价值观教育也必须与时俱进，利用网络技术手

段开辟网络阵地，拓展教育空间。这就要求高校加强校园网络建设打造一批层次高、特色强、有吸引力的网站作为网络核心价值观教育基地。在网站的板块栏目建设中，围绕核心价值观的主旋律，借助图片、动漫、微电影、微视频等喜闻乐见的形式向学生传播马列先哲们的人物故事与理论体系，演绎中国共产党带领中国人民争取国家独立、民族富强的奋斗史，展现马克思主义的经典著作和中华民族的优秀传统文化，使学生们在主流文化氛围的营造中感受社会主义核心价值观的理论内涵，体味其历史价值及现实意义。为了增强网络价值观教育网站的吸引力，满足个体娱乐的需要，我们可以设置一些“友善”“诚信”“爱国”“敬业”等价值观系列主题的网络小游戏、闯关问答、核心价值观达人秀等，使大学生们在娱乐的同时借助虚拟仿真技术获得价值观实践的真实愉悦体验，无形之中增强个体对核心价值观的情感认同和行为认同。同时，还可以设置一些红色链接，例如红色“大 V”郭明义的微博链接、“微尘”等爱心志愿团队的微博链接等，让学生在践行核心价值观、奉献社会的过程中分享志同道合者的快乐体验。这些贴近学生心理、贴近生活需要、符合认知规律的网络栏目设置大大提升了核心价值观教育在学生心目中的魅力指数，使大学生们经常登录核心价值观网络基地学习、讨论、娱乐成为一种行为自觉。

其次，微话题大讲座网络共舞，扩大价值观教育受众。数字媒体具有“分众化”的特点，这种“分众化”既可能分割教育受众又可能引发群体舆论共振。数字媒体时代，人们手里的手机就是一个麦克风，使用主体可以将身边的林林总总、自己的情绪观点随时上传到自己的微信和微博圈。有些热议和敏感话题经过圈子里的舆论发酵再传至更广的微信、微博圈，这种舆论发酵随时又可能引发舆论共振从而引起网络围观或者引发社会事件。因而，在当下自媒体时代要巩固核心价值观教育效果就要加强微媒体的领导权。教育者要利用好学校微信公众号，使用大学生们熟知的微言微语引领校园微话题，随时主导微话题，用学生们喜爱的网络“文化代码”包装将核心价值观的文化内涵传递给学生。比如在“钓鱼岛事件”中，我们可以利用微信微博等交流平台以平等的身份引导青年理性爱国，这种平等性的交流易于让青年们从心里认可，使这种理性认知在朋辈之间传播，扩大影响范围，防止非理性爱国事件的发生引发社会的不稳定。除了利用微话题扩大价值观教育受众之外，我们还可以开展网络核心价值观专题讲座增加教育受众。我们可以通过网络平台，将校园里发生在学生身边的先进事迹、模范人物、热议话题、校园突发事件等，通过典型案例或个案分析的方法开展多种形式的网络专题讲座，帮助学生在生活中体会核心价值观的内涵，这种贴近生活入情入理的教育更具针对性、实效性。

最后，打造传播网络文化精品，丰富价值观教育资源。社会主义核心价值体系是社会主义先进文化的重要组成部分，社会主义先进文化的建设又为社会主义核心价值体系的构建提供文化支撑和智力支持。网络文化是文化发展的新形式，其开放性、多样性的特点，满足了大学生差异化、个性化、多层次的文化需求，成为大学生情有独钟的文化传播形式。网络文化创作、传播的无障碍性致使网络文化乱象丛生。因此，核心价值观要实现在虚拟空间的领导权，就要努力打造网络文化精品，争做网络空间的言论导师。为此，高校要确立精品策划意识，综合运用网络图文并茂、光影交织的呈现方式，揉入艺术、情感、时尚等元素，制作具有社会主义核心价值观内涵的主题文化产品，用创意的外表、先进的内涵满足大学生个性化的精神需求。例如上海交通大学的梦想创新园，东华大学的"小课堂大智慧"微党课，山东大学的传递正能量，实现中国梦——"凡人歌"图文映像系列活动等一大批高校网络文化精品项目的打造，不仅满足高校学生的精神文化需求而且强力捍卫了核心价值观教育的网络阵地。当然，要满足高校师生开放多元的文化需求仅靠校园文化精品的打造是不够的，还要通过增设数字图书馆、数字博物馆、数字科技馆等网络链接连接丰富的价值观教育资源，使学生的文化视角从校园的狭窄走向社会的广袤。数字图书馆是借助 Google、Million Book project、MSN、Yahoo 等站点建立的网络数据库，它的建立改变了以往的阅读方式，使人们脱离了纸张阅读，超越了时空的局限，可以多人在线阅读同一本电子书，使文化资源实现了高度集约化。数字博物馆以实体博物馆的空间布置及馆藏作品为现实依托，借助网络技术、虚拟仿真技术、3D 技术、立体显示系统，通过特种视效将实体博物馆以三维立体的方式完整呈现于网络上，它能配合学校进行一些特别的网络远程教学，拓宽教育空间，还能使网络参观者在网络博物馆不同的栏目、页面之间自由穿梭浏览，欣赏藏品，自主参与讨论学习等。目前我国的数字博物馆正在茁壮发展，数字敦煌、数字圆明园、数字故宫、首博、上博等数字文化产品受到社会广泛好评和传播。显然这些网络链接有利于学生在解读具有遗产价值的数字文化产品的同时增强，文化自豪感、民族自豪感，这种文化消费经济有效地拓展了核心价值观传播的载体空间。

因此，我们只有努力搭建网络价值观教育基地、精心打造传播网络文化精品才能丰富价值观教育资源，更好地吸引并扩大核心价值观的教育受众；才能不断强化领导权成为网络空间里的言论导师，将沦陷于网络空间里“分众化”的个体从各种“微圈”里意见领袖的“口水囹圄”中解救出来。

第三章

校园文化与社会主义核心价值观的契合性研究

大学校园文化建设旨在营造健康向上的育人氛围，使大学成为社会主义先进文化的示范基地与传承创新基地。社会主义核心价值观是中国特色社会主义文化的灵魂与精髓，承载着历史、民族、国家各方面的文化内涵，诠释着社会主义意识形态的本质。因此，二者的融合势在必行。而只有对它们之间的内在关联性进行深入的研究与分析，才能最终实现完美的契合。

一、大学校园文化的价值观意义

本节从文化与哲学之间的宏观关系入手，指出对于文化问题的探讨不能离开哲学的审视。而后，对大学校园文化开展了一系列的哲学思考，从物质文化、制度文化、精神文化三重层次，分析了大学校园文化对于大学生在伦理人性、创新精神、民族文化等方面的终极关怀，并指出了其在精神层面、制度层面、体验层面对于大学生“三观”培育的影响作用，明晰了大学校园文化的影响机理与传统的“传递—接受”模式之间的差异，彰显出大学校园文化对大学生“三观”培育，特别是价值观培育的重要意义。

1. 文化与哲学

时至今日，众多学者对于“文化”的定义已不胜枚举，但是始终没有出现一个可以获得理论界一致认同的概念界定。季羡林先生的观点是：“凡人类在历史上所创作的精神、物质两个方面，并对人类有用的东西，就叫‘文化’。”庞朴先生则认为：“文化就是可以包括人的一切生活方式和为满足这些方式所创造的事事物物，以及基于这些方式所形成的心理和行为，它包含着物的部分、心物结合的部分和心的部分。”他还进一步指出：“物的部分”是文化的第一层次，“心、物结合的部分”是文化的第二层次，“心的部分”是文化的第三层次，也是核心层次。这两位先生的看法基本代表了学界对于文化这一概念的普遍认识，总的来看，他们都关注到了文化所具有的物质与精神两种表现形式，而且庞朴先生更是将精神层面的内容视为文化的核心。哲学作为一种“怀着乡愁的冲动到处寻找精神家园的活动”，是一种特殊的思维运动，从这一点上来看，文化已然涵盖了哲学。哲学作为一门抽象与思辨的学问，关注的是世界万物存在的方式和人生存的意义，它能使人形成系统的世界观，并将一些经验性的方法形成理论，使人们在哲学方法论的指导下认识世界、改造世界。[①] 从这个意义上讲，哲学应当是文化的核心之所在。这正如张岱年先生所言：“哲学可以说是文化的核心，是在文化整体中起主导作用的。科学、文学、艺术、教育等莫不受哲学思想的引导和影响。”

从时间上看，在远古时期，神话故事就作为一种文化形式开始出现。神话故事中所展现的人物形象，往往经过了艺术的加工，被赋予了很多超自然的能力，代表了当时生产力低下的环境中人们对于超现实生活的向往之情。后来，宗教吸收了神话故事中的神灵意识，建立起神灵崇拜。在宗教的世界观中，世界是由神灵所创造的，由此便引发了人们对于世界本原的思考，而这正是哲学的最基本问题。正如马克思所言：“哲学最初在意识的宗教形式中形成。”[②]因此，哲学是文化发展到一定阶段后的产物，其本身就是一种思想文化。

近代以来，宗教、艺术、科学、哲学成为人类文化的主要形态。宗教的本质是盲目的信仰，艺术的本质是溢出的情感，科学的本质是理性的认知。可以说，信仰、情感、认知构成了人类精神生活的主要内容。而当单方面的文化内容无法满足人们的精神需要时，人们就开始用联系性的视角来观察三者的关系，并试图建构起某种联系性的结构，但这种结构是否合理，则需要一种超越此结构之上的意识来审视与判断。在精神之上设定更高的精神，这种追求便是哲学。而人类只能依靠自身智慧的增长来实现与完成这种自我审视，除此之外，别无他法。在古希腊语中，“哲学”正是“爱智慧”之意，这其中流露出的对于智慧的向往，正好契合了人类在精神领域艰辛探索之时的最大需求。信仰、情感、认知通过具有高度抽象性与概括性的哲学得以糅合与厘清。马克思曾说：“任何真正的哲学都是自

---

① 史少博．文化与哲学[J]．山东行政学院山东省经济管理干部学院学报，2000(2)：92-93.

② 马克思，恩格斯．马克思恩格斯全集(第26卷)[M]．北京：人民出版社，2006：26.

己时代的精神上的精华。”[①]这就体现出了哲学在文化中所居的核心地位。

而作为文化中的核心，哲学主要发挥了如下作用：

第一，哲学的发展推动了文化的繁荣。物质是人类生活的最初需要，因此物质文化也就成了人类最根本、最广泛的文化基础。一些精神文化，比如宗教、艺术等，最初是为迎合少数人的需要而产生的，但随后很快就被大众化，唯独超越了一般精神文化的哲学，在漫长的历史长河中始终属于少数人。随着工业革命的进行，文化的新时代拉开了帷幕，哲学逐渐呈现出下移的态势，被众多具有一定文化素养的人或是普通人所了解、所掌握。到了现代社会，哲学大众化的程度更加深刻，哲学的思路和方法正成为现代人看待与处理社会、自然、精神的最基本原理。伴随着哲学的下移，哲学自身也获得了发展，其面向的对象更加广泛，其蕴含的内容也更加丰富，在此过程中，哲学启迪了人类的精神世界，使得人类的整个文化日益多彩，文化伴随着哲学的普及走向了更加繁荣的新阶段。

第二，哲学的发展增强了文化保持自我属性的能力。随着世界范围内联系的普遍加强，文化的交流日益频繁，在此过程中，存在于一定范围内的文化必然要接触、吸收越来越多的外来文化元素，而这些外来的文化元素对原本的文化系统势必会带来冲击。如何减缓甚至避免这种冲击，是当下人们在文化发展过程中所要思考的重要问题。哲学起源于文化，作为文化的核心部分，它必然根植于其产生、发展、壮大的社会历史背景，并为人们提供了一套适应此背景的世界观与方法论体系。这种体系是一定范围内的文化的特殊性之集中体现，具有持久且稳定的影响力，它一旦被解构，那么其所立足的文化基础就要走向崩塌，甚至走向消亡。对一个国家、一个民族而言，捍卫与发展自己的哲学就意味着稳定社会成员的世界观与方法论体系，从而确保以及增强了文化在面对多元化、多样化浪潮时保持自我属性的能力，不至于产生混乱，这样才能实现“各美其美，美美与共”的境界。

第三，哲学的发展指引着人类文化与文明的发展。哲学作为人们认识世界、改造世界的方法论工具，指导着人类的实践性活动，倘若离开了正确方法论的指

① 马克思，恩格斯．马克思恩格斯全集(第一卷)[M]．北京：人民出版社，2006：220.

导，人类就会受到规范或规律的惩罚，从这个意义上讲，人类文化与文明的发展必须依托哲学的发展。从历史上看，法国启蒙哲学家的学说推动了法国大革命的爆发，在为伟人们准备的巴黎先贤祠内，伏尔泰和卢梭占据着最为显要的位置，这充分彰显了哲学家们对于共和国的肇始之功。而马克思正是凭借其唯物史观的基本原理与辩证的逻辑思维方法，通过对资本主义经济过程及规律的研究，创立了科学社会主义理论，进而对世界历史产生了深远的影响。这些事实充分表明，哲学对于人类文化、文明的发展具有何等的意义，离开了哲学的发展，人类的文化与文明也将停滞不前。

正是由于文化与哲学之间存在着千丝万缕的联系，学术界产生了“文化哲学”与“哲学文化”的研究范式，从这样的名称表达中我们也能够观察到当下文化与哲学所出现的融合研究态势。

总之，文化与哲学具有密切的关联。哲学源于文化、属于文化，是文化中最为核心的部分，离开了哲学，文化发展中产生的任何问题都很难单独得到解决。这就要求我们关注哲学、研究哲学，站在哲学的高度来审视文化领域的问题，这样才能使其得到合理、有效的解决。

2. 大学的文化选择[①]

文化是主体对客体的意识反映，有先进与落后之分，有正确和错误之别，因此文化选择是必要的。多元化的时代，在个性张扬、雅俗共存的大学校园，文化的选择不仅关系到大学培养什么样的人、如何培养人的问题，而且由于大学的社会引导与示范效应，还关系到社会文化的走向。因此，大学的文化选择更是必需的。

那么，什么是大学的文化选择呢？

大学的文化选择指的是作为文化主体的大学师生在多元文化的矛盾运动中进行价值判断，择其优、择其善并且赋予其个性化含义的过程。这一过程具备三个基本特征：

① 本部分内容发表在《教育理论与实践》2014(9)：3-5，作者：王新华，刘永志。

一是大学的文化选择是在矛盾中进行的，没有矛盾，没有当今社会多元文化的冲突、竞争，就无所谓选择。

当今世界处在多元文化的矛盾与竞争之中，不仅有马克思主义与自由主义之争，更有西方“普世文化”与发展中国家民族文化的话语权之争，置身于这样的文化“乱象”之中，大学文化选择的矛盾与“纠结”在所难免。不仅如此，单就大学文化自身的特征来说，选择过程中的各种矛盾与冲突也是错综复杂。首先是大学文化内涵的丰富性就难免让人“顾此失彼”。大学文化是学校全体人员在长期的办学实践中逐步形成的具有学校特色的群体意识，以及体现、承载这种群体意识的行为方式和物质形态。从结构层次上看，大学文化包括精神、制度、行为、环境等各个层面。因此，从广义上说，大学文化实际就是大学生活和存在方式的总和。大学文化内涵的丰富性使去劣从优、去伪存真的文化选择变得更加困难。其次，大学文化的自由性与包容性又让人难免“患得患失”。作为展示大学精神、崇尚学术自由的文化，大学文化理应拒绝一切落后思想观念和教条的束缚，始终强调独立人格、独立思考、独立判断、独立选择，它要求文化主体在自由的氛围中进行理性的思考和学术研究。同时，作为开放包容的文化，大学文化应以海纳百川的开放包容精神使大学不断获得新的发展动力。这就要求大学在保持民族和自身特色、坚持“和而不同”的前提下，将优秀民族文化和西方现代大学精神的精髓以及当代社会主义大学的历史使命、时代精神、大学自身的历史文化传统有机融合，兼容并包。这种自由与兼容，使大学在进行文化选择时必须目标明确、尺度合理、宽严适度。否则，很可能舍本逐末，甚至背离大学精神。再次，大学文化的超前性与导向性也难免让人“战战兢兢”。作为超前意识的文化，大学文化主体层次高、思想敏锐深刻、信息来源广，正因如此，大学文化才能够对社会文化产生辐射和引导作用，而大学文化本身也能够在合理的支点上，保持对社会文化的超前态势。正是这种超前，使大学文化承载着大学之外的社会使命，对社会的前行产生深刻影响，也使大学的文化系统不仅作为社会文化大系统的子系统存在，而且成为社会文化系统的“风向标”。也正是由于这种力量，大学文化的选择不仅影响着大学自身，而且深刻影响着社会和人类。因此，大学的文化选择必须精益求精、慎而又慎。

二是大学文化选择的基本内涵就是进行价值判断，也就是文化主体（大学人）对各种文化进行批判性的分析，对不同文化的价值取向、共同性和差异性进行甄别，在挖掘、继承自身文化传统的基础上进行新的重构和整合，进而形成独具特色的组织文化。

文化哲学意义上，价值判断隶属于文化范畴中的精神层面，是对事物的本质及规律的思考，它会随着社会新思潮的叠起而不断产生变化。价值判断对于大学文化而言，是大学理念亦即大学文化的"灵魂"，是维护大学长期生存和发展的必不可少的文化调节和适应机制。大学文化建设的实质是人的塑造问题。"大学之道，在明德崇学，在亲民新民，在多元卓越，在止于至善。"[①]当代中国的大学文化必须既弘扬博大精深的优秀民族传统文化，又能够在科学精神下剔除封建文化的糟粕，体现探求真理的科学态度。既能够吸纳西方近代以来优秀文化和大学精神的精髓，又能够抵御西方意识形态对社会主义的渗透和侵袭。既能够体现文化的丰富性、多样性，又能够坚持社会主义先进文化在大学中的主导地位，成为社会主义价值观培育的主阵地。用这样的先进文化去影响、熏陶学生，丰富学生的精神世界，推动和引领社会文化不断前进，这才是正确的大学文化选择。

三是大学文化的选择是一个长期的过程，是"各种不同的文化要素或类型相互适应、协调从而成为一个有机整体的过程"[②]。任何一种文化的生成都是一个日积月累的过程，不可能通过短时期的文化培育"运动"抑或几次简单的校园文化活动"一蹴而就"。

大学文化选择的过程性体现的是文化发展的一般规律。扬弃、改造、批判、吸收是文化发展的必经阶段。大学文化的生成需要三个主要步骤：第一步是继承与借鉴，包括文化的整理、保存、鉴别，这是基础和前提。第二步是文化的更新与创造，这是大学文化选择的中心环节。选择不仅是对已经形成的文化因子的取舍，更是对文化的再造与出新。知识分子的学术研究、知识传播、著书立说、社会服务、产品技术开发，都与文化创造有关。大学本身是新思想、新知识、新理论

---

① 王冀生.大学之道[M].北京:高等教育出版社,2005:186.

② 郑金洲.教育文化学[M].北京:人民教育出版社,2000:200.

的摇篮，必须在新的历史条件下不断创新，才能保持大学文化的活力和先进性。第三步是文化的传授和传播，这是大学文化选择的价值呈现。大学精神要在大学的教学、科研、社会实践过程中不断发扬光大，内化到广大师生的内心深处，影响他们作为个体的价值选择、判断，规制他们的行为，这种影响是潜移默化的。

大学的文化选择与大学的文化自觉密切统一。

所谓文化自觉，按照费孝通先生的观点："它指生活在一定文化历史圈子的人对其文化有自知之明，并对其发展历程和未来有充分的认识。"换言之，文化自觉就是文化主体的自我觉醒、自我反思、自我判定、自我创建。大学的文化自觉体现在大学重视文化的作用，并能够在对外在环境与自身文化特征清醒认识的基础上，进行明确自主的选择、传播与创新。从这个意义上说，大学进行的文化选择与实现大学的文化自觉是统一的，没有"自觉"就不会有正确的"选择"，"选择"错误当然也就无法"自觉"。

首先，对自身文化的历史传统、传承脉络、本质精髓、表现手法等有"自知之明"，是大学文化选择的基本前提。"自知之明"要求大学明白"我是谁"，"我与别人(校)有何不同"，也就是明白自身文化的来历、形成过程，以及它所具有的特色和发展趋向。做到这些是加强大学文化转型的自主能力，取得决定适应新环境下文化选择的自主地位。总之，"自知之明"的根本目的就是掌握文化选择的主动权。从大环境来说，伴随着经济全球化趋势的加强，文化全球化趋势也在加剧，"普世价值"说甚嚣尘上，其间一直演绎着文化的普遍性与特殊性、普世性与民族性的矛盾。在这对矛盾展开过程中，不同国家不可避免地衍生出两种现实的文化战略：一是文化主权战略，二是文化霸权战略，二者的相互斗争构成了全球化时代国际文化关系的轴线。全球化背景下在中华民族自身文化的发展中，呈现了"全盘西化"与"文化孤立主义"(或称"部落主义")两种极端的倾向。两种错误的根本，都在于对自身文化缺少正确的评判，要么隔断历史，完全否定自我，陷入民族虚无主义。要么盲目自大，走向极端民族主义。在批判这两种极端的错误时，我们必须首先高举捍卫文化主权、反对文化霸权的旗帜，在激烈的文化竞争中自觉维护国家自主文化选择权、发展权和对外文化交往权；同时，在推进大学国际化的进程中，应当努力坚持全球化与本土化的统一，树立全球化时代正确的文化心态，做到既开拓国际视野，增强国际交流能力，又能坚守国家立场和民族意识，扩大民族文化的国际影响力。这既是文化自觉的应有之义，也是大学文化选择的基础条件。

其次，自我“觉醒”与“反省”是大学进行文化选择的动力机制。“觉醒”与“反省”是对文化的自我批判与反思，以加强文化选择的设计性、主动性、自觉性与积极性，提高自身文化生存、繁衍能力。只有在“觉醒”与“反省”中，文化的主体才能树立文化存在的辩证法意识，在反对片面的“西方文化优越论”或“东方文化优越论”的同时，也反对“文化虚无主义”。才有这样的能力和勇气，把中国文化与外国文化作为对象来研究，结合时代的要求与各国的具体国情，做出客观的评价，做出合理的选择。同时，只有“觉醒”与“反省”，文化的主体才能把握文化发展的必然规律，自觉投入文化交流与对话之中。就文化的民族性与世界性而言，我们才能有能力和心胸与世界对话，在学习先进的同时展示民族自信。就大学文化而言，我们才能以宽广的视野审视他人，取人之长，补己之短。只有“觉醒”与“反省”才能自觉推进文化的内源拓展，形成大学文化的独特气派与风格。文化选择过程中，保持自主的价值观与文化观，根据大学自身所拥有的文化资源、文化环境、文化需求、文化特性、思维结构及实践方式，选择适合自己的文化发展道路，这是建设独具特色的大学文化的根本。所以，大学应该注重开发自身的文化潜力，开发自己的文化资源，促进文化资源的增长，以增强自身的创新发展能力。

最后，“自我创建”是大学文化选择的最终归宿。创新文化和文化创新的关系好比灵魂与肉体，相互依存，缺一则二者皆无。物质与精神、科学与人文、主体与客体、个性与共性的分离是目前中国大学文化发展中的通病，结果导致学校教育功能发展的不和谐甚至错位。究其原因还在于文化构建中忽视精神文化的作用，忽视人的主体意识与个性的发展，这既是创新文化发育不良的原因，也给文化创新带来了巨大的障碍。解决这个问题，必须将大学文化的发展最终着眼于“自我创建”。“自我创建”的文化应具备如下特质：一要树立科学与人文相结合的大学理念，彻底改变“过弱的文化陶冶，过窄的专业教育，过重的功利导向，过强的共性制约”[①]的状态。作为大学文化精髓的大学理念,应克服科学主义、工具理性的片面性,摆脱功利主义的干扰,融入科学理性和人文精神相统一的哲学思想,贯穿以人为本、明德至善的人本精神。柏拉图时代提出“博雅的认知兴趣”,关注的不是教育的“实利性”而是“人的德性”,帮助人们得到“幸福和灵魂的自由”,近代德国洪堡和席勒提出大学的首要目的在于形塑性格,造就伦理,培养能够感受到真、善、美的人,大学在各个发展时期,都把人的培养放在首位。即使是各种教育功能侧重不同,也都被理解为培养人的手段不同。大学文化通过明章建制或潜移默化教育人、熏陶人、培养人,造就大学特有的精神与气质,这始终是大学的基本功能。这一基本功能今天不仅不应淡化,市场条件下更应加强。二要树立为民爱国、引导社会前进的民族精神与国家意识。任何大学都是立足本国,致力于人民的幸福、国家的发展和社会的进步。蔡元培出任北大校长时抱定的目标就是“苟切实从教育着手,未尝不可使吾国转危为安”[②]。他把大学的所有追求归于“对于社会国家和人类作最有价值的贡献”这一终极目标上。在文化的力量越来越深地熔铸在民族生命力、创造力和凝聚力之中的情况下,大学为社会经济政治文化服务,大学引领社会的功能更深刻体现出来。三是确立开放包容、面向世界的文化心态。具有全球意识,树立包容心态,适应国际化要求,把大学建成国际多元文化沟通的桥梁驿站和融合中心,这是当代大学神圣的文化使命,也是大学生存发展的必需。

当今时代,必须以社会主义核心价值观引导大学文化选择。

大学的文化选择必须始终把握中国先进文化的前进方向。社会主义核心价值体系是社会主义先进文化建设的根本,以社会主义核心价值体系引导和规制大学文化建设,是大学文化选择的核心课题。

首先,马克思主义为大学文化选择指明了方向。当今世界,各种思想文化的交流、交融、交锋日趋频繁,文化多元化、意识形态多样化、渗透与反渗透斗争尖锐复杂。正因如此,习近平同志才强调,“经济建设是党的中心工作,意识形态工

---

① 文辅相.文化素质教育应确立全人教育理念[J].高等教育研究,2002(1):27-30.

② 赖廷谦.社会主义文化与大学文化建设[M].成都:四川人民出版社,2010:70.

作是党的一项极端重要的工作"[①]。大学是知识汇集、价值冲突、思想的火花集中绽放、各种社会思潮集中登场的地方，是意识形态的"高地"。在这样的较量和冲突中，只有坚持马克思主义意识形态的指导地位，以马克思主义基本理论规定我国大学的社会主义性质，才能明确大学的价值取向和大学文化的价值追求，进而为中国特色社会主义大学文化建设明确方向，为党的教育方针在大学的贯彻执行奠定思想根基。

与时俱进是马克思主义最重要的理论品质，也为大学文化的发展与创新提供了路径。马克思主义之所以历久不衰，在160多年世界沧桑巨变中永远保持着青春与活力，其根本原因在于它彻底的科学性。这种科学性在于它坚持一切从实际出发，理论联系实际，实事求是，在实践中检验和发展科学理论。因此，这种科学性是与理论的与时俱进联系在一起的。马克思主义理论的与时俱进正是这一理论科学性的必然要求。大学是科学的殿堂，是青年人云集的地方，科学的求真求实精神与青年人的求新创造追求必然使马克思主义与时俱进的理论品质在大学文化的形成以及文化精神的构成中发挥核心导向作用。

其次，中国特色社会主义共同理想是大学文化选择的主题。"正确的理想是推动社会进步的重要动力，也是人们知难而进、走向成功的重要精神支柱。"[②]这一主题要求大学人坚定中国特色社会主义的道路、理论和制度的自信，既不走僵化封闭的老路，也不走改旗易帜的邪路，大学的教育应努力提升中国特色社会主义话语体系的影响力。在大学文化的构建中，用中国特色社会主义理想和信念主导大学文化的各个方面，无论是精神文化还是其他形式的文化，都必须以中国特色社会主义共同理想为主导，体现社会主义的文化属性和中华民族历史文化的传承。"没有这样的信念，就没有凝聚力。没有这样的信念，就没有一切。"[③]不仅如此，就生活在大学中的每一个个体而言，只有坚持以中国特色社会主义共同理想统领他们的思想和行为，才能使他们健康成长。面对当今各种纷繁复杂的社会思潮，面对社会主义

---

① 习近平.胸怀大局把握大势着眼大事　努力把宣传思想工作做得更好——在全国宣传思想工作会议上的讲话[N].人民日报，2013-08-20(1).

② 胡锦涛.发扬伟大的爱国主义精神　为建设有中国特色社会主义努力奋斗——在五四运动八十周年纪念大会上的讲话[N].人民日报，1999-05-05(1).

③ 邓小平.邓小平文选(第三卷)[M].北京：人民出版社，1993：190.

运动的低潮以及人们对社会主义未来的种种怀疑，只有坚定中国特色社会主义的共同理想，才能战胜各种困难，找到解决中国问题的真正出路。

再次，民族精神和时代精神是大学文化选择的重要资源。作为大学文化的精髓，大学精神无处、无时不在，而民族精神和时代精神更是大学精神的灵魂，它贯穿于大学文化发展的始终，体现在大学文化的各个层面。爱国主义是中华民族精神的核心，也是大学文化的核心、大学精神的灵魂，是大学文化能够形成的基点。无论是知识教育、文化熏陶，还是科技创新、人才培养，无非是为了民族的振兴、国家的富强，大学一旦失去爱国主义、民族精神的牵引，失去了时代精神的感召与规制，就会失去其社会意义和历史价值，成为自由主义的“乐园”，成为追求个人利益的寓所，失去其社会批判以及引导未来的大学功能。因此，大学文化无疑应当紧紧围绕民族精神和时代精神培育来丰富和发展自身的精神内涵，培养和教育青年人强化社会责任感和历史使命感，把个人的成长进步融入推动国家发展、民族振兴的时代洪流中，把爱国热情转化为立足岗位、刻苦学习、努力工作的实际行动。

最后，社会主义荣辱观是大学文化建设的道德根基。社会主义荣辱观是社会主义核心价值体系的基础，它不仅为大学道德文化规定了社会主义的性质，而且为大学提供了进行善恶美丑的道德评判的尺度。社会主义荣辱观不仅规定了大学文化道德基础的性质，更规定了道德教育的真善美的基本内容。就大学文化的具体构成而言，社会主义荣辱观是建设良好校风、教风和学风的基础，是优秀师德建设的基础，是大学生良好品德养成的基础。在当下社会诚信缺失、学术功利主义倾向盛行、学术腐败屡禁不绝的情况下，培育大学师生高尚学术道德和职业操守，形成大学师生高于社会一般水准的职业道德显得更为重要。

总之，大学是社会主义核心价值体系建设的重要阵地，大学文化是社会主义核心价值体系建设的重要载体，社会主义核心价值体系在大学文化中具有世界观意义。社会主义核心价值体系支撑着大学文化建设。大学文化选择的正确与否直接关系社会主义先进文化建设的最终结果。

3. 大学校园文化的哲学意蕴

大学作为高等教育机构，承担着为国家和社会培养高素质人才的重要使命，是一个传承、传播以及创造思想的地方。校园文化作为一种文化形态，发挥着社会文化作用于校园活动主体的“中介”作用，它能够把社会上的观念和价值通过一些形式传输到校园活动主体身上。这里所说的“校园活动主体”，指的是长期在校园内开展实践活动的师生员工，不论他们是否意识到了校园文化的存在，当其在校园内学习、生活时，他们就已然身处于一定的“文化世界”之中。大学生作为校园活动主体的重要组成部分，是校园文化的“接受者”“创造者”“传承者”，他们首先接触与感知校园文化，接着通过自己的实践丰富与发展校园文化，最后走出校园，在自己的工作与生活中践行校园文化。因此，校园文化程度的高低深刻影响着高校人才培养的质量与水平。可以说，“我们培养的大学生不仅要具有坚定正确的政治方向、扎实的现代科学文化知识和较强的能力素质，而且要具备现代观、现代人格及成熟的心理品质和高尚的道德情操，这种心灵的塑造是与优秀的校园文化氛围密切相关的”。[①]

若要深刻地认识与领悟大学校园文化，则需要借助哲学的思维来对其进行剖析，从本质上进行把握。

从感性直观的角度来审视大学校园文化，首先映入眼帘的是大学校园的物质文化。其中包括大学校园内的各类建筑、校园道路、雕塑绘画、园林景观、教学科研的仪器设备、图书资料等物质性载体，它们作为一种客观存在，能够被校园活动主体的感官直接触及，并且其中蕴含了设计者、建造者或使用者的价值观和审美观以及其他寓意，它是文化观念积淀的一种物质表现形式，具有形象直观与持久性的特点。一座意蕴深厚的雕塑，一栋具有鲜明特色的建筑，一片与周围环境相得益彰的园林景观，不仅能够给校园的景致增添一抹亮色，更重要的是它们以物质的形式传递着文化，时刻润泽着校园活动主体的心灵，使他们的情操得以陶冶、品格得以培育。

更进一步地进行感性认识，就接触到了大学校园的制度文化。无规矩不成方圆，在大学之中，活动主体除了要遵循社会层面的法律与规范外，还必须遵守学校制定的各项规章制度。一所大学，必须要具有系统性的制度与纪律规范，精

① 彭正禄，刘方明，林金蓉. 高校校园文化的理论与建设[M]. 成都：电子科技大学出版社，1998：20.

确细致的管理流程、科学严明的奖惩制度，才能培育出师生员工严谨负责的精神与人生态度。否则，管理松懈、纪律松弛，带来的只会是无政府主义、自由主义等错误思想大行其道，严重影响着高素质人才的培养任务。因此，制度文化带有约束与规范的属性，通过人为制定的条例对校园活动主体发挥作用，引导并规定着其在校园之内的行为方式，这些共同执行并逐渐固定下来的行为方式既是制度文化的一种延伸与展现，也是大学校园文化的一个重要组成部分。

从理性认识的角度来把握大学校园文化，就会发觉其中蕴含着更深层次的精神文化，这主要是指大学校园内的主流价值观及其背后的哲学理念，这是大学校园文化的核心所在。德国教育家雅思贝尔斯曾说过："如果大学里面只有文献考据没有哲学探讨，只有技术而没有理论，只有目不暇接的事实而没有理念的指引，大学就岌岌可危了。"[①]精神文化是大学得以存在、发展的理念指引，没有良好的精神文化，即使有再多的高楼大厦、再先进的仪器设备，也无力承担立德树人的崇高使命。大学的精神文化与物质文化、制度文化相辅相成，共同铸就了校园文化，如果缺少了精神文化的建设，物质文化与制度文化就会肤浅化、形式化，如果缺少了物质文化与制度文化的建设，精神文化就失去了现实载体，丧失了生存与发展的土壤，成为一种缥缈的理念，其生命力将大打折扣。精神文化作为一种理念层面的存在，建构着一所大学的文化氛围。优秀的文化氛围犹如润物之细雨，使身处其中的师生员工受到熏陶和教育，进而使他们产生更高层次的自我要求，逐渐养成符合校园文化要求的行为方式与价值观念，个人的品格修养在这一过程中也得以塑造与提升。

中国的传统哲学崇尚"天人合一"，这一思想源于周代，《诗经》有云："天生烝民，有物有则，民之秉彝，好是懿德。"后又经孔子、董仲舒、张载、程颐、程颢等人的发展，其基本内涵可以作如下概括："人是自然界的一部分"；"自然界有普遍规律，人也服从这一普遍规律"；"人性即是天道，道德原则和自然规律是一致的"；"人生理想是天人的调谐。"[②]在这一哲学思维模式下，人要想达到"合"的境界，就必须要顺天而为，通过道德实践，克服外界的诱惑与自身的欲望，实现人道与天

① 卡尔·雅斯贝尔斯．大学之理念[M]．邱立波，译．上海：上海人民出版社，2007：71-72.

② 张岱年．张岱年全集(第5卷)[M]．石家庄：河北人民出版社，2007：610-615.

道的统一。可见，“合”的境界的达成，是一个较为漫长的后天训练的结果，这个后天训练实际就是教育。中国古代的教育以德育为首要目标，《大学》中提到的“齐家、治国、平天下”都以“修身”为起始。对于现代教育而言，德育教育仍然占有着极为重要的位置，“教书育人，育人为本，德智体美，以德为先”，这是中国教育工作的宗旨与根本。“大学之道，在明明德”，大学作为人才培养的重要场所，同样承担着德育的重要任务。相对于单向度的灌输式的德育教育，校园文化以一种浸润式的方式使学生的心灵得到净化与启迪，能够有力地提升大学德育的有效性。而精神文化作为校园文化的核心，其所发挥的作用更是至关重要的，中国文化传统中对于“合”的追求，应当成为大学校园精神文化的秉承与坚守。就当代大学教育而言，这种追求主要蕴含着三重意蕴：

一是伦理人性的塑造。这是指个体的良心良知以及对承担社会责任、履行社会义务的一种自觉，具体表现为大学生从自我意志层面出发的道德判断和行为选择。从哲学意义上看，大学校园文化对于人的培养目标就是将动物本性的自然人塑造为具有文化本性的社会人，实质上就是伦理的光扬。以伦理道德作为大学生的精神引导与生命规范，使其存在状态与人生追求符合人性的价值目的以及伦理道德的要求。简言之，实现大学生对于道德的认同，是大学校园文化的题中应有之意。大学生的身心特点决定了他们个性的张扬与思想的多元，这样的现实状况决定了他们对于自我行为的调节能力较为薄弱，极易跌宕在道德的冲突漩涡中，有一小部分人甚至会做出令社会舆论哗然的不韪之事，其背后无非是道德的缺位。因此，塑造伦理人性，培育出大学生的道德认同、人伦感知，这是大学校园文化所要筑牢的精神基石。

二是创新精神的关怀。创造是人类的永恒活动，人类文明的一切成果皆由创造而来，创新精神则是引领创造活动与人类发展的思维动力。大学作为知识交流融合与新思想产生的场所，创新精神是不可或缺的。大学校园文化作为一种育人的环境，也应当展现出对于创新精神的人文关怀。一方面，应给予大学生展现自我思维的现实舞台，提供给他们一片能够自由选择、自由组织的天地，这是物质文化与制度文化层面需要承担的责任。另一方面，应营造出鼓励创新、宽容失败的文化氛围，充分肯定与尊重大学生的自我人格、自主能力与创新成果，引导他们积极参与到创新活动之中，逐渐形成主动发展的教育格局，这应是精神文化发展的着力点之一。大学校园文化对于创新精神的关怀，不仅能够挖掘大学生的生命潜能，促进他们的全面发展，这对于民族与国家未来前途所产生的影响更是不可限量的。

三是民族文化的传承。民族的文化成果不可能通过生物性遗传得以延续，它需要以教育的方式映射到社会成员的身上，通过他们的认同与实践得以继承和发展。大学校园文化作为社会文化与校园活动主体之间的“中介”，责无旁贷地肩负着这种“映射”的使命。在全球化的背景下，市场经济与商品文化不断消解着民族文化的根基，中华民族传统的文化精神、人文理念遭受冲击，作为具有文化传承职能的大学，应当捍卫起民族文化，使其不至于在历史的浪潮中迷失与失落。而完成这一任务的关键，在于对青年大学生的教育，他们对于民族文化的态度关系到民族文化未来的兴衰。因此，大学的校园文化应是具有民族本性的文化，而不是别的什么文化，弘扬中华民族优秀传统文化、发扬民族精神，教育大学生追求崇高的人格境界，这应当是大学校园文化不懈的追寻。

总之，大学校园文化包括了物质文化、制度文化、精神文化三重层次，它们共同承担起大学校园文化的育人使命。大学校园文化要对人的发展予以终极关怀，这种关怀具体体现在伦理人性、创新精神、民族文化等层面上，其归宿就在于使校园活动主体，特别是使大学生群体明晓是非，提升道德认同，建立起健康向上的社会人格，这与中国传统哲学中对于“合”境界的追求有着异曲同工之妙。

4. 大学校园文化与学生的“三观”培育

“三观”指的是世界观、人生观、价值观，此三者在大多数情况下呈现一种不平衡、不统一的状态。这种状态主要表现为：一是世界观中的自然观与历史观不统一，有的人以唯物的观点看待自然，却以唯心的观点看待社会历史发展，自然观与历史观相互割裂。二是世界观正确，能够以唯物的观点看待自然与社会历史，但其人生观与价值观不正确，在对待人生的看法上以及处理自己与他人、与集体的关系上，奉行的是个人主义、利己主义、自由主义。三是世界观不正确，但却拥有着基本正确的人生观与价值观。比如一些宗教信徒，他们看待自然与社会历史虽然是唯心主义的，但却能够热爱集体、善待他人，能够为国家和社会努力工作，积极发挥出自己的作用。可见，人的“三观”以不平衡、不统一为常态属性。人们通过教育的方式来培育“三观”，其目的就在于使这种不平衡、不统一走向平衡与统一，树立起正确而完整的世界观、人生观与价值观。

对于大学生来说，正确的世界观、人生观、价值观，能够使他们更好地认识社会发展规律，认识国家的前途命运，认识自己的社会责任，从而为其指明人生航向。同时，正确的世界观、人生观、价值观也直接为大学生提供思想和行为的价值标准与规范，使他们在困难的时候看到成绩、看到光明，为他们的心理活动提供了定位系统，使其具有健康的心理素质。

“三观”的培育问题，是一个对于人的终极关怀的问题。而大学阶段，是人生发展的重要时期，是世界观、人生观、价值观形成的关键时期。[①] 因此，引导与培育大学生树立正确的“三观”，是大学德育的根本任务之所在。大学校园文化作为提升德育有效性的重要途径，其所蕴含的也是对于人的终极关怀。并且，大学校园文化与大学德育共同以育人为根本，这里的“人”，指的就是青年大学生。从这个意义上看，两者具有目标与受众群体的一致性。这样一来，大学校园文化与大学生“三观”培育之间便建立起了紧密的联系，这主要体现在：

第一，大学校园文化在精神层面影响着“三观”培育的效果。大学校园文化作为与大学生日常学习与生活紧密融合的氛围与情景，能够反作用于学生“三观”的培育，这便是环境所产生的力量。前苏联教育家苏霍姆林斯基在《帕夫雷什中学》一书中说过：“用环境，用学生创造的周围情景，用丰富的集体精神生活的一切东西进行教育，这是教育过程中一个微妙的领域。”[②]校园文化就是这样一个微妙的领域，它具有特定的教育功能，以非强制、非灌输的方式，在耳濡目染、潜移默化之中影响着学生。在学生的身上，往往也能发现校园文化的烙印，比如，严谨治学的学校，学生大多具备严谨的工作作风；政治风气浓厚的学校，学生大多关注时政热点。因此，要想学生“三观”正，大学校园的风气就必须要正，而

---

① 本书编写组．思想道德修养与法律基础(2013 年修订版)[M]．北京：高等教育出版社，2013：1.

② 王邦虎．校园文化论[M]．北京：人民教育出版社，2000：81.

风气问题的实质就是文化问题。健康向上的校园文化能够使学生得到感召，使他们的思想与行动自觉地向校园文化所要求的看齐，这样，“三观”培育的有效性、影响性就会显著提升。反之，消极的校园文化，诱导着学生一步步走向堕落，“三观”教育讲得再好，学生在现实生活中发现不到、体验不到，知与行之间产生了分离，长此以往，就既不信“知”，更无践“行”了，“三观”的培育又从何谈起呢？所以，大学校园文化对于大学生“三观”的培育发挥着重要的影响作用。

第二，大学校园文化在制度层面强化着“三观”培育的效果。制度文化是大学校园文化的组成部分之一，它具有强制性与约束性的特点，对于校园活动主体，特别是大学生，发挥着行为规范的作用。大学生的学习与生活通常是一种集体的形态，集体内的人能够发生彼此间的相互影响，进而使他们在思想和行为上产生依从与效仿。可以说，大学生的世界观、人生观、价值观以及基于“三观”的行为活动是可以受到影响的，尤其是集体内的朋辈影响。而制度文化首先是为大学生提供了一套成体系的行为规范，在这种规范的影响下，大学生调整着自己的行为，使其不触及规范的底线。其次，制度文化也能产生一种引导作用，它能够通过制度激励的方式，使大学生的行为向着制度设计的预期发展。最后，制度文化以外部评价的形态促进着集体舆论的形成，符合规范并为个人或集体获得制度激励的行为能够得到他人的肯定与好评，不符合规范且使个人或集体得到制度惩戒的行为得到的只能是他人的反感与批评。这种强大的舆论力量有助于大学生良好行为的巩固以及对不良行为的抑制。“三观”培育的效果，最终体现在大学生的日常行为之中，制度文化发挥是对大学生日常行为的规范与引导作用，它以约束性的特点使大学生的行为符合“三观”培育的目标，并在长期的共同践行中，将规范内化为大学生的行为方式、思维方式，进而强化“三观”培育的效果，若没有正常、健康的制度文化存在，大学生的行为就面临着失范的风险，不利于正确“三观”的日常养成。制度文化也深刻地影响着校园风气的形成，为大学生“三观”的培育营造着适宜的环境。

第三，大学校园文化在体验层面促进着“三观”培育的深入。“三观”的培育问题是德育的根本问题。德育既是知性的，更应是体验的。知性教育是德育的初级阶段，道德原则与规范的灌输和记忆对于“三观”的培育是有积极意义的，但是,“三观”的培育如果仅停留在这一阶段,就会造成实效性差的后果。因此,必须要以体验教育的方式弥补这一缺陷,不能人为地将体验教育与知性教育割裂开来。所谓“体验”指的就是一种活动,即主体亲身见过、做过或遭遇某事件并获得相应的认识和情感的活动。[①] 而大学校园文化正是体验教育的重要载体。在大学校园内,有多种多样的学生活动,这些活动既是校园文化的组成部分,也是校园文化的外在表现。大学生通过对这些活动的参与,对现实事物就产生了体验,伴随着活动主题与内容上的差异,它所带来的体验也是不同的。而体验不仅是一种亲身经历,它更是一种情感认知,人们能够通过体验萌生出差异性的情感,正如前苏联心理学家瓦西留克所说:“体验活动的结果总是一种内部的主观的东西——精神平衡、悟性、心平气和、新的宝贵意识等等。”[②]对于大学生而言,他们参与活动就意味着参与了体验教育,一方面,他们在体验的过程中将知性教育的成果投入了实践,另一方面,他们通过体验收获了新的情感认知,这种认知对于其“三观”的养成具有影响作用。因此,对于大学德育工作者来说,应精心设计学生活动的主题、内容及其内在的价值导向,并积极引导大学生参加活动,这对于大学生“三观”的培育发挥着正向的作用。也正是在这个意义上,大学校园文化使“三观”的培育更为深入。

可见,大学校园文化对于学生“三观”的培育具有重要的意义。

更为深入地来看,既然世界观、人生观、价值观常以不平衡的状态存在着,那么,何者是“三观”之中的主线,能够对其他两者起到深刻性的影响作用呢?弄清楚这个问题,我们也就发现了大学校园文化建设与大学生“三观”培育的着力点所在,这对于现实工作的推进具有显见的价值。

恩格斯曾说过:“在社会历史领域内进行活动的,是具有意识的、经过思虑或凭激情行动的、追求某种目的的人;任何事情的发生都不是没有自觉的意图,没有预期的目的的。”[③]这表明:人们对于自身的行为有着意识层面的自觉,人们的行为活动都具有目的性。这种自觉和目的的产生,是人们把自己置身于现实的

---

① 范树成.德育过程论[M].北京:中国社会科学出版社,2004:248.

② 瓦西留克.体验心理学[M].黄明,等译.北京:中国人民大学出版社,1989:11.

③ 马克思,恩格斯.马克思恩格斯选集(第四卷)[M].北京:人民出版社,2013:253.

社会关系中做出价值判断和价值选择的结果，不同的价值判断和价值选择引导人们形成着不同的行为偏向，进而影响着人们在实践当中目标的确定和行为的选择。而决定着人们价值判断与价值选择的，正是价值观。而且，人的社会实践性决定了人不可能纯粹地为了认识世界和人生而去认识世界和人生，人的最终目的是让自己活得更有意义，是实现自身的人生价值。人生意义与人生价值的界定，既可以叫作人生观，更可以视为是基于人生问题的价值观，可以说，脱离了价值观的人生观是不存在的。此外，世界观作为关于世界的理论与知识，归根到底是要落实到人生观、价值观上，为人的现实实践而服务。人们的世界观不是先验的，它是通过“传递一接受”这一模式逐步建立起来的，它作为宏观性的理论与知识，经过“传递一接受”模式的强化，容易在人们的头脑中建构起来。而人生观、价值观不像世界观那样宏大，它与现实生活的联系十分紧密，人们往往以自我为主轴，依据自身的需要，建立起自己的人生观与价值观，而且它很容易受到个人经历与现实环境的影响。这些决定了“传递一接受”模式对于人生观与价值观的培育效果是不甚理想的。可见，人们对于世界观、人生观与价值观的认知机理是不同的，这也是造成此三者常处于不平衡状态的主要原因。所以，人生观与价值观的培育是“三观”培育的重点与难点，而人生观又脱离不了价值观，故而，价值观是“三观”的主线。而大学校园文化对人的教育不同于“传递一接受”模式，它发挥的是在现实生活之中对于人的关怀，它的作用机理与人们对人生观、价值观的认知机理较为契合，从这个意义上看，建设优秀的大学校园文化是学生“三观”培育，特别是价值观教育的有效方法。

总之，大学校园文化与学生“三观”培育之间具有紧密的联系。大学校园文化在精神层面、制度层面、体验层面深刻影响着学生“三观”的培育。在“三观”之中，价值观是主线，更是难点，应成为大学校园文化的着力点所在，而大学校园文化的作用机理正好可以弥补“传递一接受”的传统教育模式在“三观”培育特别是价值观培育中造成的缺陷，有利于克服培育过程中的难点，因而，建设优秀的大学校园文化就成为提升“三观”培育效果的有效方法。

二、社会主义核心价值观的大学文化向度

本节从价值观与文化的关系入手，说明了两者之间存在的双向影响关系。

价值观是文化的底蕴所在，赋予了文化以特性，文化是价值观的外在表现，它作为一种环境氛围，能够对价值观起到引领作用。因此，价值观建设必须要发挥文化的作用。中国特色社会主义文化是当代中国的先进文化，它是社会主义核心价值观的载体，培育社会主义核心价值观，必须发挥先进文化的引领作用。对于大学校园文化而言，它的属性与使命决定了它必须要坚持先进文化的引领，这就意味着它要以社会主义核心价值观为统领，服务于立德树人的根本任务，在价值主导、建设治理、育人功能的发挥等方面全面对接和体现社会主义核心价值观。并坚持以人为本，尊重差异、包容多样，坚持系统性、创新性原则，持续努力，久久为功，逐渐使社会主义核心价值观在广大师生员工中内化于心、外化于行。

1. 价值观与文化

黑格尔认为：人类世界是一个已被活动或目的所转化的世界，不是一个自然对象的世界，“劳动”就是实现这种“转化”的中介。这就是说，人类通过自身的实践在有目的地改造着这个世界，在这个世界中所生成的一切，无不例外地贴上了人类自己的标签。这种物质上的生成与精神上（目的上）的创想使文化得以构成，人类就生存在自己所创造的这个文化世界之中。从这个角度看，人的实践被赋予了文化的意义，它是创造文化世界的必要途径。

人们通过实践，使自身的主观能动性得以发挥，而目的性正是主观能动性的起点所在。正如马克思所说：“最蹩脚的建筑师从一开始就比最灵巧的蜜蜂高明的地方，是他在用蜂蜡建筑蜂房以前，已经在自己的头脑中把它建成了。劳动过程结束时得到的结果，在这个过程开始时就已经在劳动者的表象中存在着，即已经观念地存在着。”[①]那么，人头脑中的目的又是如何而来的呢？它是行为主体根据自身的需要，并借助意识的中介作用而最终形成的。可见，“需要”是“目的”的逻辑起点。而对“需要”与否以及“需要”程度的判断，就涉及了价值这一概念。

价值指的是客体的功能对于主体需要的一种满足关系。当客体的功能与主体的需要发生了这种满足关系时，就产生了价值。而当构成这种满足关系的一

---

① 马克思，恩格斯.马克思恩格斯文集（第五卷）[M].北京：人民出版社，2009：208.

方发生变化时，价值也就会随之发生变化。例如，手推磨在传统农业社会中，对于生产者具有很高的价值，是因为其功能能够满足主体的需要。而在现代社会中，手推磨的功能没有发生什么变化，但是其价值显然很小，这种变化的原因就在于主体的需要发生了改变。[①] 总而言之，价值的正负与大小是由客体的功能与主体的需要是相合还是相悖（及其程度）而决定的。这也就是马克思所说的："'价值'这个普遍性的概念是从人们对待满足他们需要的外界物的关系中产生的。"[②]

价值观则是"价值"之"观"。所谓"观"，指的是不同于一般的认识与知识的一种看法和态度。价值观就是人们对于某种事物与自身需要之间的满足关系及程度的观点、看法和态度。它是人们对何为好、何为坏，如何为好、如何又为坏，以及自己信仰什么、追寻什么、摒弃什么、坚守什么、热爱什么、对抗什么等方面的理念的总和。

由此可见，价值观与文化之间的确存在着某种关联，具体说来，这种关联是以一种双向影响的状态存在着的。

一方面，价值观对于文化发挥着深刻的影响作用。文化世界是人们实践的产物，实践的主体虽然是人，但这个"人"却是一个有着复杂层次的集合体。在这个集合体中，不同的人基于不同的利益需要，形成了不同的价值观，价值观又引导、规范甚至是支配他们进行选择和决策的意愿与行动。不同的价值观会通过不同的生产方式与生活方式流露出来。这种流露，既是一种外在的表现，也是对生产方式、生活方式的内在塑造。经过不同的价值观影响与塑造了的生产方式与生活方式构成了文化的基础，文化的多样性也由此而来。人类社会作为一个具有复杂层次的集合体，多样的文化是这种结构所带来的必然产物。而且，不同的文化之间存在着一定的力量对比，在相互影响之下，一定范围内的文化基于作用力量的差异，逐步分化为主流文化与亚文化。主流文化的形成得益于其所蕴含的价值观在社会上发挥出的巨大影响，即大部分人都持有或认同这种价值观，

① 朱永涛.美国价值观——一个中国学者的探讨[M].北京：外语教学与研究出版社，2002：33.

② 马克思，恩格斯.马克思恩格斯全集（第19卷）[M].北京：人民出版社，2006：406.

于是他们在心理活动、现实行动中就有着趋同的选择,由此构成了强大的文化力量,并对亚文化发挥着消解、融合、同化的影响。所以,某一种价值观传播的范围越广,认同与践行的人越多,它所建构起来的文化就越强大。对于一个国家、一个民族来说,放弃对主流价值观的巩固,就是放弃对主流文化的巩固,这样人们在思想与行动上就会无所适从,很多陈旧事物就会沉渣泛起,社会失范、失序的风险将急剧抬升。

另一方面,文化对于价值观也具有深刻的影响作用。不同的文化中蕴含着不同的价值观内涵,处在一定文化环境中的人,其价值观必然会受到来自于这种文化的不同程度的影响。在全球化的今天,各种文化之间的交流、交融、交锋更加频繁,这一过程实质上就是价值观之间的较量。文化只是表象,价值观才是真正的底色,文化对于人们在思想以及生产、生活方式上的影响,归根到底会作用于价值观上,人们几乎也很难摆脱这种环境力量的影响,这就是文化的引领作用。基于这种机理,一些西方国家利用其综合实力上的优势地位,垄断国际文化传播渠道,大肆推行文化霸权主义,借助文化手段输出其价值观,通过对异质文化的打造来破坏别国的价值体系,削弱他们的社会向心力,进而实现一定的政治目的,使自身的利益得以进一步扩大。近年来在一些国家爆发的“颜色革命”,总是以西方势力在文化上的渗透为先导,因为只有这样做才能使一国原本的主流价值观被干扰、被瓦解,以实现扰乱人心的目的。而在一个价值观分裂的国家中,连基本的社会凝聚、社会整合都无法完成,纵然政权更迭,他们又能实现所谓的“自由、民主、平等”吗?答案显然是否定的。

总之,价值观与文化相互影响、相辅相成。价值观是文化的底蕴所在,它给予了文化以不同的特性。文化是价值观的外在表现,它作为一种环境氛围,会对置身其中的人产生影响,这种影响最终会作用于价值观上,这就是说,文化能够起到对于价值观的引领作用。

2. 核心价值观需要先进文化引领

党的十八大报告中提出:“倡导富强、民主、文明、和谐,倡导自由、平等、公正、法治,倡导爱国、敬业、诚信、友善,积极培育和践行社会主义核心价值观。”富强、民主、文明、和谐是国家层面的价值目标，自由、平等、公正、法治是社会层面的价值取向，爱国、敬业、诚信、友善是公民个人层面的价值准则，这 24 个字是社会主义核心价值观的基本内容。

社会主义核心价值观是我们共有的精神家园。有了它，我们在观察世界、思考人生、明晰善恶、区别曲直、认清美丑等方面就有了依据，由此，社会共识得以进一步凝聚，民族精神与时代精神得以进一步展现，文化自信得以进一步增强。

文化是价值观的载体，我国的社会主义核心价值观必然要以中国特色社会主义文化为承载，然而，在现实之中，我们的社会主义文化遭受着诸多异质文化的冲击与消解，这些异质文化大多都是从海外输入而来。当然，我们并不拒绝文化之间的交流，但必须高度重视价值观安全。在文化的背后是价值观的较量，一些国家以文化为媒介，试图占领价值观的制高点，大肆宣扬自己价值观的普世意义，使不少人彻底拜倒在了异质文化的脚下不能自立，对于这些事实我们必须要有清醒的认识。

习近平总书记明确指出："坚守我们的价值体系，坚守我们的核心价值观，必须发挥文化的作用。"文化对于价值观的作用是一种引领的作用，它通过诸多具有内在意义的形式，长久地、并逐渐地感染人、教育人、影响人、转化人，以实现"入芝兰之室久而自芳"的效果，这是一种人文关怀，是一种隐性教育。巩固与发展我国的社会主义核心价值观，必须坚持中国特色社会主义文化的引领，警惕异质文化的侵蚀。

在党的十五大上，江泽民同志在报告中指出："建设有中国特色社会主义的文化，就是以马克思主义为指导，以培育有理想、有道德、有文化、有纪律的公民为目标，发展面向现代化、面向世界、面向未来的，民族的科学的大众的社会主义文化。"

中国特色社会主义文化是面向现代化、面向世界、面向未来的，这种文化致力于推动中国特色社会主义的现代化进程，符合历史发展的必然趋势；这种文化善于吸收与借鉴人类社会所创造的一切积极的文明成果，努力使自身立足于世界科学文化的发展前沿；这种文化始终秉承着与时俱进的精神，始终富有创新活力，指向未来，指向发展。中国特色社会主义文化是民族的、科学的、大众的，这种文化是中华民族进行中国特色社会主义建设的实践产物，它所代表与维护的是中华民族的根本利益；这种文化反对一切封建迷信思想，主张实事求是，主张理论与实践的紧密统一；这种文化的创造主体是人民大众，服务对象是人民大众，它绝不是少数人的特供品。历史已经告诉我们，只有中国特色社会主义文化才能凝聚力量，鼓舞斗志，使人民的精神风貌昂扬向上，使我国的社会主义建设事业蓬勃发展。这种作用是其他的任何文化无法实现的，因此，中国特色社会主义文化就是当代中国的先进文化，它最能代表中华民族的根本利益，最能反映民族复兴的要求与发展方向，最能满足人民群众日益增长的精神文化需求，最能服务于人民群众素质的提升。这种先进性是别的文化所无法取代的。所以，巩固与发展先进文化，也就是巩固与发展中国特色社会主义文化。

当前，社会主义核心价值观的培育，需要先进文化也就是中国特色社会主义文化的引领。这是主要是因为：

第一，先进文化是培育社会主义核心价值观的思想保障。先进文化通过科学的理论武装人，通过正确的舆论引导人，通过高尚的精神塑造人，通过优秀的作品鼓舞人。先进文化对于人民群众的世界观、人生观、价值观具有很大的影响作用，它能够提升人民群众的思想道德素质与科学文化素质。先进文化可以清理封建文化中的糟粕，也可以抵制外来文化中的污浊。在先进文化的引领下，人们会形成较为稳定的思想观念体系，会保持昂扬向上、奋发有为的精神状态，对中国特色社会主义事业也充满认同与信心。这些都为社会主义核心价值观的培育提供了基础条件。先进文化能够在思想领域扫除社会主义核心价值观传播的阻碍因素，同时也能够抵御落后文化对社会主义核心价值观的消解。

第二，先进文化是培育社会主义核心价值观的环境保障。事物的发展变化是内因与外因共同起作用的结果。培育社会主义核心价值观是一个由外及内的复杂过程，要宣传教育、示范引领、实践养成相统一，政策保障、制度规范、法律约束相衔接，使社会主义核心价值观融入人们的生产生活和精神世界，最终达成一种“日用而不觉”的理想状态。可见，社会主义核心价值观的培育对社会环境有一个较高的要求。古人云：“近朱者赤，近墨者黑。”讲的就是环境对于人的影响作用。在优秀的社会环境中，正能量充沛，主旋律高昂，人们的思想与行动会自发地形成一股向上的力量，此时开展社会主义核心价值观的教育，最具实效性。相反，在一个不良的社会环境中，丑恶现象频频发生，在现实中人们无法看到正能量事物的应有作用，于是就对其产生了距离感、不信任感，甚至出现了逆淘汰的现象。而正是文化塑造了社会环境，因此，要想营造文明和谐的社会环境，首先就要发挥先进文化的引领作用。在先进文化的引领下，社会环境会向着好的方向发展，外部因素能动的反作用必然会促使人们的思想这一内部因素发生变化，这种变化体现在对正能量事物的向往、亲近、认同、效仿上，这正是社会主义核心价值观能否落地生根的关键所在。所以说，先进文化为社会主义核心价值观的培育提供了环境保障。

第三，先进文化是培育社会主义核心价值观的载体保障。一方面，社会主义核心价值观与先进文化之间是一种内涵与外延的关系，社会主义核心价值观是先进文化的灵魂与精髓，先进文化是社会主义核心价值观的载体。从这个意义上看，先进文化的发展就是以各种形式实践社会主义核心价值观内含着的各种先进价值理念。[①] 倘若离开了先进文化，社会主义核心价值观就成了无源之水、无本之木，何谈生机与活力？另一方面，文化不仅仅停留在精神层面，它还需要物质来使自身具体化。文化事业、文化产业在很多情况下，接触与处理的都是这种具体化之后的文化，也就是文化产品。在激烈的市场竞争中，文化产品良莠不齐，有的雅俗共赏，有的低级粗俗，不同的文化理念也由此得以广泛传播。所以，必须高度重视文化产品这块阵地，以先进文化进行引领，不断扩大人们对于先进文化产品的需求，这样，落后文化、消极文化等在人们精神空间中的领地就会越来越小。另外，先进文化产品也能使社会主义核心价值观得以更好展现，使更多的人得到教育，这些都是先进文化所发挥出的载体功能。

总之，价值观建设必须要发挥文化的作用。培育社会主义核心价值观，必须发挥中国特色社会主义文化也就是先进文化的引领作用。这种引领为社会主义核心价值观的培育提供了思想保障、环境保障、载体保障，有利于推动社会主义核心价值观落地生根、发展壮大。

---

① 郑海祥，王永贵. 正确认识社会主义核心价值观与先进文化建设的关系[J]. 思想理论教育，2011(23)：8-12.

3. 社会主义核心价值观是大学校园文化的灵魂

大学是立德树人的重要场所，人才培养是其根本的使命，大学的任何工作都要围绕这个中心进行开展。大学校园文化对于大学生世界观、人生观、价值观的形成具有重要的作用，而“三观”问题又深刻地影响着大学生的人生方向与未来发展，因此，大学校园文化的建设与发展是坚持立德树人、提升人才培养质量的应有体现与必要途径。

习近平总书记在第二十三次全国高等学校党的建设工作会议上指出：“高校建设的根本目标是办好中国特色社会主义大学，高校肩负的重大任务是学习研究宣传马克思主义、培养中国特色社会主义事业建设者和接班人。”习近平总书记的讲话进一步明确了高校举什么旗、走什么路、培养什么人的问题。因此，大学校园文化的建设与发展绝不是漫无目的、随心所欲、无所依从的，它必须坚持先进文化的前进方向，必须坚持以先进文化引导与教育师生员工，这样才能凝聚共识、汇聚力量，更好地服务于中国特色社会主义事业的发展。

社会主义核心价值观是先进文化的精髓，先进文化是社会主义核心价值观的载体，坚持与发展先进文化实际上就是通过各种途径践行社会主义核心价值观中的价值理念。既然大学校园文化要以先进文化为引领，并努力使自身成为先进文化的坚固阵地，那么它必然要以培育与弘扬社会主义核心价值观为出发点和落脚点。习近平总书记强调：“核心价值观，其实就是一种德，既是个人的德，也是一种大德，就是国家的德、社会的德。国无德不兴，人无德不立。”因此，对大学而言，培育和弘扬社会主义核心价值观与立德树人的根本任务是紧密联系在一起的，而大学校园文化正是它们之间的重要媒介。这也意味着，大学校园文化要以社会主义核心价值观为统领，服务于立德树人的根本任务。

社会主义核心价值观主要在以下几个方面对大学校园文化发挥着统领作用：

第一，规定了大学校园文化的价值主导。社会主义核心价值观坚持的是马克思主义的理论指导，体现的是社会主义的本质要求。培育与弘扬社会主义核心价值观，归根到底是要使人们树立起对社会主义、共产主义的信仰。信仰问题是“总开关”，是世界观、人生观、价值观的重要支柱，特别是对大学生来说，树立什么样的信仰对于他们未来的成长、成才具有决定性意义，而且直接关系到国家的前途和民族的未来，关系到中国特色社会主义事业的发展方向。因此，大学校园文化的价值主导就是要突出马克思主义理论的指导地位，巩固与增强大学生对社会主义与共产主义的信仰。

第二，进一步明确了大学校园文化的建设与治理要求。就文化建设层面而言，大学校园之中的物质文化、制度文化、精神文化都要全面对接社会主义核心价值观，要用物质文化宣传、呈现，用制度文化维护、引导，用精神文化培育、弘扬。必须树立全方位建设的理念，物质文化、制度文化、精神文化相辅相成、交相辉映，切不可有所偏颇，甚至是有所忽略。就文化治理层面而言，必须将社会主义核心价值观融入校园文化治理之中，使校园文化有规可循、可管可控，一方面，要以社会主义核心价值观为标准，保持校园文化发展的正确导向，校园文化活动、文化产品以及宣传品要与社会主义核心价值观的基本要求相一致。另一方面，必须加强对校园文化中负面思想、负面言论的监控和引导，特别是要注重互联网领域中的舆情收集与研判，这有助于全面、及时、准确地把握师生员工的思想动态，使社会主义核心价值观的教育与引领更具针对性、主动性、前瞻性。

第三，进一步规范了大学校园文化育人功能的发挥。大学校园文化具有重要的育人功能，它能够把社会理想和人类的美德与伟大精神注入大学生的内心中去，以实现文化的传承、传播和创造，从而塑造出人格健全和完善的人，使受教育者社会化、文明化。社会主义核心价值观已然彰显出了我们所要追求的社会理想以及所推崇的美德与精神。因此，大学校园文化的育人功能必须要紧密围绕着社会主义核心价值观来发挥。为实现这个目标，首先是要推动社会主义核心价值观与学科教育相融合。学科教育表面看上去是科学文化知识的传授，似乎与育人功能没有什么关联，但它却是大学生接受教育的最主要渠道，也占据了他们大部分的学习时间。所以，学科教育是最能对大学生实现近距离、长时间影响的教育载体，是保证一切思想教育发生效用的基础。不论是自然科学还是社会科学，教师在课堂教学环节中必须要精心设计，努力在课堂上传播社会主义核心价值观的基本理念，使课堂成为弘扬主旋律的阵地，对于部分教师在课堂上出现的错误言论与思想，必须要予以坚决回击并作出相关处理。其次，要抓好思想政治理论课程的建设工作。高校思想政治理论课程是培育与践行社会主义核心价值观的主阵地，巩固这个主阵地，一来需要从教师身上下功夫，着力提升他们的理论研究与阐释能力，调动他们的积极性与创造性，激活课堂，使学生坐得住、听得进、记得牢。二来需要从实践课程建设上下功夫，要完善制度设计，使实践教学成为大学生践行社会主义核心价值观的有效载体。最后，要关注文化氛围的营造。校园主流文化要全面对接社会主义核心价值观，对于处于从属地位的亚文化，也要予以高度关注，因为这些作用于局部范围内的文化或许对人的影响是更大的，所以要将文化氛围的营造细化到社团、班级、寝室，打通培育与弘扬社会主义核心价值观的“最后一米”。

要实现上述几个方面的任务与目标，需要高校的决策部门以高度的政治责任感和历史使命感强化顶层设计，完善政策配套，科学合理地配置人、财、物资源，实现精细化管理，要发挥干部、教师、党员的引领示范作用，用自身的行动感召广大师生员工认同并践行社会主义核心价值观。在此过程中，还要遵循以下几个基本原则：

第一，坚持以人为本的原则。在大学校园文化建设的过程中要尊重师生员工的主体地位，文化活动与文化形式要符合他们的心理特点与接受习惯，多用民主讨论、交流沟通的方法，切实了解并解决他们在精神上的困惑。并且，要积极帮助他们解决最现实、最直接、最关心的利益问题，这样才能提升他们对于社会主义核心价值观的认同度。

第二，坚持尊重差异、包容多样的原则。坚持社会主义核心价值观在大学校园文化中的统领地位，不是要排除其他的思想理论观点，而是要尊重个体的差异，坚持百家争鸣、百花齐放的方针，以博大的胸怀包容其他的思想理论观点，并吸收它们当中的有益成分。但是，并不能因为尊重差异、包容多样而放弃社会主义核心价值观的统领地位，对待政治原则问题，要旗帜鲜明、立场坚定；对待思想认识问题，要加强正面教育，摆事实、讲道理；对待学术问题，要平等交流，加强沟通；对待敌对势力的分化、西化思想的渗透，要时刻保持高度警惕，随时准备予以回击。[①]

第三，坚持系统性原则。以社会主义核心价值观统领大学校园文化建设是一个系统性的复杂工程。社会主义核心价值观包含多个层面，大学校园文化也包括多个层次，将它们进行有机对接需要做好整体谋划与顶层设计，要统筹兼顾，平衡各方面关系，系统性地提升大学校园文化建设的能力与效果。

第四，坚持创新性原则。在新的时代背景下，大学校园文化建设必须推陈出新，要借鉴古今中外的有益经验，结合时代要求与具体情况加快对于文化载体和文化形式的创新，并在创新的过程中将社会主义核心价值观的内容糅合进去，使大学校园文化保持正确的发展方向，永葆生机与活力。

第五，坚持久久为功的原则。要立足于具体情况，坚持实事求是，克服盲目性与急躁性。用先进的文化、进步的理念、正确的思想潜移默化地影响与引导广大师生员工，坚持团结稳定鼓劲、正面宣传为主，不断积累，聚少成多，持续努力，久久为功，逐渐使社会主义核心价值观内化为师生员工的思想理念与行为方式。

总之，大学校园文化要以社会主义核心价值观为统领，共同服务于立德树人的根本任务。大学校园文化要在价值主导、建设治理、育人功能的发挥等方面全面对接和体现社会主义核心价值观。在此过程中，要坚持以人为本，尊重差异、包容多样，要坚持系统性、创新性原则，要持续努力，久久为功。

4. 以主旋律引领校园文化建设[②]

大学校园文化建设是一项系统工程。形成什么样的大学校园文化氛围，不仅取决于社会大环境，而且取决于大学校园内部主导价值观的引导。因此，在大学校园文化建设中既要体现文化的包容性与丰富性，更要突出主旋律和思想性。近年来，燕山大学大力推进“红色旋律”校园文化建设活动，突出主旋律的引领作用，使学生在活动中升华思想、坚定理想。这一实践使我们得到以下一些启示：

体现导向意识、精品意识和卓越意识。当前，社会思想观念深刻变化，社会思潮多样多变的特征日益明显，迫切需要我们不断加强主流思想文化的引导能

---

① 刘银.用社会主义核心价值观引领校园文化建设研究[D].长沙：中南大学，2013:23.

② 本部分内容刊登在《人民日报·理论版》(7版)2011-2-17，作者：王新华。

力，用社会主义核心价值体系引领大学校园文化建设。具体来说，就是要将导向意识、精品意识和卓越意识作为大学校园文化建设的“方向标”，坚持以科学的理论武装人，以正确的舆论引导人，以高尚的精神塑造人，以优秀的作品鼓舞人，切实保障校园文化建设的先进性。一是体现导向意识。面对社会思潮的多样多变，大学校园文化建设必须坚持和扩大社会主义核心价值体系的影响，突出主旋律教育。二是体现精品意识。以优秀的作品吸引学生，同时展现优秀主题文化活动的风采，增强主题活动的感染力和影响力。三是体现卓越意识。支持健康有益文化，努力改造落后文化，坚决抵制腐朽文化；注重优秀文化理念、高尚人文精神、正确人生观与价值观的培养，充分发挥社会主义先进文化的吸引力和感召力。

突出形式和手段的创新。开展大学校园文化建设，应自觉地把学生作为文化建设的主体和服务的对象，坚持贴近实际、贴近生活、贴近学生，从火热的校园生活中挖掘素材、汲取灵感，讲学生能懂的话，把话说进学生心里、装进学生脑里。面对热衷多样、崇尚潮流的青年学生，大学校园文化建设要通过丰富多彩的表现形式、新颖时尚的表现手法增加吸引力，让更多的学生关注并参与其中。网络论坛、博客等新媒体互动手段，使不同思想观念的交流与碰撞变得更加直接和便捷，已成为大学文化传播的重要路径。在大学校园文化建设中，应充分利用这些手段，调动学生参与的兴趣和热情。同时，大学校园文化既包含抽象的文化理念，也蕴含具体现实的目标追求，只有二者的有机统一才能使大学校园文化贴近学生的思想实际，起到引领的作用。因此，大学校园文化建设还应瞄准学生的现实目标追求，以先烈和英模们的精神和事迹振奋精神、鼓舞信心，使学生更加珍惜今天的幸福生活、珍爱自身的生命价值，真正体现大学校园文化建设的实效性。

实现内容的生动性、学生的主动性和师生的互动性。引导社会、教育人民、推动发展，是社会主义文化的重要功能。大学校园文化要实现引导、教育、推动功能，就必须在内容的生动性、学生的主动性、师生的互动性上下功夫。一是实现内容的生动性。大学校园文化建设涉及的领域和话题，不仅要考虑教育者自身“想干什么”“能干什么”，更要关注学生“在想什么”“需要什么”。只有抓住学生最关心的问题，大学校园文化活动才能成为学生喜爱的文化载体。二是增强学生的主动性。在大学校园文化建设中，应进一步突出学生的主体地位，激发学生的参与热情。近年来，燕山大学学生宣讲团深入部队、社区、企业，宣传党的十七大精神和科学发展观，宣传创先争优活动中的英模人物和事迹，取得良好的社会反响。三是推进师生的互动性。加强教师与学生之间心贴心、面对面甚至“硬碰硬”的无障碍沟通，将教师的个人情感、学识积累、思想感召凝聚在一起，在师生互动中引导思想、传播知识、陶冶情操。

三、社会主义核心价值观对校园文化的引领和导向

在社会主义国家，校园文化所倡导和传播的文化价值，应与社会主义核心价值观所倡导的精神和信念是统一的。校园是培养人才的圣地，校园文化建设对塑造大学生全面发展起到了至关重要的作用，社会主义核心价值观对校园文化的引领和导向，依托校园文化建设的阵地，将社会主义核心价值观深入大学生意识和行为中，在良好的教育环境和文化氛围中实现大学生核心价值观的塑造。

1. 培养学生富强、民主、文明、和谐的国家意识

目前，大学生中对于社会主义国家富强的认知是认同的，广大高校学生高度拥护以习近平同志为核心的中央领导集体，并对实现中国梦充满信心，对中国特色社会主义事业进一步发展、综合国力增强、国际地位提高表示乐观。这种思想意识在大学校园中占主流地位，但是不排除一部分的学生在在践行社会主义民主观、文明观与和谐观等国家层面价值目标上，还存在一些不容忽视的问题，这些问题体现：

(1)在践行社会主义民主观上，模糊两种社会政治制度的本质区别

在社会主义国家中，民主是人民的民主，与资本主义制度的民主有着本质的区别。部分学生没有正确地认识到这一点，甚至认为两种社会政治制度的民主逐渐趋同。这是因为部分学生崇尚西方的价值观念和社会制度，赞同西方的自由、平等、博爱、人权就是人类的普世价值，甚至认为中国的改革是向西方价值观念靠拢，对中国特色社会主义道路的发展失去信心，觉得只要百姓日子过得好，

不管是资本主义社会还是社会主义社会都不重要。可见,一部分大学生对中国特色社会主义的民主政治认知模糊,这种思想意识无疑在一定程度上影响他们的政治立场和政治取向,这必然影响他们践行社会主义民主观,应该引起我们的高度重视。

(2)在文明观践行上,对主流文化的认同有待深化

随着改革开放,中国的文化环境也在发生变化,文化多样复杂,那么什么是我们应该坚守的主流文化对于当前的大学生尤为重要。如今,我国建设社会主义文化强国,必须走中国特色社会主义文化发展道路。

然而,一部分大学生对主流文化的社会主义性质缺乏正确认识,主要表现在:首先,与中国传统文化和西方文化相比,社会主义先进文化的影响力遭到一定弱化。其次,部分大学生不能从理论上认清宗教信仰与共产主义信仰的本质区别。这些现象都会不同程度地给大学生认同和践行社会主义文明观带来影响。

(3)在和谐观践行上,容易产生认知和价值选择上的冲突

人与自然、个体与社会、个体与个体之间的和谐是和谐社会的构成要素,一个社会的和谐对国家的发展至关重要,也是中国特色社会主义的本质属性。

部分大学生在践行和谐观上存在认知上的偏差,在对待人与自然关系的问题上,大多数学生会认为人类不应为了眼前利益而牺牲生态环境,人类应当保护、维护生态平衡。但是也有少部分的学生认为人类为了自身利益,应最大限度地开发自然,甚至认为人类在自然界面前是微小的,人类是自然界的奴隶。在没有限制条件的情况下,大部分的学生对待人与自然关系的问题能够正确认知,但是当个人利益与自然环境保护发生冲突时,部分学生的态度就发生了变化。

在对待个人与社会的关系上,大学生本应该树立正确的价值观,具体表现为社会个体在追求个人利益的同时,也自觉承担起对社会和他人的责任,在与他人的和谐交往中实现共同发展。然而,部分学生在对待个人与社会关系的问题上,严重倾向于个人利益,忽视社会责任和义务。

在对待个人与自身的关系上,一个人的发展不仅表现在身体的成长,还包括

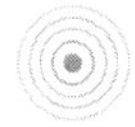

心灵的健全。随着改革开放的不断深入，人们对于物质满足和精神追求的关系上出现冲突，在大学校园里，这种思想同样存在，部分学生对于崇高理想信念表示怀疑，追求“钱”途至上，更有“宁愿坐在宝马车里哭，不愿意坐在自行车上笑”的思想意识。越来越多的学生看重物质利益，忽视精神追求。物欲的冲动和诱惑与道德底线之间形成了不太协调的张力。

因此，以“富强、民主、文明、和谐”作为社会主义核心价值观层面的价值标准，是中国特色社会主义建设发展的战略目标。引导大学生认同和践行国家层面的价值目标，就是要让大学生明白，“富强、民主、文明、和谐”等价值观一方面吸收了古今中外的优秀思想精华，另一方面，它们又带有鲜明的社会主义性质，与古代中国和西方资本主义社会所提倡的国家价值目标有着本质的区别。

(1)要引导大学生认同和践行社会主义富强观

邓小平曾指出：“社会主义的本质，是解放生产力，发展生产力，消灭剥削，消除两极分化最终达到共同富裕。”“社会主义的目的就是要全国人民共同富裕。”[①]邓小平同志认为，社会主义建设的兴衰成败是看国家能否真正地实现富强和共同富裕。党的十八大报告强调指出，解放和发展生产力依然是中国特色社会主义的根本任务，而共同富裕是中国特色社会主义的根本原则，只有发展的问题解决好了，“才能筑牢国家繁荣富强、人民幸福安康、社会和谐稳定的物质基础”[②]。可见，富强作为国家层面价值观的首要内容，正因为经济发展是国家发展的物质基础，可为社会全面进步和人的全面发展提供必要的物质条件。

引导大学生认知认同社会主义富强观，不仅要向他们宣传解读社会主义富强理念的深刻内涵，而且要让他们深刻认识到社会主义富强观与资本主义富强观存在的根本区别，从而坚定中国特色社会主义信念。社会主义富强的主体是人民，以实现共同富裕为目的，而资本主义富强是以资产阶级为主体，实现统治阶级的利益。如果社会主义国家走资本主义道路，可以使中国百分之几的人富裕起来，但是绝对解决不了百分之九十几的人生活富裕的问题。对于社会主义

---

① 邓小平. 邓小平文选(第三卷)[M]. 北京：人民出版社，1993：110.

② 胡锦涛. 坚定不移沿着中国特色社会主义道路前进为全面建成小康社会而奋斗——在中国共产党第十八次全国代表大会上的报告[M]. 北京：人民出版社，2012：19.

国家而言，撇开自身国情不顾，盲目照搬西方发达国家的发展道路，极容易带来经济、政治和社会建设的一系列消极后果。

(2)要引导大学生认同和践行社会主义民主观

民主观念在一定程度上，容易使人将社会主义民主和资本主义民主混淆。社会主义民主是人民大众的民主，是社会主义的生命，没有民主就没有社会主义。与资本主义民主有着本质的区别，民主在阶级社会里体现的是统治阶级的意志，在资本主义社会，民主是资产阶级的民主。如今，西方大国凭借自身强大的经济力量和政治优势，对我国进行思想意识形态的输出，在一定程度上，模糊了一部分人群的政治思想倾向，尤其是更容易接受新鲜事物的大学生。所以应该在大学校园着力揭示社会主义民主观与资本主义民主观所存在的本质区别，引导大学生认同和践行社会主义民主观。

在大学校园文化教育中，向大学生透彻分析我国是工人阶级领导的、以工农联盟为基础的人民民主专政的社会主义国家，我们的民主，“只能是社会主义民主或称人民民主，而不是资产阶级的个人主义的民主”[①]。我们在社会主义民主建设的过程中应该借鉴人类政治文明的有益成果，但绝不照搬西方政治制度模式。

(3)引导大学生认同和践行社会主义文明观

一个国家的文明程度体现了这个国家和社会的开化程度和进步状况。党的十八大把文明列为社会主义核心价值观的主要内容之一，是当代社会发展的必然要求，它体现了中国人民的整体利益和共同价值诉求。引导大学生认同和践行社会主义文明观，一方面，不仅要让大学生充分地意识到，建设中国特色社会主义文化强国是社会主义发展的重要部分，建设社会主义先进文化需要马克思主义的指导；另一方面，大学生应该注重精神文化素质对个人全面发展的重要性，应该提升自身的个人修养。此外，大学生应该正确对待不同的文化，不论是西方文化、传统文化还是社会主义先进文化，不能片面地排斥，也不能照搬，应该批判与继承、摒弃与借鉴很好地结合起来，树立高度的文化自觉和文化自信。

---

① 邓小平.邓小平文选(第二卷)[M].北京：人民出版社，1994:175.

(4)引导大学生认同和践行社会主义和谐观

中共十六届六中全会指出:"社会和谐是中国特色社会主义的本质属性,是国家富强、民族振兴、人民幸福的重要保证。"①

在人与自然的关系上,人是存在于自然中的,自然界为人类的生存和发展提供了物质基础,人与自然直接不存在矛盾,相反,人类应该与自然和谐相处。中国共产党十八大将"生态文明"作为中国特色社会主义的重大战略目标,纳入了"五位一体"的总布局,这为社会主义在更高层次上的发展上提供了广阔空间。在校园文化建设过程中,让大学生意识到在开发资源的同时保护环境的重要性。

在人与社会的关系上,随着改革开放的不断深入,一部分人对于名利的追求太过热忱,而忽视社会责任感。所以,在校园文化的建设中要培养大学生的社会责任意识,正确看待个人价值和社会价值之间的关系,在大学生步入社会之后,能够成为回报社会和感恩社会的人。

在人与自身的关系上,改革开放以来,经济的快速发展极大地改善了人们的物质生活。出现人欲横流、金钱至上、个人主义盛行的问题,这些问题是由人们没有正确处理精神追求与物质享受的关系所致,过分的物质追逐掩盖了基本的精神需求,在校园文化建设中,提倡学生不仅要学好专业知识,还要提升自己的个人素养。

2. 培养学生自由、平等、公正、法治的社会观念

改革开放以来,我国的政治经济社会各方面都有了显著的发展,同时也面临着很多挑战,例如随着市场经济的发展,社会领域出现利益的争夺,无序竞争和行为失范等问题日渐凸显,人们的权利意识越来越高,对公平正义有了新的诉求。各方面的环境的变化,也影响着在当代的大学生,绝大部分的大学生向往自由,崇尚平等,关注社会的公正问题,法律意识也得到极大的提升。但是,也有一部分的大学生,在践行法治观上,存在认知上的偏差,主要表现在以下几个方面:

首先,在法治观践行上,存在传统与现代的认知冲突。在古代的中国,情大

① 十六大以来重要文献选编(下)[M].北京:中央文献出版社,2008:698.

于法，法律法规可以随着人们社会关系的变化而发生变化，缺乏法治传统的观念在一定程度上影响着当代人的社会心理。人们遇到事往往秉承着大事化小、小事化了的思想，能私下解决的事情不愿诉诸法律。现代社会是法治社会，应该学会用法律武器保护自身的合法权益。

近年，杨业华以“在人与法的关系方面，您认为下列那些观念反映了当代中国大学生核心价值观的现状？”为题对当前大学生的法治观念进行调查，结果表明，一方面，大部分学生认为应当服从法律的要求以及制度的安排。另一方面，8.35％的人认为“在人与法的关系方面当代中国大学生核心价值观的现状”说不清，7.05％的人认为“拥有权力要比法律和制度更加管用”，还有1.48％的人认为“为了个人利益违反法律的要求和制度的安排”。[①] 可见对于大学生来说，容易受到“人治”和“官本位”的不良价值观的影响。如何有力化解大学生在践行社会主义法治观上的认知冲突，是摆在高校和社会面前的一大难题。

其次，在法治观践行上，存在知与行相脱节现象。有的大学生能够认知社会主义法治观，但是在实践中，会出现不认同和践行上的矛盾。大部分学生都能意识到法治在社会发展和个人成长过程中的重要作用，但是在遇到实际的法律纠纷时，并没有用法律武器维护自己的合法权益。

因此，要努力培育大学生对社会层面价值取向的认同。

自由、平等、公正、法治体现了现代社会的价值追求，它也是社会主义的重要价值目标。在校园文化建设中，我们更需要以自由、平等、公正、法治引领思潮、凝聚大学生思想共识，引导大学生践行“自由、平等、公正、法治”的社会价值取向，这是现代社会发展的必然要求。

深刻理解社会主义自由观。自由有着丰富的内涵，包括了人的需要和能力、人的素质和个性、人的社会交往等方面的自由全面发展。自由不是绝对的自由，受社会生产力发展水平的制约以及生产关系和特定人群的综合素质的限制。在马克思看来，只有人类社会最终形成自由人的联合体，那时每个人才会享有真正的自由。我国还处于社会主义初级阶段，这就决定了我们国家的自由与马克思

① 杨业华.当代中国大学生核心价值观研究[M].北京：人民出版社，2011：83.

提及的共产主义条件下的自由有着相当大的差距。但是，我们不能由于这种差距，就失去争取自由的勇气，应该通过不懈的努力，不断追求自由，引导大学生认同和践行社会主义自由观。

深刻理解社会主义平等观。平等是指社会主体处于相同的社会地位、享受相同的社会权利、履行相同的社会义务。不同的社会形态有着不同性质的平等。在社会主义国家，始终代表绝大多数的人的利益，平等是社会主义生产关系和上层建筑的必然要求，它体现在人们的经济、政治、文化、社会权利的平等上。但是平等不等于平均，在改革开放之前，在分配问题上强调收入结果上的均等。这种平均主义的分配方式表面上看似乎平等，而实质是不平等的。在实践上，平均主义必然导致多劳不能多得，少劳或不劳者无偿占有多劳者的劳动成果，严重损害了劳动者的积极性、主动性和创造性。可见，引导大学生认同和践行社会主义平等观，一方面应当使其认识社会主义平等观与资本主义平等理念的本质区别，另一方面使其了解社会主义平等观与片面强调均等化的平均主义观念之间的显著差别。

深刻理解社会主义公正观。在和谐社会建设中践行公平正义，就是力求权利公平、机会公平、规则公平、分配公平，力求个人正义和制度正义。[①] 需要指出的是，社会主义公正观与资本主义的公正观有着本质的区别。列宁曾对社会主义作出过生动的说明，他认为，在社会主义社会里，“共同劳动的成果不应归一小撮富人享受，应该归全体劳动者享受”[②]。“社会主义的经济是以公有制为基础的，生产是为了最大限度地满足人民的物质、文化需要，而不是为了剥削。”[③]可见，公正是社会主义的重要价值取向。而资本主义的生产则是为了最大限度地榨取剩余价值，满足资产阶级的需要。据此，引导大学生认同和践行社会主义公正观，一方面应当使其了解公正对于构建社会主义和谐社会的重要意义，另一方面教育他们认清资本主义“公正”观与社会主义公正观的本质区别。

---

① 罗国杰．社会主义和谐社会核心价值体系研究[M]．北京：中国人民大学出版社，2012：244．

② 列宁．列宁专题文集·论社会主义[M]．北京：人民出版社，2009：381．

③ 邓小平．邓小平文选(第二卷)[M]．北京：人民出版社，1994：167．

深刻理解社会主义法治观。法治简言之是国家和社会依据法律进行治理和运行。邓小平同志曾说："应当通过加强法制来保障人民民主，必须使民主制度化、法律化，使这种制度和法律不因领导人的改变而改变，不因领导人的看法和注意力的改变而改变。"[①]在我国全面建成小康社会的历史过程中，习近平同志更加重视对法治的建设，目前我国进入"四个全面"建设时期，依法治国是其中一个重要的方面，只有不断加强法制建设，社会主义才能形成平等的竞争环境。引导大学生认同和践行社会主义法治观，首先要使他们重视法制，遵守法制，做到有法必依、违法必究；其次，还要引导他们把加强法制作为价值目标，做到要用法律规范来作为自己的行为准则。

3. 培养学生爱国、敬业、诚信、友善的公民情怀

爱国、敬业、诚信和友善是社会主义核心价值观中个体层面的价值准则，它们是社会主义公民必须恪守的基本道德规范。大学生在爱国观的践行上，表现突出，具有强烈的爱国主义精神，在友善观的践行上，大部分学生能够做到助人为乐，与人为善。但是，在敬业和诚信观的践行上，与爱国和友善观相比，存在着不可忽视的问题。具体表现为：

在敬业观的践行上，一部分学生疏离学习本职。学习是学生的本职，大学生在校期间的学习态度在一定的程度上反映了他们日后走出校园，迈入社会的敬业观。习近平总书记指出："青年人正处于学习的黄金时期，应该把学习作为首要任务，作为一种责任、一种精神追求、一种生活方式。"不可否认，一部分学生有着自己崇高的理想，并且为之不断地奋斗，努力学习科学文化知识，锻炼各种技能。但是，也有一部分学生在课堂上的表现令人担忧，他们课上睡觉玩手机，课余追剧打游戏已成为不少大学生的生活方式。这种现象在各大校园都普遍存在，对此，一位高校教师发出了这样的感慨："大学老师上课的效果怎么样，很多时候不在于讲得如何，在于学生的手机流量有多少。"上课听讲的只是一部分学生，大部分学生选择想听就听，喜欢听的就听，甚至有的学生是老师讲他的，自己

---

① 邓小平．邓小平文选(第二卷)[M]．北京：人民出版社，1994：146．

忙自己的。逃课现象也比较严重,“不逃一次课大学就不完美”是大学生在进校园之后学长学姐的“谆谆教诲”。虽然大学生疏离学习任务的原因是多样的,不只包括外部因素,更重要的是内部因素。大学生不能自觉学习的根源是由于他们没有树立基本的敬业观。

在诚信观践行上,少部分大学生存在一些失信行为。一般而言,大学生的诚信表现为:在学习生活、政治生活、经济生活、人际交往以及就业创业等方面都能做到表里如一、言行一致、不欺骗、不隐瞒。作为一名诚信的大学生应该具有坦诚、忠实、可信、言行一致等品质和素质,大学生的诚信表现在学习诚信、人际交往诚信、经济诚信、政治诚信和就业诚信这五个方面。在学习诚信方面,大学生主流是好的,但同以往相比,大学生的失信行为有扩大的趋势,例如,在大学生群体中,论文抄袭的状况较为突出,而且考试作弊已经超出了个别现象,在作弊的学生当中,其作弊动机还呈现出由追求“及格过关”向追求“高分”发展的新动向;在经济诚信方面,大学生的经济诚信意识主流健康积极,大多数人能正确判断经济失信行为,但部分学生的经济诚信意识存在一定的混乱,在高校中,交纳学费和借贷学费中失信行为有蔓延的趋势;此外,在就业诚信上,大学生的诚信行为表现主流是好的,但是失信行为时有发生并呈扩大趋势,其中,签订和履行就业协议环节的诚信行为表现差。可见,大学生的诚信观还有待进一步提升。

因此,必须采取措施,推动实现文化多样化背景下大学生对个体层面价值准则的认同。

“爱国、敬业、诚信、友善”是从公民的道德价值观中提炼出来的,是公民在社会实践中必须遵循的基本道德规范,是引导公民道德建设的指导思想、方针原则以及主要内容。那么,引导大学生践行公民个人层面的价值准则,就是要让大学生在日常生活和社会实践活动中弘扬真善美和批判假恶丑,进而“自觉履行法定义务、社会责任、家庭责任,营造劳动光荣、创造伟大的社会氛围,培育知荣辱、讲正气、作奉献、促和谐的良好风尚”[①]。

首先自觉遵守社会主义爱国观。爱国是我国的优良传统,是中华民族一直

---

① 胡锦涛.坚定不移沿着中国特色社会主义道路前进为全面建成小康社会而奋斗——在中国共产党第十八次全国代表大会上的报告[M].北京:人民出版社,2012:32.

以来都信奉的价值观，是公民对祖国的深厚感情同时也是对公民的一项重要的道德要求。爱国主义潜移默化地调节着个人与其祖国之间的关系。从价值观的角度看，爱国属于公民个人与其国家之间关系的基本价值准则。因而，在文化多样化的境遇下，爱国价值观的实践要求理应就是要培养公民个人对其祖国的深厚感情。邓小平同志曾经说过："中国人民有自己的民族自尊心和自豪感，以热爱祖国、贡献全部力量建设社会主义祖国为最大光荣，以损害社会主义祖国利益、尊严和荣誉为最大耻辱。"[①]

在引导和培养大学生的爱国观时，要让大学生理解，在不同的历史阶段，爱国的含义也不同，因为它是个历史范畴。在当代中国，践行爱国价值观的基本要求包括：其一，爱祖国之疆土，捍卫祖国的独立和领土完整。爱国，首先就是爱祖国所在的地域，即爱祖国之疆土，坚决反对破坏祖国领土完整、妨碍祖国独立、损害祖国尊严的行为。这是因为祖国之疆土是祖国赖以存在和发展的最基本的载体。其二，爱人民，维护民族团结。我国是人民民主专政的国家，广大人民是国家的主人。因而，爱国的另一个要求就是要爱人民，关键是要培养对人的深切热爱之情，努力促进各民族的团结。其三，爱民族优秀文化，不断增强文化自信和文化自觉。爱民族文化就应该要懂得祖国的历史，尤其是了解中国近代史，大力弘扬中华民族优秀传统文化，积极推进文化的大繁荣和大发展。其四，爱社会主义制度，坚定理论自信、制度自信和道路自信。也就是要在认真学习中国特色社会主义理论的基础上，正确认识社会主义制度的优越性，始终坚持中国特色社会主义道路，坚定理论自信、制度自信和道理自信。概言之，引导大学生践行爱国观，就是要培养大学生对祖国的疆土、对人民、对民族文化以及对社会主义制度的热爱，在爱国主义的旗帜下团结起来，为实现中华民族伟大复兴的中国梦而奋斗。

自觉遵守社会主义敬业观。这里的"业"指的是职业，通俗地说就是人们所从事的工作。它既是人们生存和发展的基本手段，也是推动社会发展和进步的重要条件。职业的重要性决定了敬业观的重要性。敬业是从古就有的，《礼记》

---

① 邓小平.邓小平文选(第三卷)[M].北京:人民出版社,1993:3.

要求“敬业乐群”,孔子认为,个人对其所从事的工作应该“敬事而信”。对敬业观的遵守也是对优秀传统价值观的弘扬和继承。敬业价值观要求人们以一种热爱和敬重的态度对待自己的本职工作,在工作中充分发挥自己的主观能动性,不断精益求精,做到尽职尽责。它所反映的是公民个人和职业活动之间的价值关系。

作为个人层面上的价值准则,敬业价值观的基本要求可从以下几方面进行理解:首先,敬业是指从业者对自己所从事职业的热爱以及对待工作职责或义务的负责精神。其次,敬业是一种在工作中刻苦奋斗、精益求精的精神品质。这种精神品质主要体现在从业者的尽心尽力、刻苦耐劳、持之以恒的奋斗精神方面。再次,敬业还指从业者将自身所从事的职业视为实现自我完善和自我提升的重要途径。因此,大学生践行敬业观的目标就是让大学生在社会实践活动中增强职业感,并把学习作为首要任务,通过刻苦学习不断增强自身的本领,实现履行公民职责和实现自我提升的统一。

自觉遵守社会主义诚信观。诚信在现代汉语的语境中主要是指“诚实无欺,信诺言”,其最为基本的要义是人的一种素质,是人的一种品质,是人之根本。党的十七大指出:“加强政务诚信、商务诚信、社会诚信建设,增强全社会诚实守信意识。”[①]在此基础上,党的十八大对诚信建设提出了具体要求,强调要“深入开展道德领域突出问题专项教育和治理,加强政务诚信、商务诚信、社会诚信和司法公信建设”。

对于大学生而言,诚信对其全面发展至关重要。引导大学生践行诚信价值观,必须深刻了解诚信观的实践要求和要义。其一,引导大学生在日常学习生活中自觉树立诚信为本的道德观念,正确处理好学习生活中义与利的问题,从而将诚信内化为自身的内在信念,自觉遵守基本的诚信要求;其二,让大学生在丰富多彩的校内外社会实践活动中,以道德模范为榜样,坚守诚信的道德意志力,自觉抵制不诚信行为。

自觉遵守社会主义友善观。友善既是高尚的个人美德,也是重要的公民道德规范,在维系社会成员之间的和谐关系中发挥着不可或缺的作用。社会的和

① 十七大以来重要文献选编(上)[M].北京:中央文献出版社,2009:27.

谐运转离不开人与人之间相互关心、相互帮助的友善关系。

友善的含义是“待人热情友好，与人为善，助人为乐，珍视友情”。大学生践行友善价值观的要求是：其一，待人的态度要热情友好。友善的态度往往会使交往对象感到内心的温暖，这种温暖的传递也将会促进人与人之间的和谐。其二，与人为善，要善意地理解自己的交往对象，珍视友谊。在大学生的学习生活中，因为曲解而伤害友谊的情况也不少见。引导大学生学会从善意的角度去理解他人，不仅可以减少因交往而产生的某些伤害，而且有利于促进大学生自身不断地向善，学会珍视友谊。其三，助人为乐，不断提升自身的境界。

四、校园文化对社会主义核心价值观的承载和支撑

1. 大学社会主义核心价值观的培育的场域研究

(1) 课堂教学

高校课堂教育是培养大学生价值观的重要阵地，思想政治理论课、哲学人文社会科学课和各门专业课是一个整体，都具有价值观培育功能。

课堂教学由明确的教学目标、具体的教学内容、完整的教材、灵活机动的教学手段和客观的教学评估环节组成，教育内容是系统的，教育方法是科学的，教育时间是有保证的，教师也是专业的，因而在价值观念的形成过程中，尤其是接受价值观念的基本知识上，效率是最高的。专题教学是最传统的教学模式，教师可以较快地把核心价值观培育的内容传授给大学生，是大学生比较认同的一种教学模式。

课堂中的核心价值观培育以正面灌输为主，以一定的社会环境、学生的实际生活学习情况、国家政治导向为基础，有利于抵制西方腐朽的意识形态、封建落后的意识形态等错误的观念对大学生的消极影响。人的价值观念形成是不断变化的，而且有的观念会反复出现，往往通过循环往复的发展过程，才能最后形成较为稳定的价值观念。因此课堂教学中的核心价值观培育是长期的、反复的，有利于不断地巩固和提升培育工作的效果：

鉴于课堂教学在教学活动的地位，高校高度重视课堂教学，取得了显著的效

果,但是课堂教学仍然存在着一些问题:

第一,在社会环境上存在一些不利课堂教学的因素。改革开放以来,经济迅速发展的同时,社会上也出现了拜金主义、利己主义和享乐主义等观念,西方资产阶级的价值观念和社会思潮的渗透,也使大学生社会主义核心价值观培育受到较大的负面影响。再加上极左时代思想政治教育一度被异化为政治斗争的工具,给人们留下了非科学化印象,因而思想政治工作在社会上普遍受到职业歧视,思想政治工作者的社会认可程度很低,甚至在高校中思想政治教育专业也受到学科歧视,教师的自我认同程度也很低。

第二,课堂教学的教育主体素质参差不齐。一些教师缺乏正确的政治素质、坚定的政治信仰、良好的思想道德素质、爱岗敬业的精神,不能做学生的榜样。一些教师存在着教学能力和方式上的不足,虽然工作刻苦,但不能驾驭课堂气氛。

第三,课堂教学的教育客体对思想政治教育课的态度不端正。在应试教育的惯性下,一些大学生对思想政治教育持一种应付的态度,缺乏兴趣。尤其是在就业压力增大的情况下,一些大学生只重视专业的学习,认为没有必要学习思想政治理论课。社会上“去政治化”的倾向,更加大了大学生对思想政治课的反感心理。

第四,课堂教学的内容和方法陈旧。在内容上,思想政治教育教材理论性太强、内容太松散、重复率太高、脱离大学生实际。在方法上,大部分教师仍采用老师讲学生听的灌输方法,只有考试一种考核方式。这样的内容与方法,显然会影响当代大学生社会主义核心价值观培育的实际效果。

第五,专业课教学过程中,忽略对学生进行社会主义核心价值观教育。

因此,必须努力探索课堂教学的创新思路。

首先,要建设有利于社会主义核心价值观培育的社会环境。政府要营造良好的社会舆论,使全社会认识到社会主义核心价值观培育既具有意识形态属性,又是哲学、人文素质教育的重要内容,对人的全面发展具有重要的意义。

其次,要全面建设教师队伍的建设。高校要优化教师结构,提高教师队伍的整体素质;要加强师资培训,组织学术交流,促进思想政治学科建设;要加强所有教师的思想政治素质，增强教师的社会责任感和历史使命感，切实把大学生社会主义核心价值观培育渗透到各门学科的课堂教学中去。

再次，要切实改进教学内容和方法。要坚持和巩固马克思主义在意识形态领域的指导地位，在哲学、社会科学教学中充分体现马克思主义中国化的最新成果，进一步加强邓小平理论、“三个代表”重要思想和科学发展观进教材，进课堂，进大学生头脑工作。利用网络和科技，采用多媒体教学，根据不同的课程要求，采用专题讲座法、案例分析法等，增强教学的时效性、感染力和吸引力。

最后，在专业课教学中要挖掘社会主义核心价值观教育。例如，在电子专业理论教学、实训课教学过程中，专业课教师与学生接触的时间是最长的，有大量的机会对学生进行爱国主义、立志成才、职业道德、遵纪守法、敬业诚信等方面的教育。

总之，在课堂教学中，思想政治理论课是大学生的必修课，是帮助大学生树立正确的世界观、人生观、价值观的重要途径，是大学生社会主义核心价值观培育的主渠道。高校哲学社会科学课的大部分学科都有鲜明的意识形态属性，对于帮助大学生坚定正确的政治方向，正确认识和分析复杂的社会现象，提高思想道德修养和精神境界具有重要的作用；各门文化课也都具有育人功能，是大学生社会主义核心价值观培育的良好载体。要深入把握高校课堂教学的特点与规律，针对当前课堂教学存在的问题，改进课堂教学的思路，提高各种课程课堂教学的效率。

(2) 校园文化活动

校园文化活动是当代大学生社会主义核心价值观培育的“第二课堂”，是实施德育工作的有效载体和提高德育效果的有效途径。理论武装、舆论引导、精神塑造和作品鼓舞等价值观念形成的重要影响因素都与校园文化建设有着密切联系。高校要大力加强校风、学风和校园人文环境建设，通过校园文化活动创造一个具有时代精神、优良传统、良好学风和崇高理想的文化氛围，构建当代大学生社会主义核心价值观培育的良好校园环境。

校园文化活动是大学生社会主义核心价值观培育的重要途径，必须充分挖掘和发挥校园文化活动的价值培育功能。

第一，校园文化活动具有认知导向功能。校园文化活动渗透着高校师生共同的价值观念、价值追求和价值目标，具有内在的感召力。一个良好的校园环境总是潜移默化地向学生传递某种正能量的思想、规范和价值标准。

第二，校园文化活动具有熏陶感染功能。大学生长期生活在校园中，校园文化能够陶冶学生的情操，净化学生的心灵，养成他们良好的行为习惯，并使其人格和品德都得到升华和提高。

第三，校园文化活动具有心理调节功能。校园文化活动可以丰富学生的精神生活，使他们在紧张的学习之余，体验到放松和喜悦，使自己的心情愉快、精力旺盛、情绪高涨；可以削弱甚至消除学生心理上和情绪上的自我干扰和相互摩擦，从而减轻心理压力。

第四，校园文化活动具有人格塑造功能。校园文化活动所营造的氛围能使学生在不知不觉中受到启发，从而上升为情感和意志，长此以往便形成了品格。

在发挥校园文化在社会主义核心价值观培育和践行过程中的作用的同时，必须重视校园文化活动存在的问题，加强对校园文化活动的引导。如校园文化活动内涵相对贫乏。学生的课余活动单调，娱乐性内容多，启迪性内容少。校园文化活动缺少长效机制。教育形式陈旧，缺乏应有的更新方式；注重校园文化活动的娱乐性或政治性，相对忽视了两者的有机结合；主体局限于大学生群体和少数几个部门，校园中的其他成员被排斥在外；校园文化活动打上了市场经济的烙印，自发性和盲目性逐渐增强。

科学引导校园文化活动，一是高校要高度重视校园文化活动对学校发展和人才培养的重要作用，在校园文化建设中融入社会主义核心价值观，把校园文化活动建设纳入学校发展的总体规划，作为学校发展的重要内容。二是要建立健全符合网络时代要求的校园文化活动管理体制。高校应积极搞好校园网的建设，通过网络进一步激发校园文化活动的凝聚力。三是要加强对校园精神的培育。高校应通过校园文化活动，多维渗透校园精神和社会主义核心价值观，培育学生的认同感。四是要全方位推动校园文化活动创新，营造丰富多彩的校园文化生活。

（3）社会实践

社会实践活动是青少年成长成才必经之路，当代大学生社会主义核心价值观培育必须跳出原有的庭院式的工作模式，放开眼界，面向社会，让大学生在实践中了解国情、经受锻炼，在与广大人民群众的共同奋斗中锤炼意志品质、培养创新精神、全面提高素质。

社会实践具有价值导向功能。

首先，社会实践活动有助于提高大学生的思想道德修养。大学生在社会实践的过程中，有助于将道德规范“内化”为个体的意识，将个体意识“外化”为行为习惯和思想品德，从而能够树立正确的奋斗目标，培育科学的价值取向，形成良好的思想道德修养。

其次，社会实践活动有助于增强大学生的社会责任意识。通过社会实践，大学生有更多的机会深入生产、生活第一线，了解国情、获悉民意。不仅能够增长见识，增强实践能力，还能明确自己的历史使命，增强社会责任感。

再次，社会实践活动有助于大学生树立艰苦奋斗的精神。社会实践有助于大学生感受创业的艰辛、竞争的残酷和生活的真谛，有助于他们养成吃苦耐劳、勤俭节约、珍惜劳动成果的朴素作风，树立艰苦奋斗的思想观念。

当前社会实践的存在的主要问题有：

首先，有关方面对大学生社会实践的重视程度不够。社会对大学生社会实践的重视程度不够。大学生社会实践需要社会为未来的社会成员提供实习的舞台。但事实上，一些地方或单位往往把接收大学生社会实践作为一种负担，不能积极主动地提供便利条件；学校对社会实践活动的重视程度不高。当前，一些高校在指导大学生社会实践方面，没有认真付诸实际行动；大学生对社会实践活动的认识不够，主动参与度不高。

其次，缺乏完善的社会实践运行机制。有的高校对大学生社会实践活动缺乏统一的指导和协调，组织形式不够灵活。有的高校对大学生社会实践的指导、监督及评价机制不够完善，指导教师往往无法跟踪指导、监督学生的实践情况。

再次，社会实践内容缺乏科学规划。目前高校普遍未能根据大学生专业特点、各学习阶段特点和学生的实际接受情况部署社会实践，缺少对社会实践活动的系统规划和整体策划，层次不清、重点不明。

最后，社会实践的效果流于形式。有的高校把组织社会实践活动看作上级下达的任务,缺乏积极性与主动性。有的大学生把社会实践活动看作学校布置的额外作业,应付了事。

因此,要积极探索社会实践的改进思路。

首先,要在思想层面上加强对大学生社会实践的支持。高校、大学生自身和社会各方面都应该加强重视,在实践活动中认同社会主义核心价值观。

其次,要建立与专业培养目标相结合的社会实践模式。应该结合专业培养目标,加强对大学生社会实践的分类指导,探索社会实践的有效性和针对性,使学生发挥专业特长,巩固专业知识,优化和调整专业结构。

再次,在社会实践基地建设上,要力促产、学、研的结合。教学、科研、生产建设相结合的社会实践模式有利于增强高等教育的针对性,增强大学生社会主义核心价值观培育的实效性。

最后,树立典型的榜样。通过具有典型、榜样意义的人或事(正面的、先进的抑或反面的、落后的人或事)的示范引导或警示警戒作用,教育大学生提高思想认识、规范自身行为,学习仿效,自觉践行社会主义核心价值观。

2. 在校园文化建设中提升大学生的主流意识形态认同①

大学生的主流意识形态认同是高校意识形态安全的基础和前提。以主旋律引领校园文化,提升大学生主流意识形态认同感,是大学校园文化发展必须遵循的价值旨归。要“推动文化传承创新,建设具有中国特色、体现时代特征的大学文化”②,就必须努力推动建立基于认知自觉基础上的大学生对国家主流意识形态以及基本政治制度的信任、信念和信仰。因此,需要在大学校园文化发展过程中,从理论、政治、价值观、情感等方面建构和培育大学生主流价值观认同。

(1)要以马克思主义主导校园文化发展,培育大学生对国家主流意识形态的理论认同

理论认同指认识主体在认知基础上对理论的自觉接纳、认可、融合及改造。

---

① 本部分内容发表在《教育理论与实践》2017(7),作者:王新华,高原。

② 中共中央办公厅国务院办公厅.关于进一步加强和改进新形势下高校宣传思想工作的意见[N].人民日报,2015-1-20(1).

理论认同是主流意识形态认同的基础和前提。在大学校园文化发展中，应该通过直接的理论学习或潜移默化的世界观人生观教育，使大学生坚定马克思主义的理想信念，自觉同各种非马克思主义和反马克思主义的社会思潮作坚决斗争，实现对马克思主义的理论认同。理论认同是大学生在多元文化冲击中明确人生方向的根本保证，为我国社会主义大学文化健康发展提供了思想理论基础。大学文化只有坚持马克思主义的科学方法和正确的价值取向，才能以先进文化的姿态引领时代潮流，为全社会提供可借鉴和学习的文化范式。

马克思主义以唯物史观和剩余价值论“两大发现”为逻辑起点和历史依据，科学论证并揭示了人类社会发展的一般规律，为人们认识和改造世界提供了科学的理论武器。马克思主义基本立场观点和方法具有跨越时空的生命力，这不仅为一个多世纪以来世界历史的发展进程所证明，也为全球化网络时代资本主义各种矛盾的常态化以及经济危机的不可避免性所证明，更为中国特色社会主义的成功实践所验证。马克思主义理论本身的科学性、革命性、实践性是大学生对其产生理论认同的前提条件：它具有极强的说服力，虽历经一个多世纪的风云跌宕、社会变迁，但仍能够正确地回答人们感到困惑的深层次思想问题；它具有极强的严谨性，不是靠权力、权威或是时髦的几个“创新”的词汇，它靠的是理论自身对人类社会迫切需要解决的问题的深刻把握，靠的是经过严格的演绎推理过程而产生的严密的逻辑力量征服人们；它具有鲜明的阶级性，坚定地站在无产阶级和广大劳动人民这一边，表达自己推翻资本主义剥削制度的坚定追求，毫不遮掩地向世界表明自己鲜明的政治立场，明白无误地把自己想要坚持的、提倡的、反对的目标通俗易懂地宣示出来。这样做的结果，马克思主义理论一方面澄清了人们思想认识上的混乱，同时也增强了理论自身的说服力和感召力。

以马克思主义为灵魂主导大学校园文化前进方向是我国社会主义大学的本质特征。首先，马克思主义规定了我国大学文化的社会主义性质。我国是人民民主专政的社会主义国家，高等教育的办学方向，即大学“培养什么样的人、为谁培养人”的问题始终是必须首先面对和回答的问题，这一问题的实质就是大学的性质和办学方向。大学的教育思想、教育方针，大学文化精神、价值理念无不受此规制。大学文化具有鲜明的社会属性，受一定的社会性质、社会发展的阶段性特征所制约。不同社会制度下必然会形成性质不同的大学文化,不同社会历史发展阶段必然形成不同类型的大学文化。中国特色社会主义以马克思主义为指导思想,在它的规制和引导下当代中国的大学必然形成与资本主义以及历史上其他剥削社会完全不同的大学文化,马克思主义作为社会主义意识的标志必然占据大学文化的制高点,全球化、市场化、民主化、信息化等当代世界经济政治文化发展的时代特征必然在大学文化中打上深刻烙印。特别需要指出的是,正是由于我们大学的意识形态阵地是被马克思主义占领,我们的大学完全不同于资本主义或其他社会形态的大学,体现在我们的高等教育办学方针上必然是以马克思主义为指导,要求大学生牢固树立马克思主义的基本立场、观点和方法,积极培育正确的世界观、人生观、价值观,并以之作为大学教育的灵魂,作为当代中国大学校园文化孕育、发展的根基。

其次,马克思主义规定了大学校园文化的价值取向。和历史上一切剥削阶级的指导思想都不相同,马克思主义的历史使命以及最基本的价值取向就是为全世界无产阶级提供认识和改造世界的理论武器和精神动力,除此之外别无他求。新中国成立以来,在马克思主义指导下,我国大学教育充分体现了这样的价值追求。新中国成立之初的1950年,中央人民政府就责成教育部颁布《关于实施高等学校课程改革的决定》,在大学"废除政治上反动的课程,开设新民主主义的革命的政治课程,借以肃清封建的、买办的、法西斯主义的思想,发展为人民服务的思想"①。社会主义大学的政治属性之明确,"为人民办大学"的目标定位之清晰,由此可见一斑。在此之后,虽历经政治风雨,高校在教育教学的方式方法上曾经出现过长时间的迷失,但"为什么人"的问题,始终是我国社会主义大学育人的目标,这个方向始终没有发生偏离。1958年,中央在《关于教育工作的指示》中更明确指出"党的教育方针,是教育为无产阶级的政治服务,教育与生产相结合",其中所蕴含的教育要面向社会实际和生产实践的思想,以及要使受教育者成为合格的"社会主义劳动者"的思想,从根本上确立了我国社会主义高等教育发展的基本目标,也规定了新中国大学文化发展的核心价值追求。改革开放以

---

① 何东昌.中华人民共和国重要教育文献(1949—1975)[M].海口:海南出版社,1998:48.

后，尽管高等教育发展环境、目标以及发展战略都发生了巨大变化，但马克思主义教育思想所规定的党的教育方针，社会主义大学的办学方向却始终如一：以马克思主义为指导，坚持党对大学的政治领导和组织领导，实行党委领导下的校长负责制，在传授科学文化知识的同时在大学进行马克思主义意识形态教育，等等。这些内容无一例外体现在国家中长期教育改革和发展规划纲要(2010—2020 年)以及近年各高校分别制定的大学章程中。

最后，马克思主义决定了大学校园文化的先进性和与时俱进的特征。从一般意义上讲，大学教育实施的过程，就是有目的、有计划的文化传播与消化吸收过程。大学组织的这个特点决定了大学文化不同于一般的社会文化，它是社会文化的策源地、风向标，它应该集社会文化之大成，统揽、引领社会文化的发展。大学汇聚社会文化精英，是文化人的共同体，就这一点来说，大学不同于其他社会组织。大学人理应比其他社会组织体现更为高深的文化修养和精神品质，在大学文化的发展及传播中体现文化人所追求的真善美的志气、淡泊名利的正气、追求卓越的勇气，等等。文化主体的这些特点，决定了大学校园文化与一般社会文化的不同。更为重要的是，我国是社会主义国家，马克思主义科学的世界观、方法论决定了在办学实践中，大学文化主体必然以培育和践行马克思主义为最高追求，努力遵循大学教育规律，为国家培养全面发展的高素质人才等，所有这些都是大学文化先进性的表现。

马克思主义理论必须随着社会实践的发展而发展，不断与时俱进、为自身赋予新的时代内涵，这也为大学校园文化的创新发展指明了方向。新中国成立之初，毛泽东同志提出文化的“二为”“双百”方针，改革开放后邓小平同志提出的教育要“三个面向”思想，以及新时期习近平同志提出的“中国特色、世界水平的现代教育”的思想，都成为不同历史时期社会主义大学文化发展的重要指导思想，丰富和发展了社会主义大学文化的内涵。

(2)以中国特色社会主义共同理想为大学校园文化的主题，培养大学生对国家主流意识形态的政治认同

政治认同是指在社会生活中，认识主体对现存政治体系所产生的向往与归属，以及与其保持一致的价值取向与行为活动。政治认同是意识形态认同的

核心。

中国特色社会主义是全体中国人民的共同理想，它成功地实现了社会主义理论与实践的高度一致性，创造了人类历史上的发展奇迹，并因此增强了自身的说服力和可信度。党的十八大提出中国特色社会主义道路、理论、制度“三个自信”正基于此。当代13亿中国人民的最大政治就是建设中国特色社会主义，最集中的政治诉求就是发展中国特色社会主义，实现民族振兴的中国梦。培育大学生对中国特色社会主义伟大事业的政治认同是大学校园文化的主题。

首先，中国特色社会主义理想信念主导大学精神文化的凝练。大学校园文化内涵丰富，包括精神文化、制度文化、行为文化、环境文化等诸多方面，但精神文化是核心，它占据着大学的思想观念系统，是大学人理想、信念、价值目标和观念体系的总和，体现大学人的生存哲学和价值追求，在校园文化中居支配地位，是大学文化发展的内在精神动力。大学人的理想信念是精神文化展示的舞台。“人民有信仰，民族有希望，国家有力量。”①理想信念作为一种“超道德的力量”，就像人身体中的“钙”，没有了它，人就会得“软骨病”。然而，理想信念不但有正确与错误之分，而且有先进与落后之别。大学生要避免走上人生歧路，就必须树立正确的、先进的理想信念，因为“正确的理想，是推动社会进步的重要动力，也是人们知难而进、走向成功的重要精神支柱”②。作为全社会的共同理想，中国特色社会主义是当代中国唯一能够解决中国前途命运、实现中华民族复兴、给中国人民带来幸福和福祉的理论，它规定着大学文化的目标追求，决定了大学与其他社会群体的关系。除了精神文化，大学校园文化的其他方面也都必须以中国特色社会主义共同理想为主导，体现中国特色社会主义的文化属性，传播和弘扬向上向善的正能量。

其次，中国特色社会主义共同理想统领着大学人的思想和行为。马克思主义认为，人在其存在的现实性上是一切社会关系的总和。大学校园文化的主体

---

① 习近平.人民有信仰民族有希望国家有力量　锲而不舍抓好社会主义精神文明建设[N].人民日报，2015-3-1(1).

② 胡锦涛.发扬伟大的爱国主义精神为建设有中国特色社会主义努力奋斗——在五四运动八十周年纪念大会上的讲话[N].人民日报，1999-5-5(1).

是包括大学师生在内的"大学人",他们生活、学习、工作于大学校园之中,他们的理想信念、价值追求、精神风貌、行为方式、生活习惯,甚至兴趣爱好,是大学文化形成的基础要素,他们的思想和行为是文化的基本存在形式。当前大学校园文化发展中出现的拜金媚俗、过度追求感官刺激、泛娱乐化等现象,归根到底是理想信念弱化的结果。大学师生只有实现个人理想与社会理想的有机结合,让自身理想融入社会主流价值观中,与全社会成员的共同理想高度契合,自身理想才能变为现实,理想之树才能结出丰硕果实。特别是当前大学校园文化受到各种社会思潮和错误观念冲击的严峻形势下,更需要以中国特色社会主义共同理想来统领大学人的思想和行为,捍卫大学校园文化的崇高思想性和价值追求,提升文化的品位。

最后,中国特色社会主义共同理想在推动大学治理现代化的过程中帮助大学人树立现代理念。党的十八届四中全会提出实现国家治理体系和治理能力现代化的改革目标,治理现代化成为实现中国特色社会主义共同理想的基本途径和手段。高校治理现代化是现代大学制度的应有之义,是国家治理现代化的重要组成部分和示范基地。治理现代化要求大学人必须树立自由平等、民主法治、合作包容等现代治理理念。这些先进理念是中国特色社会主义的重要精神支撑,它是求同存异、和谐包容等优秀民族文化基因的传承,是民主法治、平等公正、自由人权等现代文明观念的吸收,是国家富强、民族振兴、人民幸福的民族百年夙愿的发扬光大。在继承、吸收和发扬光大的过程中,编织出了当代中国大学文化发展绚丽多彩的图景。在这样的政治氛围和社会背景之中,大学文化引领社会的责任必定充分体现,大学人身上适应社会、引领时代的现代意识必定充分展示。

(3)以社会主义核心价值观作为大学校园文化建设的主要内容,培育大学生对国家主流意识形态的价值认同

价值认同指的是社会成员对社会核心价值观念的共识、共有和共享,并将其升华为自觉的行动。价值认同的过程是一个由"内化于心"到"外化于行"的由"内"而"外"的过程,它是意识形态认同的基础。而核心价值观"承载着一个民

族、一个国家的精神追求，体现着一个社会评判是非曲直的价值标准”①。社会主义核心价值观实现了中华民族优秀文化、人类文明优秀成果与马克思主义的高度统一，是指引当代青年人成长成才的思想纲领和行动指南。因此，引导大学生践行社会主义核心价值观是大学的时代责任和历史使命。具体说，以社会主义核心价值观作为大学文化建设的主要内容，源于社会主义核心价值观与大学校园文化的统一性。

首先，社会主义核心价值观决定了大学的世界观、教育观和管理观。

社会主义核心价值观是一个包括国家、社会、公民三个层次的层次清晰，结构严谨的价值观系统。这个系统的最高层次和最深刻的精神实质是散布于24个字中的哲学精神，这就是马克思主义的世界观和方法论。马克思主义世界观和方法论既是社会主义核心价值观的方法论基础，也是大学文化的最高本质。社会主义核心价值观的大学文化意义，首先在于它对于大学文化的哲学意义：大学文化必然蕴含着哲学层面的内容与方法，只有它们同马克思主义的一般世界观和方法论相一致、相融合，才是大学文化中真正的哲学精神。

同时，大学文化建立在大学师生对大学教育规律认识的基础上，教育观作为大学师生带有根本性的职业观念，是大学文化观念、文化精神的核心组成部分，能够渗透到大学管理观、教学观、人才观、学术观、学习观中。大学教育观的差别会直接导致大学办学理念、培养模式、教学方法、专业设置、管理体制等方面的不同，教育观的演变始终引领着大学文化的变化发展。然而，大学教育观不仅有正确与非正确，而且有科学和非科学之分。只有反映了大学教育的本质和规律、能够促进学生全面发展的教育观才是正确的和科学的教育观。以社会主义核心价值体系引领大学教育观，是其正确性和科学性的保证。

大学管理观念也是大学文化的重要组成部分。虽然从表现形式上看，大学管理一般表现为文本化的管理制度，如大学章程、规则、纪律、守则、要求等，但实际上，深藏于文本背后的管理理念、价值取向、态度、认同感等，才是大学管理观的核心，这些是大学精神文化的一个层面，对大学精神文化起到支撑和表达传播

---

① 习近平.青年要自觉践行社会主义核心价值观——在北京大学师生座谈会上的讲话[N].人民日报,2014-05-05(2).

作用。一所大学如果没有正确的管理观的支撑，就不会有崇高的精神风貌。社会主义核心价值观对大学管理观的意义，主要体现在大学管理过程中，管理者能够从大学的办学实际出发，以人为本，科学布局，立足传统又开拓创新。

其次，大学校园文化是社会主义核心价值观培育的重要载体。

核心价值观作为一个民族最核心的主流观念形态，只有与民众的社会实践活动紧密结合，才能真正植根于民众内心世界，成为他们自觉的精神追求，才能落地生根，真正构筑起民族的精神家园。社会主义核心价值观在大学的传播，必须以丰富多彩的大学校园文化为载体，在大学理念的确立、大学精神的凝练、大学制度规范的制定、大学学术氛围的培育、大学环境的塑造上体现社会主义核心价值观的目标和要求。同时，要充分发挥高校思想政治理论课以及哲学社会科学研究和教学上的优势，通过各种学术活动、学生社团活动、大学生的社会实践活动，深入阐释和广泛传播社会主义核心价值观的丰富内涵，让大学生在校园文化的组织参与过程中，肯于下得苦功夫、求得真知识，加强道德修养、注重社会实践，善于明辨是非，养成扎扎实实、光明磊落的好品格。唯有这样，才能充分展示社会主义核心价值观的理论魅力，将之内化于心，贯注于行，才能让理论真正深入青年人的内心世界，在知识的学习和掌握中传承民族文化的优秀基因，向世界讲好“中国故事”。

最后，大学校园文化与社会主义核心价值观的培育路径具有一致性。主要体现在：一是培育和弘扬社会主义核心价值观与大学“立德树人”的根本任务紧密相连。“德”在大学文化建设中居于中心和首要地位。核心价值观既是个人的德，也是社会的德，既是公德，又是私德。大学校园文化必须全面贯彻社会主义核心价值观所倡导的个人私德、社会公德、国家大德，促进学校各种力量向育人聚焦，崇德向善。二是社会主义核心价值观在大学校园中可以细化为具体的行为准则和奖惩机制，让青年学生在“知行合一”上下功夫 。三是高校哲学社会科学将社会主义核心价值观列为研究和探索对象，不断在实践中丰富和发展社会主义先进文化，构建培育和弘扬社会主义核心价值观的长效机制和工作体系。

(4)以中国梦作为大学校园文化发展的依托，培养学生对国家主流意识形态的情感认同

情感认同是指对个人及群体之间的共同情感确认，表现为认识主体对某一

事物的认可、欣赏甚至崇拜。从心理学的角度讲，在认知基础上的情感认同是行为产生的必经阶段，决定了行为的方式方法及价值取向。

中国梦是中国人民也是当代大学生最大的情感共鸣。它是政治宣言，但却不是刻板的政治术语。它有着深刻的学理内涵，却不见学术的枯燥与晦涩。它用老百姓的家常话，讲出了全体中国人最关切、最期待的事儿，不仅说到了老百姓的心坎儿里，更说出了中国人历经百年沧桑后的深刻情感共识。“为实现中华民族伟大复兴的中国梦而奋斗，是中国青年运动的时代主题。”[①]中国梦是“国家梦”“民族梦”与“人民梦”的汇聚与结合，这一梦想承载着中华民族洗去近代百年屈辱、实现民族复兴的热切企盼，蕴含着每个炎黄子孙社会理想与个人理想相辅相成的价值观念，体现着物质生活追求与精神生活追求的协调统一，展示了中国风格与世界情怀相融合的敞亮胸怀。

当今世界，多种文化喧嚣混杂，各种社会思潮纷至沓来，网络的自由与虚幻给了人们无限的想象和发挥的空间。青年大学生正值“追梦”的年华，拥有各式各样的梦想和追求是这个群体最突出的特征。然而，多元文化的冲击和激烈的竞争压力，使他们精神、生活、工作、情感等方面都十分困惑，“追梦”与“梦想困境”使他们经常陷入迷茫、纠结之中：一方面认识到梦想对自己人生的重要性，认识到有梦想、有追求，才会有成功。另一方面却在梦想与现实的矛盾中徘徊迷茫，在理想与奋斗的漩涡中挣扎，有时甚至难以辨清个人理想与他人、社会理想之间的关系，导致极端个人主义膨胀，人际关系紧张；此外，这种“梦想困境”还表现在：在重视追求物质生活之“梦”的同时，物欲极度膨胀，享乐主义、拜金主义、娱乐至上盛行，极端轻视精神生活追求，理想信念缺失，浑浑噩噩、醉生梦死，使得梦想的层次性、完整性产生问题。云南马加爵案、复旦投毒案，以及大学生中日渐增加的心理疾病、非正常死亡都是这种困境的体现。历史和现实都证明，青年人的梦想只有根植于现实的土壤，肩负理想，立足实践，不懈奋斗，梦想才能变为现实。青年人个人梦想只有与社会发展方向保持一致，才会开花结果。因此，大学文化活动中，应该充分体现中国梦本身的这种情感优势，使大学生正确理解

---

① 习近平.青年要自觉践行社会主义核心价值观——在北京大学师生座谈会上的讲话[N].人民日报,2014-05-05(2).

中国梦蕴含的价值观念，掌握中国梦所体现的社会规律，引导大学生树立个人成长与民族国家命运紧密相连的梦想，选择正确的成长道路，引导大学生将自己的梦想熔铸到中国梦之中，找准定位，提升梦想的“高度”，增强梦想的“韧度”，在致力于实现中国梦的过程中，实现并升华自己的梦想。

总之，在白热化的文化话语权争夺中向大学生正确解读中国梦，让青年学生主动承接中国梦所传达的真正价值意蕴和深刻内涵，让他们自觉产生对中国梦的情感归属，从而加入到全民族实践中国梦的“合唱”中去，发出自己的最强音，这才是青年人为中国梦的实现而付诸行动的前提。因此，围绕中国梦这一主题，设计大学文化，组织开展各种形式的系列活动，引导大学生多渠道、多侧面、多向度、深层次地学习和感悟中国梦，这才是校园文化的真谛！在中国梦这一生动的主题下，实现理论教育和实践教育水乳交融，教书育人和文化育人的有机结合，依托中国梦所蕴含的时代内涵和价值追求，用中国梦的理想与情感引发大学生的共鸣，是大学文化工作者的重要责任。

3. 大学“三风”与社会主义核心价值观教育

教育部、共青团中央《关于加强和改进高等学校校园文化建设的意见》指出，高校校园文化建设要“以建设优良的校风、教风、学风为核心”，这就给大学校园文化建设提出了明确要求和努力方向。加强教风、学风和校风建设，是学校改革和发展中的永恒主题。学校“三风”直接影响着学校的教育质量和学生的健康成长，是事关教育稳定和发展的重要因素。“三风”建设不仅仅是一个教学问题，它对营造健康向上的校园文化、弘扬刻苦学习、顽强拼搏精神和求真务实、明理诚信的道德风尚，引导学生树立正确的世界观、价值观、人生观，以及对培养学生学会学习、学会做人、学会做事都有积极作用和深远影响。这与社会主义核心价值观教育的目标是一致的，所以营造良好的学校“三风”，有利于社会主义核心价值观在校园的传播和培育。

首先，要抓好教风建设。开展师德活动，加强师风建设，倡导“一切为了学生、为了一切学生、为了学生的一切”的教育理念，在教师中树立“立志勤奋质朴文明”的学风和“敬业、爱生、严谨、创新”的教风。为学生树立良好的榜样，带头引导和践行社会主义核心价值观。打造高效课堂，落实教学的目标责任，增强教师教书育人的责任感和使命感，并严格兑现教育质量奖惩制度，使全校上下形成人人有事干、事事有人干，能干事、不坏事、干成事的良好局面。

其次，要抓好学风建设。以“五热爱”（爱祖国、爱人民、爱劳动、爱科学、爱社会主义）为基本要求，在班级开展“创文明班级、树优良班风”为主要内容的创建活动，通过各种载体和形式将社会所倡导的价值观念、道德规范和行为标准，以启迪、熏陶、感化塑造等方式潜移默化地引导和规范学生的思想行为，帮助他们树立坚定的共产主义理想和信念，树立科学的世界观和正确的人生观、价值观。

最后，要抓好校风建设。良好的校风是稳步提高教育教学质量的前提，是精神文明建设的需要。学校要努力营造奋发图强、积极向上的集体舆论，坚持正确的办学方向，促进学校内涵发展，不断提高质量。

学校要把教风、学风、校风建设作为提高教育质量的突破口，切实做到以领导作风带教风，以教风促学风，以优秀的作风、教风、学风兴校风，促进学校“三风”的不断优化，形成“教风正、学风浓、校风端”的良好格局，推进社会主义核心价值观在校园的发展。

综上所述，大学校园文化建设的最终目的是通过一系列有形的具体措施来培育大学精神，并以这种优良的精神环境氛围来浸染大学生的心灵，培养他们的品性，使大学人保持积极的人生态度和饱满的生活热情。而校园文化的建设需要以社会主义核心价值观为指导，推进社会主义核心价值观由物质文化向精神文化渗透，由显性文化向隐性文化渗透，要逐渐形成以第二课堂为主导的社会主义核心价值观教育模式。

第四章

实现校园文化与社会主义核心价值观契合的路径研究

习近平同志指出："核心价值观的养成绝非一日之功，要坚持由易到难、由近及远，努力把核心价值观的要求变成日常的行为准则，进而形成自觉奉行的信念理念。"从中可以看出，社会主义核心价值观贵在坚持、贵在实践。在校园文化建设的过程中，要考虑如何在实践的层面实现其与社会主义核心价值观的契合，使大学生能够持久地接受社会主义核心价值观的教育熏陶，也使他们拥有得以实践的具体方式。为此，本章做出了以下几个方面的努力与尝试：

一是研究社会主义核心价值观统领下的理想信念教育在大学校园文化中的作用渠道，引导大学生牢固树立"四个自信"。

二是研究以社会主义核心价值观为遵循的大学教风、学风、校风的整治与建设，使社会主义核心价值观"形神结合"，也进一步焕发大学的文化生命。

三是研究以特色主题活动为抓手、项目运作模式的实践活动的方式方法，彰显出"知行合一"的校园文化建设理念。

四是研究网络领域社会主义核心价值观的培育与传播，以筑牢网络思想宣传的主阵地，打造校园文化的新亮点。

一、加强以"四个自信"为核心的大学生理想信念教育

理想信念关乎旗帜、关乎道路，是一个"总开关"问题。在大学生群体中广泛开展理想信念教育，既关系到其思想与行为的规范问题，又关系到中国特色社会主义事业的代际传承问题。因此，必须要高度重视、深入推进。针对大学生群体开展理想信念教育，既能够推动社会主义核心价值观的传播与培育，又能够促进校园文化的发展和繁荣，它是两者的"契合点"之所在。在此过程中，关键是要引导和帮助大学生牢固地建立起"四个自信"，达到"虔诚而执着、至信而深厚"。为

此，要从大学生思想政治理论课程建设、社会实践、社团活动、专业培养等多个渠道入手，形成合力，共同提升理想信念教育的实效性。

1. “四个自信”是大学生理想信念教育的主要内容

理想信念是世界观和政治信仰在奋斗目标上的具体体现。一个国家、一个民族、一个政党，都必须要有自己明确的理想信念，否则就会无所依从、陷入迷茫，丧失凝聚力与战斗力，甚至沦为一盘散沙。习近平同志曾将理想信念比喻为“总开关”，这足以彰显出理想信念所具有的根本性与全局性的重要地位。

对于我国而言，中国共产党是中国特色社会主义事业的领导核心，对各项事业都起到思想领导、政治领导与组织领导的作用。基于党的宗旨及执政地位，党的意志与人民的意志最终都能够统一为国家意志。这就意味着，中国共产党的奋斗目标与我们民族、我们国家未来的前进方向具有高度一致性。对于中国共产党而言，道路已然十分明确，那就是以马克思主义为指导，坚持与发展中国特色社会主义，最终实现共产主义的最高理想。从这条道路中我们也能够观察出中国共产党人应有的理想信念：那就是对马克思主义的信仰、对社会主义和共产主义的信念。在社会主义的中国，这样的理想信念，并不仅囿于一个政党，它拥有更为广阔的传播空间与基础，越多的人拥有这样的理想信念，整个社会就会建立起更为坚实的精神支柱，我们的社会主义事业也将更为兴旺发达，而这也正是文化建设所要承担的一项重要使命。

马克思主义的事业并不能一蹴而就，它需要一代代人的坚守与传承。这样的任务自然而然地落在了青年人的肩上。高校作为培养青年人才的场所，所培养出的大学生都是21世纪中国特色社会主义事业的接班人和建设者。因此，教育出什么样的大学生是关系到中国特色社会主义事业代际传承的重大问题，必须要予以高度重视。大学生群体能否拥有党和人民所要求和期待的坚定的理想信念，将深刻影响到我们国家与民族的未来走向。特别是在全球化的今天，世界范围内的各种思想文化相互渗透影响，交流、交融、交锋日益频繁，大学生的思想呈现多元化态势，部分大学生被形形色色错误的、落后的思想观念俘获，在行为上出现了偏差，造成一些不良的校园事件频频发生，这足以引起全社会的关注与思考。育人的关键在于抓思想，要规范大学生群体的行为，关键在于解决思想问题，而解决思想问题首先就要拧紧“总开关”，也就是要大力开展理想信念教育。

理想信念教育是校园文化与社会主义核心价值观重要的契合路径之一。理想信念教育的形式可以不断创新，创新的过程实际上就是校园文化不断发展与繁荣的过程。理想信念教育解决的是道路问题、旗帜问题，首先要让大学生把这个问题解决明白，接下来再解决具体的价值取向问题，这是正常的认知逻辑。换言之，理想信念教育开展效果越好，社会主义核心价值观的培育也就更为顺利。当然，理想信念教育与社会主义核心价值观的培育并非完全独立，两者在根本目标上具有一致性，都是为了凝心聚力，为社会主义和共产主义的事业提供支撑与动力；两者在内容上具有可融合性，理想信念教育能够进一步升华人的价值追求，而社会主义核心价值观也恰好为理想信念提供了更为具体的层次性阐释；两者都统一于实践之中，都需要在社会实践中找到落脚点，最终实现内化于心、外化于行。因此，开展理想信念教育是培育社会主义核心价值观的关键任务与重要环节。

“理想因其远大而为理想，信念因其执着而为信念。”[①]在大学生群体中广泛开展理想信念教育，就是要引导和帮助他们成长为共产主义远大理想和中国特色社会主义共同理想的坚定信仰者与忠实实践者。当然，我们也要清醒地认识到，实现这样的目标需要一个较为漫长的教育过程，并且这样的目标也需要进行分解，使教育过程找到“抓手”，以提升针对性、增强实效性。

党的十八大报告指出：“中国特色社会主义道路，中国特色社会主义理论体系，中国特色社会主义制度，是党和人民九十多年奋斗、创造、积累的根本成就，必须倍加珍惜、始终坚持、不断发展。”由此也产生出“三个自信”的命题。后来，习近平同志进一步提出“文化自信”，使“三个自信”发展成为“四个自信”。自信意味着自我肯定，意味着不懈坚持，意味着不断进取。“四个自信”总结出了党领导人民在建设社会主义长期实践中所形成的最鲜明特色，既是对历史的归纳，更是对未来的规划。建立起“四个自信”，做到“虔诚而执着、至信而深厚”，实际上

① 习近平. 在庆祝中国共产党成立95周年大会上的讲话[M]. 北京：人民出版社，2016：11.

就已经树立起了坚定的理想信念。从这个意义上看,“四个自信”应当是理想信念教育的最佳“抓手”,并且“四个自信”所涵盖的类别与内容也为理想信念教育提供了更为细化和具体的方向。

对大学生群体开展理想信念教育,“四个自信”应贯穿始终,既是出发地,又是目的地。要用历史的视角、实践的视角、比较的视角、发展的视角向大学生讲清楚我们的道路、理论、制度、文化从何而来、向何处去,有何特色、有何优势,为何坚守、为何开拓。使大学生对马克思主义理论产生理性认同,对基本国情能够准确把握,对中国特色社会主义的发展规律有正确认识,最终建立起“四个自信”,成长为可靠的社会主义和共产主义事业的接班人与建设者。

2. 利用课堂主渠道开展理想信念教育

高校思想政治理论课是社会主义大学的本质体现,承担着对大学生进行系统的马克思主义理论教育的任务,它是各层次、各科类大学生的必修课,能够有效实现“全覆盖”,因此,思想政治理论课也就成为对大学生开展理想信念教育的主渠道和主阵地。

对思政课的教学过程进行分解与归纳,可以提取出主体、客体、内容、途径、环境五个要素,这些要素之间相互作用,共同决定了课堂教学的效果。对大学生群体开展有效的理想信念教育,也要从这五个要素入手,分析问题、探讨对策、谋划提升。

教师是思想政治理论课的主体,是课堂教学的组织者和主导者,能够发挥主观能动性,整合内容、途径、环境、客体等其他要素,以使它们达到一种理想的配置状态。所以,提升理想信念教育的实效性,教师必须承担起主体性的责任。

对于理想信念教育而言,首先要保证教师这个主体是坚定的马克思主义者,能够带头坚守理想信念,这是前提性条件,也是对主体的最基本要求。实现这个前提,一方面需要教师自觉主动地加强对马克思主义理论的研习,做到“真学、真懂、真信、真用”;另一方面需要高校加强对思政课教师队伍的关注与管理,要为他们提供更多的学习和实践的机会,使他们在政治思想与专业能力方面得到提升。同时还要加强对教学的动态管理,对于理想信念不坚定、课堂教学随意、学生评价普遍不高的教师，应及时予以调整。

在教学过程中，主体通过一定的途径将一定的内容作用于客体，这就意味着，除了解决好主体自身的问题外，还必须要关注“内容”“途径”与“客体”之间的联动。

就“内容”而言，理想信念教育的内容兼有固定性与动态性双重属性。所谓“固定性”，就是稳定不变的内容，在理想信念教育的过程中，“四个自信”贯穿始终，所以讲解与阐释中国特色社会主义道路、理论、制度、文化及其优越性就是理想信念教育必须牢牢把握与坚持的内容，这个大方向不可偏离。所谓“动态性”，就是有所变化的内容，在中国共产党带领中国人民建设与发展中国特色社会主义的生动实践中，涌现出了很多新人、新事、新思想，这些常有常新的内容展现出了社会主义的时代风貌，它们就是理想信念教育的动态性内容，是对固定性内容的有益补充。思政课教师要把握好这“两个内容”，将它们有机地结合起来，用“动态性”服务“固定性”，做到以小见大、以事寓理，避免空洞说教，着力增强课堂教学的感染力与吸引力。

理想信念教育是一门打动人的艺术，是一种春风化雨的创造。这就要求思政课教师必须坚持“以人为本”的教育理念，增强对“客体”的了解，以选择最为合理的“途径”，使“客体”真正对“内容”入脑入心。思政课教师要进一步了解“客体”即所授课的大学生群体的学科背景，进一步了解他们最新关注的大事小情，进一步了解他们的人生规划与思想困惑。在对“客体”有了这样的认知基础后，再来组织理想信念教育的具体内容，做到有的放矢，增强理想信念教育的现实性与针对性，引导大学生升华思想境界，将理想信念与个人生活和人生发展紧密结合起来。

“途径”即教学方法与教学形式。对于理想信念教育来说，空洞的说教无法收获任何效果，作为教师必须要言之有物：要通过历史的视角回顾近代以来中国人民追求民族复兴的艰辛历程，阐明只有社会主义才能救中国，只有中国特色社会主义才能发展中国；要通过实践的视角，使大学生认识到我国建立社会主义制度特别是改革开放以来所取得的巨大成就，讲清“四个自信”的基本现实依据；要通过比较的视角，对比中国与世界其他国家经济发展和实现现代化的历程，使大学生看清中国特色社会主义道路、理论、制度、文化的优越性，进一步坚定“四个自信”；要通过发展的视角引导大学生正确认识社会问题，使他们明白“自信”不是自满，“自信”既意味着坚持，同时也意味着不断自我发展和完善。思政课教师要着力打造“自主、合作、探究、开放”的课堂，要综合应用数字化手段，进一步优化课堂教学；要综合采用讨论法、任务驱动法、自主学习法等教学方法，调动大学生的积极性，引导和启发他们不断思考，逐渐深化对于理想信念的认知。

“环境”对于理想信念教育起到了潜移默化的影响作用，创设理想信念教育的“课堂微环境”有助于客体学习效果的提升。实现这一点，首先是要维持正常的课堂秩序，保障基本的教学效果；其次是要注重教室客观环境的改造，张贴一些与理想信念相关的标语、海报等，使客体感受到精神的力量，尽快地进入接受教育的状态之中；最后要注重课堂情感环境的改造，教师要构建起一种平等、和谐的师生关系，综合运用教育艺术，打造“魅力课堂”，使大学生亲其师、信其道。

高校思想政治理论课是具有政治性、思想性和德育性的课程体系，这样的特性决定了其必然成为理想信念教育的主渠道和主阵地。要从主体、客体、内容、途径、环境五个方面共同入手，采取措施，多管齐下，这样才能使理想信念在当代大学生的心中生根发芽，进而引导他们走上一条正确的人生道路。

3. 发挥大学生社会实践在理想信念教育中的作用

党中央、国务院在《关于进一步加强和改进大学生思想政治教育的意见》中明确指出：“社会实践是大学生思想政治教育的重要环节，对于促进大学生了解社会、了解国情，增长才干、奉献社会，锻炼毅力、培养品格，增强社会责任感具有不可替代的作用。”理想信念教育是思想政治教育的重要组成部分，所以在开展理想信念教育的过程中，社会实践环节同样是必不可少的。

思想政治理论课的课堂教育固然是大学生理想信念教育的主渠道与主阵地，但是课堂教育也有其难以解决的问题，它更多地侧重于思想与知识的传输，缺乏教育客体的情感体验，这就容易造成“学而不信、知而不行”的现象出现。课堂教育以教师为中心，而社会实践这种体验式的教育活动以学习者为中心，在此过程中，“客体”与“主体”呈现高度融合。开展社会实践活动，使大学生在现实的情景中学习、体验、感悟，从而将既有的知识与新获得的感性认识结合起来，以进一步增强对课堂教育内容的理解，实现思想境界的提升。

理想信念教育不是单纯的理论学习，它所要求的并不是教育客体的知识量的提升，而是要求教育客体将主观世界与客观世界的改造结合起来，使两者相互促进。实践是信仰的试金石，理想信念教育的最终效果，不体现在口头上，也不体现在纸面上，而是体现在现实的实践活动之中。判断一个人理想信念的坚定程度，不仅要“听其言”，更要“观其行”，要以实践活动为根本判断标准。所以，在大学生理想信念教育的过程中，要有意识地强化实践导向，充分发挥社会实践的积极作用。

对于高校的相关职能部门而言，应在以下几个方面做好工作：

一是要探索设立理想信念实践教育基地。这类基地有参观型与体验型两种基本形式。其中，参观型实践教育基地承担着最为基础的功能，主要是供人参观学习、感受文化氛围，其组成范围较为宽泛，既可以是烈士陵园、革命旧址、革命人物纪念馆等反映革命历史与革命文化的场所，也可以是现代化的展馆、工厂等反映社会主义现代化建设伟大成就的场所。大学生通过参观这些场所，可以增强对于社会主义事业的认知与认同，进一步坚定“四个自信”。对于每个城市来说，此类场所并不缺乏，但能否与大学生理想信念教育结合起来，真正发挥思想滋养的功能，还需要有关各方进行对接和商讨。对此，高校相关职能部门应积极联系，就近选择适宜的场所设立实践教育基地。此外，还有一种体验型实践教育基地，这类场所通常建设水平高，人员配置也较为充裕，拥有丰富的教学场景，也有较为系统的实践课程体系，实践人员能够在那里开展一定周期的“浸入式”培训，这样的教育过程能够对大学生的思想起到较为深刻的塑造作用，进而可以实现更为良好的理想信念教育效果。但是，这类场所数量较少，分布不均，通常依托重要的红色文化资源而建，如在井冈山、古田、遵义等地就建有这样的场所，高校相关职能部门要积极争取，尽可能多地为大学生创造实践机会，使他们接受到更高水平的理想信念实践教育。同时，还要做好实践教学的制度安排，确保实践教学有序、有效进行。

二是要积极培育理想信念实践教育的日常化、机制化载体。一方面，应当将理想信念教育与大学生常规的学生活动结合起来，如团日活动、党日活动、主题班会等，这些都是大学生校园活动的“规定动作”，均会定期开展。高校的相关职能部门应加强设计与指导，为这些“规定动作”创设适宜的主题，使其具有理想信念教育的功能与意义，并以这些活动为载体，积极引导大学生“走出去”，在社会实践中检验认识、加深体验。另一方面，应切实加强思想政治理论课程的实践教学环节，进一步提升管理和保障水平，注重形式与内容的创新，坚决防止搞形式、走过场，要逐步建立起稳定的考评机制，充分发挥其在大学生理想信念教育中的应有作用。此外，还可结合学校的具体情况，培育其他形式多样的理想信念教育的实践载体，推动形成立体化的教育格局。

三是要推动理想信念教育与大学生暑期社会实践相融合。大学生暑期社会实践与常规的校园活动不同，其在实践时间、实践空间与实践内容的选择上都赋予了大学生以充分的自由，它是大学生深度接触社会的重要契机。因此，高校相关职能部门应积极策划，着力提升大学生暑期社会实践的思想性与教育性。要在主题的设定上有一定倾向性，体现出理想信念教育的特点，比如，设置寻访主题，引导大学生寻访老战士、老党员，使他们进一步了解中国人民艰苦奋斗的革命与建设历程，体会到中国特色社会主义事业的来之不易，同时也能感受到老一辈身上的精神风貌，受到心灵上的教育；设置社会调查主题，引导大学生深入农村、深入街道、深入工厂，了解社会经济的发展成就与当下所面临的社会问题，培养大学生的辩证思维，增强他们的社会责任感与历史使命感；设置志愿服务主题，引导大学生投身到为人民服务的事业中去，在实干奉献中传递爱心、传承文明，进而提高自身的思想觉悟。高校相关职能部门要加强宣传，并建立激励机制，以扩大活动的广泛性，使其发挥更大的教育作用。

总之，理想信念教育要与社会实践结合起来，这样才能产生更好的教育效果。高校相关职能部门应积极探索，为大学生创造更多的实践机会与实践形式，使他们有行动、有收获、有精神、有方向。

4. 在社团活动中开展理想信念教育

高校学生社团是由大学生根据兴趣爱好自愿组成，按照章程自主开展活动的学生组织。它具有创建的自发性、运作的自主性、目标的整合性、鲜明的开放性、群体的广泛性、组织的多样性等特点。[①] 社团活动承载着一定的教育功能，一方面，它是大学校园文化的重要组成部分，在一定程度上影响了校园文化的格调与内涵。所以，组织开展好社团活动可以繁荣校园文化，营造良好的育人氛围，进而起到间接的教育作用。另一方面，大学生通过参加社团活动，不仅能实现个人发展，而且还能够找到并建立起一种共同的价值追求，这说明社团活动具有思想政治教育的功能，这是一种更为直接的教育作用。这些教育意义的存在，表明社团活动能够对大学生施加价值观上的影响，这也就使它与理想信念教育的融合成为可能。

就现实情况而言，目前，学生社团在各高校中呈现蓬勃发展的态势，其数量与规模不断扩大，这体现出了“95 后”大学生追求个性彰显的行为特点以及极其强烈的文化需求。因此，相关职能部门应当重视学生社团的建设和社团活动的开展，使其更好地发挥文化载体与教育载体的作用，助力大学生理想信念教育的开展。

第一，要加强对社团活动的价值管理。虽然，在组织社团活动的过程中，要依托大学生的主体作用，充分发挥他们的主观能动性，但是大学生的思想尚未最终成熟，加之其个性较为鲜明，所以他们并非都具备恰当地设置活动主题和安排活动内容的能力，这也就容易造成各个学生社团之间无法形成文化上的合力，从而削弱了社团文化对于校园文化的发展作用。对此，相关职能部门不能放任自流，不管不问，要在尊重学生社团自主管理的基础上，用制度加以规范，进一步注重价值管理，在活动主题与内容的选取上“把好关”，使社团活动有一个统一的文化导向，更多地体现出理想信念教育的色彩，更好地发挥其教育功能。

第二，将理想信念教育融入学生社团内部建设。首先，要选任政治觉悟较高、政治素质过硬的大学生担任社团干部，并通过开展“青年马克思主义者培养工程”，强化对社团骨干的思想政治教育，使其进一步坚定理想信念，在社团建设的实践中发挥先锋作用。其次，要借助社团干部，积极开展朋辈教育。社团干部

① 张烽，朱小惠，雷文瑜．以核心价值观为导向的高校社团建设思考[J]．浙江工业大学学报(社会科学版)，2016，15(1)：111-115.

应充分发挥思想与行动上的引领作用，在日常交往的过程中，要同社团成员加强关于国内外形势问题的讨论与交流，使社团成员跳出自身眼界的狭隘，更多地关注人类、国家和民族前途命运的问题，进而树立起远大的理想抱负。社团干部还要严于律己，将先进性体现在具体行动上，积极传递正能量，做社会主义核心价值观的践行者与传播者，成为社团成员可亲、可敬、可学的优秀榜样。最后，要进一步加强社团内部的政治理论学习活动。可通过座谈会、集体学习等形式强化对社团成员的教育，充分发挥学生社团应有的思想政治教育功能，使社团成员加深对党的理论与主张的认识，从而为其树立正确的理想信念创造前提条件。

第三，创建“红色社团”，引领社团文化。学生社团是兴趣爱好的共同体，不同类型、不同名称的社团，其发展方向与承载的活动主题各有所不同。因此，应当创建“红色社团”，专门负责大学生理想信念教育活动的开展。这类社团具有鲜明的政治属性，因而也会成为社团文化的引领者。对此，高校相关职能部门要高度重视并加强指导，选派思想政治理论专业教师担任社团的指导教师，以把握正确的政治方向。此外，还应设置丰富多彩的活动主题，以提升理想信念教育的实效性。比如，可以定期开展读书会活动，使大学生感受到马克思主义经典原著的魅力，提升他们的理论修养，培养他们运用马克思主义的观点分析与解决问题的能力；可以开展专题讲座活动，抓住最能激发大学生思想情感的重大时政事件，进行正向的解读与阐释，增强大学生的责任感与使命感，进一步坚定他们的理想信念；可以编辑出版政治理论读物，构筑理论宣传与学习交流的阵地，也可在此引入“全媒体”理念，在互联网以及微博、微信等新媒体上精准、持续发力，形成多层次、立体化的宣传教育格局；可以组织开展校级规模的竞赛活动，如党史知识竞赛、演讲比赛等，使大学生通过此类活动深化对历史与现实的认识，进一步坚定“四个自信”；可以组织开展调研与社会实践活动，帮助大学生更多地了解社会现实情况，使他们牢固地树立起为人民服务的价值追求。

将理想信念教育与社团活动结合起来，不仅是可能的，而且是必要的。这样的结合，契合了社团活动所具有的文化建构与思想教育的双重功能，既能够繁荣和发展校园文化，又能够对大学生起到思想引领与精神洗礼之效用，因而是值得也是应当去积极探索和实践的。

5. 将理想信念教育融入大学生专业培养中

青年学生进入高校的主要任务是接受专业教育，以掌握一技之长，使自身具备合格的社会工作能力。

对大学生进行专业培养是一项系统性的长周期工程，在此过程中，专业的思维与理念将对大学生起到深刻的影响作用，在此基础上，大学生会逐渐形成自己的思维模式。所谓“专业气质”，也就是说同一专业培养出的人，其思维模式具有趋同性。大学是青年社会化的中期阶段，在这一阶段所形成的思维模式与行为方式将影响人一生的发展。因此，对大学生进行思想引领，特别是开展理想信念教育，绝不能忽视或轻视专业培养这一环节。在现实情况中，很多高校在专业培养中出现了理想信念教育“缺位”的现象，这就造成很多大学生不重视提升自己的思想觉悟，逐渐陷入了实用主义、利己主义的窠臼，同时也削弱了理想信念教育在其他渠道的作用效果。所以，将理想信念教育融入大学生的专业培养中具有重要的现实意义。

大学生的专业培养主要由理论培养和实践培养两大部分组成。

理论培养以专业课程为主，大学生在此过程中接受系统的理论教育，以掌握一种或多种的理论技能。专业教师在理论培养的过程中发挥着关键性的作用，他们的一些思想和观点会通过教学环节传递给大学生，形成一种潜移默化的影响。因此，在大学生专业培养的过程中融入理想信念教育，必须要由专业教师发挥主导作用，特别是党员教师要起到模范先锋作用。专业教师要坚持以立德树人为根本，着力实现“授业”与“育人”的统一。在授课的过程中，要多讲解我国在有关领域的新进展与新成就，激发大学生的爱国情怀，引导他们进一步坚定“四个自信”，树立起崇高的人生追求。要通过对优秀人物、优秀校友的宣传讲解，引导大学生养成正确的职业观，使他们明白“只有把人生理想融入国家和民族的事业中，才能最终成就一番事业”[①]的道理，进而将个人价值与社会价值统一起来，树立起建设中国特色社会主义的共同理想。对于大学生关注的社会问题，教师

① 习近平. 给北京大学学生的回信[N]. 人民日报，2013-05-05(1).

应予以正向引导,绝不可将一些狭隘的认识传递给大学生,更不能公开发表违反政治纪律的言论。教师应在工作与生活中尊重学生、关爱学生,构建平等和谐的师生关系,要格外注重自身的言行举止,努力成为大学生心目中正能量的代表,使他们时刻感受到精神上的温暖与力量。

实践培养以工作见习与专业课余活动为主,意在提升大学生理论联系实际的能力,使他们更好地适应社会工作的要求。在工作见习环节,要积极支持和鼓励大学生到基层去、到一线去、到攻关的前沿去,使他们沉下气、静下心、弯下腰、用起脑、动起手,在实干中认识社会、了解社会,增益其所不能,养成艰苦奋斗的宝贵品质,将自身锻炼成为合格的社会主义事业的接班人与建设者。专业课余活动通常在校内举行,不同专业会根据自身特点开展形式不同的活动,因此,要加强设计,使这些活动体现出理想信念教育的色彩。比如,文科专业可以通过读书沙龙活动,引导大学生读一些反映中国革命历史与现实成就的优秀作品,使他们认识到"只有社会主义才能救中国,只有中国特色社会主义才能发展中国"的道理,进一步坚定"四个自信"。还可以通过研讨会的形式对社会问题开展讨论,专业教师在此过程中要发挥价值引导的作用,使大学生在公开的讨论与交流中达成共识,明白发展中的问题要靠发展来进一步解决,并逐渐养成他们认知社会问题时的辩证思维,避免"极化"思想的产生。理工科专业可以以现实需求为导向,开展一些创造与设计活动,并注意追踪活动成果应用后的用户反馈情况,还要加强活动总结,在思想上予以拔高,使大学生感受到在为人民服务的过程中产生的成就感与收获感,以进一步增强他们的宗旨意识。

理想信念教育融入大学生专业培养的过程中,需要理论培养与实践培养分层发力,专业教师要发挥主导作用,要加强整体设计,注重日常养成,使专业培养的过程成为理想信念教育中的紧密一环,与其他渠道一同形成合力,共同提升大学生理想信念教育的实效性。

二、"三风"是大学的生命

教风、学风、校风是校园文化的核心,也是一所大学的无形资产与重要品牌。"三风"的状态决定了学校的文化品位、人才的培养质量与师生员工的精神面貌,因此,“三风”是校园文化建设的重点环节,所以在高校培育与践行社会主义核心价值观,必须使这一关键渠道得以畅通。要遵循社会主义核心价值观,系统性地开展“三风”的整治与建设工作,使社会主义核心价值观“神形结合”,在具体的实践中得以体现,同时也进一步唤醒大学的文化生命,焕发其文化生机。

1. 教风昭示大学品位

“品位”是美学领域的核心概念之一。在清初诗论家叶燮先生那里,“品位”是“必待人之神明才慧而见”之能力;在西方著名哲学家休谟看来,“品位”是主体经由想象而产生的辨识美丑善恶之能力,它既有因时代、民族和个体差异不同而导致的相对性,又有源于主体内在“自然本性”的一致性;在德国古典哲学创始人康德的眼中,“品位”是一种理性的判断力,是人类先天普遍共有的“感觉力”。①总的来说,“品位”代表着主体在审美能力与判断能力方面的水平,其本身就是一种内在的价值观和精神取向。

对于大学而言,不同的校园文化蕴含着不同的价值观和精神取向,所以大学是有“品位”的,而且这种“品位”也存在着高低优劣的差别。大学的品位,反映出的是教育者的胸襟和视野,折射出的是治学的境界。从一定意义上讲,大学的品位就是大学的品牌与形象,大学品位高则文化格调高,师生素质高,培养出的人才质量高,对社会做出的贡献就会更大,也能够广泛地吸引德高望重的专家、学者来校工作,最终呈现出桃李竞芳、百舸争流的大好局面。

那么,什么样的大学品位是我们应当追求的? 19 世纪英国著名教育家亨利·纽曼的《大学的理想》一书也许可以我们提供一些启示,他在书中写道:“大学训练是达到伟大而又平凡目的的伟大而又平凡的手段,它旨在提高社会的思想格调,提高公众的智力修养,纯洁国民的情趣,为公众的热情提供真正的原则,为公众的志向提供确定的目标,丰富和澄清时代的思想内容,推进政治权利的运用,并使人与人之间生活的交往变得文雅高尚。这种教育使他准备去胜任任何职务,去精通任何一门学科。”②从中不难体会,大学品位是一种思想与文化的供给,

---

① 李曼丽. 大学的品味[J]. 高等教育研究,2000(2):57-59.

② Newman H H. The idea of University[M]. Garden City,N Y:Image Books,1959:130.

其展现和传递的皆是大学自身的价值观，而高雅的大学品位的形成，必然要以先进的价值观作为底蕴。对于中国的大学来说，社会主义是其根本的政治属性，因而社会主义核心价值观就成为其价值观建设的根本遵循。能否牢牢把握住这一方向，能否深入地推进社会主义核心价值观的培育，决定了大学品位的高低。而对这“两个能否”起到关键性作用的就是大学教师，他们是“立德树人”的具体实施者，以言传身教对大学生施加潜在而又深远的影响。可以说，教师的“品位”影响甚至是决定了大学生的“品位”，这两者结合在一起，就是“大学人”的“品位”，这是“大学品位”的重要建构基础。教师在教育活动中表现出的“品位”久而久之能够形成一种风气——教风。这是教师世界观、人生观、价值观、道德修养、知识水平、文化水准以及精神面貌的综合反映，是教师德与才的统一性表现。[①] 简而言之，教风体现的是教师的综合素质，展现的是个人与集体的风尚。优良的教风主要表现为教师热爱祖国、热爱学校、乐于奉献、道德高尚、忠于职守、爱护学生、严谨治学、精心施教、团结协作、遵纪守法等一系列的思想趋向和行为习惯。[②] 对于一所大学而言，教师是推动其不断发展的核心力量，因而，教风的好坏直接关系着学风与校风的状态，也昭示着大学的品位，更决定着学校的发展层次与发展高度。所以，追求高雅的大学品位，实现大学的内涵式发展，必须首先加强教风建设，以实际行动来正面回答“两个能否”的问题。

第一，要对教师开展理想信念教育，增强他们的事业心与责任感。要广泛开展马列主义、毛泽东思想和中国特色社会主义理论体系的学习活动，促使广大教师树立正确的世界观、人生观、价值观，以进一步坚定对马克思主义的信仰和对社会主义、共产主义的信念，从根本上解决他们的思想认识和方向原则的问题，使他们更加忠诚于党和人民的教育事业，立足岗位、勤勉贡献。此外，还要广泛开展社会主义核心价值观的培育与践行活动，使广大教师自觉养成高尚的思想道德情怀，树立良好的职业道德形象，以优良作风促进优良教风的形成。

第二，要充分发挥制度的力量，着力构建教风建设运行机制。要建立学生监

① 蒋亦华．高校教风建设探讨[J]．中国高等教育，2009(23)：54-55.

② 刘德有．论加强高校教风建设的意义和对策[J]．河海大学学报(哲学社会科学版)，2000(2)：71-74.

督与评价制度，广泛发动大学生群体，使他们以《中华人民共和国高等教育法》《中华人民共和国教师法》《高等学校教师职业道德规范》为依据，综合考察教师的现实行为表现并做出评定。还要适当引入多元评价主体，在综合评价的基础上建立激励与惩戒制度，将教风评价结果作为教师年终考核、聘任职务、提升工资的重要指标，同时实施教风一票否决制。对于个别不能为人师表、产生恶劣影响的教师，相关职能部门必须要果断采取措施予以处理，真正发挥制度的敦促与威慑作用。学校还应建立和完善教学管理制度，如教学督导制度、领导干部听课制度等，对教师的教学活动进行更细致的规范，使教风建设落在实处。

第三，要加强宣传工作，形成有利于教风建设的舆论氛围。要以社会主义核心价值观为根本标准，深入挖掘与培育教师队伍中的先进典型，充分发挥他们的示范引领作用，使人们见贤思齐、择善而从。在对先进典型的宣传中，必须打破“做法＋数字”“奉献＋荣誉”的陈旧模式，要将新闻宣传与文学艺术相结合，进一步增强宣传内容的吸引力与感染力。还应充分利用校内的媒体资源，报纸、广播、网络新媒体要采取多元化的宣传形式，共同形成合力，增强影响效果。相关职能部门还要及时把握先进典型宣传的有利时机，精心组织特色学习实践活动，使宣传工作得以深化与延伸，为推进教风建设提供强有力的舆论支持。

教风昭示大学品位。通过加强教风建设，既能够提升教师的综合素质，又能够疏通与拓宽社会主义核心价值观的传播渠道，这对校园文化建设和大学的内涵式发展可以起到重要的推动作用。

2. 学风决定人才质量

从狭义上讲，学风特指学生的学习风气；从广义上讲，学风包括学习风气、治学风气和学术风气。而一般意义上所说的学风就是指“狭义的学风”，即学生在长期的学习过程中形成的一种相对稳定的学习风气与学习氛围。学风是学生整体学习质量和学习面貌的主要标志，是全体学生群体心理和行为在治学上的综合表现。因而，学风既是一种学习氛围，又是一种群体行为，学生在一定的学风之中能受到潜移默化的熏陶和感染，进而在思想品德、价值观念、行为方式、意志情感等方面发生变化，这些变化深远地影响着其自身的成长成才以及未来的职业发展。所以说，学风决定人才质量。

优良的学风对于任何层次的学校而言都是十分重要的，大学更是如此，因为这一阶段是人才培养的最后环节，学生接受的是专业知识与技能的教育，他们的学习状态决定了学习效果，更决定了其安身立命的能力与人生发展的高度。在《教育部关于切实加强和改进高等学校学风建设的实施意见》中明确指出："学风是教书育人的本质要求，是高等学校的立校之本、发展之魂。优良学风是提高教育教学质量的根本保证。能否营造一个优良学风环境，关系到高等教育的科学发展和教育事业的兴衰成败。"因此，建设优良学风是高校的重要职责，是加强素质教育、培养优秀人才的关键举措，也是一项长期性的基础工程。

建设优良学风，必须要首先弄清楚其基本内涵，明白什么样的学风才称得上是优良学风，这样在现实之中的具体实践才能有一个明确的方向。《礼记·中庸》有言："博学之，审问之，慎思之，明辨之，笃行之。"这是古人为优良学风作出的最佳阐释，也是"学风"一词的起源所在。随着时代的变化，在继承先贤们思想的基础上，优良学风又具备了更为系统和完善的内在含义：一是要有远大崇高的学习目标。学习目标决定学习的方向和学习的动力，周恩来总理在少年时代就立志"为中华之崛起而读书"，正是因为这一坚定而宏伟的志向，才有了他后来奋发进取、为国家和民族奋斗终生的生动实践，所以学习目标反映着一个人的觉悟程度。二是要有严谨求实的学习态度。严谨就是严肃谨慎，求实即实事求是。严谨求实地进行学习是优良学风直接而具体的表现，是学习目标和治学精神的落脚点。严肃认真、一丝不苟，不轻信、不马虎、不弄虚作假、坚持一切从实际出发，这是学习的应有态度。三是要有勤奋刻苦的学习精神。"书山有路勤为径，学海无涯苦作舟"，勤奋是一切事业成功的前提，古今中外的知名学者无一例外都是勤奋好学、刻苦钻研的榜样。勤奋刻苦的学习精神是优良学风的灵魂与核心，它要求学生振作精神、锲而不舍、虚心学习、永不满足。知识和能力的获得都是日积月累而成，科学上的任何进展，也都是汗水和毅力的结晶，这些都是勤奋刻苦的人才能实现的。四是要有协同创新的学习品格。协同是指与集体内的其他学习者建立起团结、和谐的内部关系，配合协作、互相补充，努力实现共同进步。创新就是要在前人的研究基础上，敢于批判怀疑，敢于提出一些新观点、新方法和新理论。创新是民族和国家发展的不竭动力，创新的重任也必定在一代代青年人身上传承，正如习近平同志所说："青年是社会上最富活力、最具创造性的群体，理应走在创新创造的前列。"因此，培养青年人的创新精神，具有重要且深远的现实价值。

就本书所探讨的社会主义核心价值观而言，优良学风看似与其并无关联，实则不然，这两者之间的精神实质具有很大的相通之处。社会主义核心价值观在公民个人层面倡导"爱国、敬业、诚信、友善"，这其实也是优良学风的价值追求。作为学生，要永怀"爱国"之心，树立远大崇高的学习目标；要"敬业"，抓好学习的本职工作，勤奋刻苦、勇攀高峰；要坚守做学问和做人的"诚信"，严谨求实，一切从实际出发，不弄虚作假；还要处理好与其他同学之间的关系，"友善"待人，共同成长、共同进步。由此可见，优良学风正是社会主义核心价值观在学习方面的具体体现，建设优良学风与培育社会主义核心价值观共同统一于现实的具体实践之中。

就高校而言，建设优良学风，需要做好以下几个方面的工作：

一是要加强对大学生的教育引导。首先，要加强和改进思想政治教育工作，广泛开展社会主义核心价值观的宣传教育，帮助大学生树立正确的世界观、人生观、价值观，建立起远大崇高的学习目标。其次，要加强专业认知教育，使大学生了解所学专业的特点、优势、培养目标、就业方向，坚定其对专业学习的信心，促使他们克服学习中的盲目性与自由散漫性。再次，要加强职业生涯规划教育，帮助大学生制定较为明确的人生目标，同时，还要使他们了解到就业市场的现实状况，适当地给他们增加一些外在压力，激发起其奋发学习的内在动力。最后，要密切关注考试不合格、留级、考试作弊、学习成绩大幅下降的学生，辅导员和专业教师要与这些学生多谈心、多交流，给他们想对策、出主意，帮助他们树立自信，重新回到勤奋学习的轨道上来，这也是补齐学风建设"短板"的应有措施。

二是要开展创建工程，引导大学生自我管理、自我教育。对于大学生而言，班级和寝室是学习与生活的最主要单位，班级和寝室学风的优劣对于大学生的个体发展具有重大的影响。因此，可以通过优良学风班级与文明寝室的创建工程，推动学风建设上水平、上台阶。优良学风班级的创建要在考风考纪、学习效果、常规管理、评奖评优等方面构建考核体系，通过创建和评选，发现和培育一批班级学风建设的典型，以点带面，逐步提升学校整体的学风水平。文明寝室的创建要以日常管理为基础，以学生自主的寝室文化建设为载体，将健康向上、品位高雅的优秀文化引入学生寝室，提升寝室文化水平，营造出温馨、健康、活泼、文明的生活氛围，陶冶大学生的情操，进而起到隐性的教育作用。

三是要加强纪律约束。要严抓课堂考勤，加强课堂管理，相关职能部门要组织专门队伍开展例行检查、突击检查，并定期进行通报，杜绝学生旷课、迟到、早退等行为，对学风起到保障与维护的作用。还要严正考风考纪，加强警示教育，做到提醒与监督并重，对有违纪行为的学生要予以严肃处理并开展批评教育。

四是要以校园文化活动为有效载体，丰富校园学术氛围。比如，可以以“挑战杯”“电子设计大赛”“数学建模”等全国性大学生科技活动为突破口，在校内设置预选赛，并划拨专项资金，对获奖的大学生予以奖励，对优秀的学术作品推荐其参加省级、国家级竞赛，以此引导大学生积极参与到学术研究与学科竞赛中来；还可以广泛组织读书品书活动，激发大学生求知阅读的兴趣，提升他们的阅读量，进而加强其自身修养。

优良学风的建设是一项长期性的基础工程，既无法一蹴而就，更不可能一劳永逸，它需要根据时代发展的变化而增加新的内容、采取新的方法，只有这样，学风建设才能不断焕发出新的活力，真正成为优秀人才培养的“助推器”。

3. 校风铸就大学精神

大学精神是一所大学的灵魂，也是一所大学的个性。大学精神是在大学的历史传统、学科特色和地域文化的基础上，由全校师生以及社会各界的校友所共同孕育生成的，是一种群体性意识，综合反映了全校师生与各界校友的品行、气度，也集中体现了一所大学独特、鲜明的办学理念，从中也可以观察出大学的追求与信念。

校风是一所学校所特有的占主导地位的行为习惯和群体风尚，是一种涵养心智和灵魂的特定的文化氛围和心理环境。[①] 校风是校园文化之魂的集中体现，是立校之本。优良的校风是培育优秀人才的重要保证，它能激发起学生奋发向上的内在动力，能够充分调动起他们在学习上的积极性与主动性，激励其不断获取广博的知识，矢志不渝地攀登科学高峰。此外，优良的校风也是提升教育质量的重要保障，是规范、引导、塑造师生员工精神活动和治校育人的有效渠道。全校师生团结奋进的精神风貌、昂扬的气概、进取的意识就是校风的重要体现，同时也是大学精神的彰显。所以说，校风铸就大学精神，通过加强对校风的整治与建设，能够进一步提振与强化大学精神。

大学作为教育单位，“教”与“学”是其最基本的行为方式，因而教风与学风也就成了大学校风的重要基础。整治和建设校风，必须先严抓教风、学风，这是提升校风的根本性措施。在上文中我们已经深入探讨了教风和学风的重要意义，并且总结概括了以社会主义核心价值观为遵循的教风与学风的建设路径，在此就不再赘述，继而略用篇幅探讨一些其他的有益方法。

培育优良校风、彰显大学精神，是一项“既务虚又务实”的工作。

“务虚”指的是要深入挖掘学校的历史传统，凝练出具有深厚文化底蕴的校训、校歌、校徽。这些都是一所大学的精神财富，是办学思想、办学精神、办学理想和优良传统的准确概括与生动表达，是统一全校思想、凝聚全校力量、实现办学目标的总纲领，也是一所大学面向现代化、面向世界、面向未来的无形品牌，在校园文化建设中发挥着至关重要的作用。值得说明的是，越是知名的大学，对这项工作就越是重视。仅以校训为例，纵观我国的知名学府，清华大学的校训是“自强不息，厚德载物”，北京大学的校训是“爱国、进步、民主、科学”，南京大学的校训是“诚朴雄伟，励学敦行”，复旦大学的校训是“博学而笃志，切问而近思”，山东大学的校训是“气有浩然，学无止境”，云南大学的校训是“立一等品格，求一等学识，成一等事业”，从这些校训中，我们就能够体会到这些大学的办学思想与精神追求，也能够感受到各个校园不同的文化底蕴和文化特色。通过对学校历史的深入挖掘，精心凝练出契合历史传统与时代特色的校训、校歌、校徽，并以此为

---

① 付宏渊．党风、校风、学风是大学的生命[N]．光明日报，2014-06-11(13)．

载体，陶冶一代又一代的师生，进而可以发挥统一思想、凝聚力量、鼓舞精神、规范行为、指导办学的积极作用。

“务实”指的是要在校园内创设出具体可见的情景条件。一方面，要注重学校的形象建设，形象代表了学校的文化品位与格调，是校园文化建设的主要内容之一，也是大学精神的重要体现。要着力塑造出具有个性特点的建筑与园林风格，正如当代著名教育家叶鹏所说：“整洁优美的校容，是潜移默化的管理力量。要让校园内的一水一石、一草一木都为育人开口说话。”校园内的建筑应有整体性的风格设计，新老建筑之间要和谐衬托、相得益彰，在同一个文化格调下展现出大学的历史厚重与现代发展。园林景观设计应体现大学特色，讲好“大学故事”，要形神兼备、意境深邃，使师生一踏进校园，就能感受到学校的美好，进而产生热爱学校的思想情感。另一方面，学校的大型活动要有庄重、严肃的仪式感，隆重的集会、热烈的鼓动、整齐的检阅、庄严的宣誓、动人的演说都是校风与大学精神的具体体现，能够给青年大学生留下深刻的印象，甚至使他们终生难忘，从而达到润物无声的教育效果。因此，要精心布置学校的每一处场景，精心设计学校的每一项大型活动，为培育优良校风、彰显大学精神创设必要的情景条件。

此外，在对大学生的教育过程中，还要注重校风的养成教育。可以通过校史校情讲座、校史展览、校庆、校友会等活动培育师生的集体荣誉感与自豪感，使他们牢固树立“学校意识”，自觉认同与维护优良校风，自觉接受与践行大学精神。还可通过唱校歌、穿校服、戴校徽等方式增强师生的身份认同，提升全校上下的凝聚力与战斗力。

一些高校还将校风与大学精神具体地总结出来，这也是一种值得推广的方法，如此一来，现实中的工作就有了方向。在总结凝练的过程中，一是要注重与学校的历史文化相契合，二是要注意与校训、校歌形成联动，增强整体的作用效果。

培育优良校风、彰显大学精神是社会主义先进文化在高校内的具体弘扬，可以为立德树人起到重要的支撑作用。而社会主义核心价值观正是先进文化的精髓所在，培育和弘扬社会主义核心价值观与大学立德树人的根本任务也是紧密联系在一起的。所以，校风与大学精神应当成为社会主义核心价值观在不同单位的具体体现，如同教风与学风建设一样，培育优良校风、彰显大学精神也要以社会主义核心价值观为遵循。各高校共同围绕社会主义核心价值观这个主题做大、做强、做细，就能够形成“文化合力”，进而为全社会的文化建设贡献出高等学府应有的作用，也能够进一步提升育人水平，将学生培养为符合社会需要的、能够承担起“中国梦”这一重要历史使命的优秀大学生。

三、以实践活动提升校园文化

实践是认识的来源和动力，实践出真知，没有实践就没有提升校园文化的路径，没有实践就没有提升校园文化的动力，一切校园文化建设成果的取得都是建立在实践的基础上的。

1. 校园文化建设重在“知行合一”

校园文化体现的是一所学校的凝聚力和向心力，需要我们营造一种浓烈的文化氛围，校园文化建设首先要注重的是“知行合一”。“知行合一”是明朝思想家王阳明最先提出的，体现的是中国古代哲学的智慧，强调的是“知”和“行”相辅相成、不可分离的关系。当代中国马克思主义在前人的基础上丰富发展了“知行合一”的思想，强调其主要是从实践到认识，再由认识到实践的过程，二者是辩证统一的。实践是认识的来源，而认识可以指导实践工作的顺利开展。所以，校园文化建设必须注重“知行合一”。

第一，校园文化建设重在精神上的共鸣，齐心协力、共同努力才能创造良好局面，大学精神是全体学校成员需要共同遵守的基本理念和行为准则，是校园文化的核心与灵魂，而这种精神中最重要的是“知行合一”。“知行合一”能够展现学校的鲜明个性，蕴含强大的规范功能，顺应学校成长的规律，指引科学发展的方法、途径。如燕山大学的大学精神始终贯穿着“知行合一”的理念，从校训上“厚德、博学、求是”就可以体现出来，“厚德”出自《周易》，“厚德”者宽容也，有宽容才有兼容，才有包容并蓄。一人者，厚德才能成大才；一校者，厚德才能成名校。“博学”出自《论语》，“君子博学于文”，博学才有知识，才有认识世界的基础。“求是”出自《汉书》，“务得事实，每求真是”，“求是”现引申为探求事物的规律性。

大学不仅仅要培养高等人才，更应在学术上、在科技上有创新，有作为，为祖国和人类的发展做出贡献。

第二，教学上的“知行合一”，教师为人师表，既要教书更要育人，必须具备丰富的知识和良好的师德，要在职业生涯中利用自己的言传身教教导学生，需要的是不断提高自己的职业准则和专业素养。

第三，学生在学习知识的基础上要注重实践。习近平同志说过：“要勤学，下得苦功夫，求得真学问。知识是树立核心价值观的重要基础。”人有知识，则有力矣。毛泽东同志说过：“你要有知识，你就得参加变革现实的实践。你要知道梨子的滋味，你就得变革梨子，亲自吃一吃。”列宁也曾说过：“理论在变为实践，理论由实践赋予活力，由实践来修正，由实践来检验。”所以，青年学生要非常注重“知行合一”，做好社会主义的建设者和接班人。

第四，从学校的制度和管理上，要更加注重顶层设计和制度的创新，改变服务观念、服务态度、服务能力和服务方式，更好地服务校园文化工作，加大校园文化工作建设力度。建立校园文化交流平台机制，对内交流，对外开放，科学发展，扩大校园文化的影响力，充分利用校园网、校园电视台、校园广播电台、校园报纸以及新媒体手段等多种平台，逐步增强校园文化建设，使校园文化深入人心。

2. 特色活动是校园建设的主要抓手

一校一特色，一校一亮点。特色活动对校园建设具有十分重要的意义。在符合校园主流价值观的基础上，特色活动的举办要结合每所学校及各学院的专业，制定真正符合实际、学生踊跃参与的特色活动，开展不同领域、不同专业的特色活动，当然，各学院之间也可以通力合作，共同举办，特色活动之间相互融合碰撞出新的火花，打造立体校园文化结构。

第一，推行特色思想教育实践活动，引导学生树立正确的价值观。营造浓厚的校园文化氛围，需要高度注重人文精神和良好校风、学风的培育和形成。特色校园活动要推陈出新，从主题、形式、元素等各个方面创新，通过学校带头，各级团委组织策划，以学生会、研究生会、学生社团为依托，推行特色思想教育实践活动，改变以往的单纯讲座形式的德育活动，比如以红色电影（摄影）展、特殊纪念日(如毛泽东诞辰)、知识竞赛、主题团日活动、宣讲活动、文艺汇演、青年事迹报告会、各项文明善行评比活动等生动新鲜的活动形式,采用互联网新媒体模式宣传,志愿者动员等方式,用社会主义核心价值观的优秀内容,潜移默化地熏陶、教育、引导学生,培育学生树立民族精神、时代精神,创新创造校园文化活动品牌,积极探索校园文化建设新形式、新内容,增强校园精神文化的时代感,另外要体现校园文化的个性化,结合本校校园文化建设的重点,达到对大学生思想教育的目的。

第二,鼓励科技创新活动开展,扶持学生创业实践。习近平同志强调"实施创新驱动发展战略决定着中华民族前途命运"。大众创业,万众创新,我国的发展越来越注重创新,在创新驱动的时代,要结合青年学生的特点,满足青年学生的需求,进一步推进学生科技创新活动和学科竞赛,营造浓郁的科研氛围,科研与实践相结合,发展特色学生科技活动。燕山大学以工科起家,历来注重培养学生科技创新的意识,校团委重点扶持学生参加和观摩高水平的国家级赛事,开阔视野,提升水平。以"大学生科技节"活动为引线,积极鼓励学生参加专业技能竞赛,比如机器人竞赛、"创青春"竞赛、全国大学生结构设计大赛、数学建模大赛、"世纪杯"课外学术科技作品竞赛、力学竞赛、汽模大赛、创业计划大赛等多学科、多层次、多领域的科技创新比赛,提高学生的参与意识和科研能力,通过实践推动理论进一步提升。

第三,积极举办文体类活动,营造校园积极向上、开放繁荣的艺术氛围。充分发挥各类型社团的力量和作用,结合自身实际,切实打造特色精品活动,制定长远发展战略,如:艺术学院或学校艺术社团可以以文艺演出为方向,首先开展艺术知识培训和名师讲堂,培养一批专业基本功扎实、技术力量突出的优秀技术精英。其次,创新活动的形式和结构,可以和中华民族传统文化以及本校优秀文化相融合,在品牌特色活动的建设中,不断注入新的活力,添加新的文化元素,实现传统与现代、立足自身与着眼长远的融合。最后,在创新上形成长效机制,在继承以往文体活动经验和教训的基础上,每次在节目或比赛形式、内容、结构、布局设置、宣传方式和途径、邀请嘉宾等方面不断进行探索和创新,保障特色精品活动的顺利开展,促进学生全面发展。

第四，鼓励学生深入基层，开展特色志愿服务活动。“知行合一”最好的方式之一就是鼓励学生真正走入社会，走向基层，了解大千世界，了解百姓喜怒哀乐，“没有调查就没有发言权”。深入开展大学生志愿服务活动，建立多种实践基地，打造学生志愿活动平台建设，可以与当地贫困乡村学校、农民工子弟学校联系，义务开展支教活动、心理辅导活动等；可以与周边社区、养老院联系，义务服务群众、照顾老人；可以与周边农村、企业联系，义务参加劳动、服务社会。这些志愿活动能为当地带去先进的科学文化知识，又能使学生长见识、涨经验、涨学识。让学生们不再只是从书本上学习，而是走出校园，走向社会，培养的是学生的志愿服务精神及社会意识。另外，学校还可以每年进行“感动校园”评选活动，为广大学子树立榜样，也向社会宣扬学校的优秀文化传统。

3. 以特色主题活动为载体创设思政第二课堂①

高校思想政治教育是针对青年大学生进行的思想育人、精神立人的一项系统工程，高校思想政治理论课是对大学生进行思想政治教育的主阵地和主渠道，也是大学生接受社会主义核心价值观教育的第一课堂。思想政治教育的价值属性、教育环境的新变化、受教育主体自身的新特点，都需要第一课堂向第二课堂延伸和拓展，需要第二课堂对第一课堂教学效果的夯实和内化，“两个课堂”有机结合方能发挥出高校思想政治理论课育人功能的合力。

（1）认识高校思想政治理论课第二课堂的教育功能

高校思想政治理论课第二课堂是相对于作为主渠道的课堂教学而言，并非专指哪一门具体的课程，而是指在思想政治理论课主渠道课堂教学环节以外的，由学生自愿参加的形式多样、内容丰富的教学活动总称。由于思想政治教育并非单纯的理论教育和知性教育，从其承担的教育使命来说，其价值教育、德性教育的特性尤为突出，而各具特色、形式多样、方式灵活的第二课堂教学活动，不但在思想政治理论课的辅助教学中具有极其重要的意义，而且其自身亦具有独特的思想政治教育功能，主要表现在：

---

① 本部分内容发表在《中国高等教育》2012(21)，作者：王新华，刘永志。

形式的多样性、丰富性拓展了思想政治教育的适应性。如果说思想政治理论课教学是一篇命题范文，那么以校园文化活动为载体的第二课堂则是一篇散文，其教学内容和形式可以多种多样，可依据各高校的校情和学生的实际情况以及校园文化的特点而定，无论是显性课程还是隐性课程，只要是有益于学生身心健康而且为学生喜闻乐见的活动形式，思想政治理论课第二课堂都可以容纳和渗透。

环节上的互动性、实践性提升了思想政治教育的主体性。较之第一课堂的理论性、灌输式的教学方式，第二课堂更加偏重于互动性、实践性，较好地形成学生与学生、学生与教师、学生与社会之间的多重互动，使不同角色、不同个性、不同需求的团队成员通过知识互通和思想交流产生心灵碰撞并获得相互促进。同时，第二课堂活动突出受教育者自我教育的作用和地位，学生自主性强，容易实现学生的满足感和成就感，学生既可以是活动的执行者，也可以是活动的设计者，有利于激发学生的能动性和创造性。

内容上的针对性、灵活性增强了思想政治教育的实效性。紧跟时事热点，紧贴学生思想实际，追求“心贴心、面对面、硬碰硬”是第二课堂在教学内容上的选择方向，教育者必须关注学生想得到什么，真正触动学生的内心世界。同时，由于第二课堂是由各学有专长的教师组成的教学团队承担，可以因事设题，主动而灵活地进行主题和形式的选择以及必要的临时性的切换和调整。

(2) 实施高校思想政治理论课第二课堂的工作机制

为加强对大学生的思想政治教育工作，使社会主义核心价值体系入脑入心，燕山大学开设了以“红色旋律”讲坛为主的第二课堂活动。该活动以“高举中国特色社会主义伟大旗帜，传播宣讲马克思主义，反对多元化，弘扬主旋律，占领主阵地”为宗旨，坚持立场鲜明，客观公正，科学性与思想性的统一；直面尖锐、热点问题，与学生心贴心、面对面、硬碰硬进行思想和情感交流。开设“红色旋律”系列活动，其中教师“讲坛”是活动的主要形式。“讲坛”结合思想政治理论课教学，对于学生直接关心但课堂上限于教学大纲与教学计划的要求难以拿出整块时间讲解的热点、难点问题，由在该领域有较深造诣的教师进行专题讲解，同时现场回答学生提出的问题。从该活动开展的情况来看，师生参与度高，反响热烈，取得了相当好的实效。根据我们的实践，在第二课堂的开设和运行上，应着眼构建以下三个方面的工作机制：

明确主题引导，优化前瞻设计。我们在第二课堂的创设和运行上，始终坚持以社会主义核心价值体系为指引，扩大马克思主义以及社会主义主流意识形态的影响，掌握意识形态领域的主动权、主导权、话语权。“红色旋律”以强烈的思想性教育引导学生，以严谨的科学性征服调动学生，力求“以科学的理论武装人，以正确的舆论引导人，以高尚的精神塑造人，以优秀的作品鼓舞人”，第二课堂追求“形散而神不散 ”，形式追求多样 ，但主题和主线却渗透其中，“红色旋律”的“红色”主题凸显此项活动的寓意和追求，即高举中国特色社会主义旗帜，弘扬社会主义核心价值观。通过时代化、大众化的表现形式和为青年大学生所喜闻乐见的语言形式，去为学生们解疑释惑、启迪智慧、陶冶情感、树立信念，去展现和渗透主旋律的内容和要求。

树立精品意识，注重成果凝结。在“红色旋律”讲坛和论坛活动中，我们坚持优选每期主题，紧贴学生思想实际，紧贴当前时事热点；优选主讲教师，由一些学有所长、在学生中知名度和教学口碑较好的教师担任，包括省、校级教学名师；优化活动环境，创设“红色旋律”活动的独特文化标识、文化衫，以及活动现场的多媒体展示等，营造红色的主题氛围，发挥环境育人的优势，并聘请专业的录像师将录像制作成片，上传到马克思主义学院自主建立的“红色旋律”网站，以供学生观摩学习、教师间相互观摩学习，真正做到师生共进、教学相长。在“红色旋律”网站中，我们搭建了师生互动网络平台、诸如 QQ 群、思政在线、红色信箱等栏目，以供师生就活动主题和形式进行互动，倾听学生意见和建议，精益求精地搞好每项活动。

扎实稳步推进，构建长效机制。为保证该项活动的持续有效开展，在创设之初，学校和学院就树立了长远眼光，明确了长效意识。择优重点突破。在创办“红色旋律”系列活动中，我们采取循序渐进的方式，有重点、有区别地进行活动内容和形式以及进度的选择，杜绝一哄而上、一股子热情而后劲不足的弊端。科学设计课程。通过在第一课堂调查以及精品课程网站的师生互动，选取切合学生思想实际和心理特点主题和内容，同时根据活动的阶段进程和实效情况主动灵活地进行调适，最终形成关于活动开展的基本程序、框架和制度。活动创办之初，我们就提请学校党委及相关部门，把构建工作机制纳入学校思想政治教育和党建工作的视野，争取到了相应的政策和经费支持。在活动开展的过程中，学校、学院、主管负责人、相关参与教师就活动开设过程中出现的相关问题进行协商沟通，群策群力，使得该项工作开局良好，成效明显。

（3）创设高校思想政治理论课第二课堂的实践感悟

创设以特色主题活动为载体的第二课堂的基本原则在于良好的前瞻意识和课程设计，通过创设具有特色、形式多样的校园文化活动开展思想政治理论课第二课堂教育教学，把寓教于乐和寓乐于教结合，通过学生参与、师生互动，使学生感受到主旋律的感染力和魅力，从中获得感悟、启示、共鸣、认同，收到“乐在其中，教在其中”的良效。

形散神不散，服务主旋律。胡锦涛同志在党的十七大报告中强调：“切实把社会主义核心价值体系融入国民教育和精神文明建设全过程，转化为人民的自觉追求。积极探索用社会主义核心价值体系引领社会思潮的有效途径，主动做好意识形态工作。”这是新时期党的宣传思想工作的指导方针，同时也是各高校创设思想政治理论课第二课堂的主题思想和活动宗旨，在第二课堂活动设计上应围绕着服务主旋律做文章，以提升学生的思想政治素质为着眼点。无论是显性课程还是隐性课程，就当前的形势而言，都应以社会主义核心价值体系的基本要求，以紧贴学生思想实际和心理特点的课程内容和形式，引导学生自觉树立以马克思主义的指导思想、中国特色社会主义的共同理想、爱国主义为核心的民族精神和以改革创新为核心的时代精神，以社会主义荣辱观为主要的努力方向。应摒弃那种为活动而活动，偏离主旋律要求，过分娱乐化、形式化、表面化的课程设计，积极探索兼具科学性、思想性、时代性、大众性的课程内容和形式。

科学合理定位“两个课堂”的关系。以现有4门主干课程为主体的“第一课堂”教学是各高校对大学生进行思想政治教育的主要渠道和载体，而“第二课堂”的创设，其活动范围、频率、工作投入等方面应有必要的限度，否则第二课堂资源投入过多，一方面会增加教师的额外工作量负担，另一方面有可能干扰、降低第一课堂教学实效，造成学生对课堂教学规范性学习的偏见。因此，应科学合理地定位两个课堂之间的关系。我们认为,第二课堂不可或缺,但不能越俎代庖,其作用和角色应是第一课堂的重要的有益的补充和辅助:补充第一课堂教学中的某些不足,诸如感性素材少,实践性、互动性不足等;辅助第一课堂学生的课下自主学习、课外拓展学习以及师生互动学习等,进一步强化和优化第一课堂教学的综合实效性。

着眼长效,重点选择,突出特色。可持续性不高可以说是当前高校思想政治理论课第二课堂创设运行中普遍存在的弊端,某些高校的第二课堂呈现短期效应,主要表现在:贪大求全,重点不突出,活动形式开设了很多,一哄而上,一股子热情,之后便淡化、淡出、淡忘,在择优选择、重点突破,突出特色上做的工作不够;创设之初缺乏科学设计,长远眼光,某些第二课堂在教学内容和形式上的设置不合理,无法切合学生思想实际和心理特点,导致师生参与度不高,又不愿意主动灵活调适,造成师生的双重疲劳,无法维系;缺少保障第二课堂活动持续进行的长效机制。第二课堂的成功开设和有效开展是一项系统工程,需要学校和主办单位的齐抓共管,需要学校的政策支持、经费保障、激励机制,以及对学生的思想和课程评定上作相应变革。因此,在第二课堂开设之初,就应明确精品意识,特色意识,长远意识,在具体的实行过程中,依据其实效进行有针对性的调整,把原则性和灵活性结合起来,真正形成促使第二课堂持续有效开展的良好机制。

4. 发挥项目运作模式在校园文化建设中的应用

项目化管理,通常是指管理者在有限的资源约束下,运用系统的观点、方法和理论,对项目涉及的全部工作进行有效的管理。具体来说就是从项目的投资决策到项目结束的全过程进行计划、组织、指挥、协调、控制和评价,以实现项目的目标。[①] 项目管理有以下几个特征:综合管理性,高效性,合作性强。项目中的许多工作通常有很少或根本没有经验,在执行过程中会遇到很多不确定性的因素,所以需要从各个领域多个部门、组织抽调相关人员共同协调完成项目,所以

① 张科,佘万斌.高校校园文化活动项目化管理的实践与探索[J].学校党建与思想教育,2009(20):82-83.

项目组成的人员比较复杂。项目在实施过程中会遇到一定的风险和各种各样的困难，因此在完成复杂项目的时候就需要项目组团队有一定的创造性，综合运用现代科技成果，取长补短，在有限的资源下，快速高效地完成任务。项目实施过程中会涉及许多不同的部门，当出现问题时，不同的部门必须快速做出反应。因此项目组就需要得到高层领导的支持，获取更高的管理权限，独立运营此项目，以更好地解决不同部门之间的沟通问题。

当前，校园文化建设普遍存在的问题有：

第一，对校园文化活动安排规划不充分。许多高校把校园文化的建设当成是一种短期性的、突击性的任务来完成，而较少把这些文化活动放入学校的长远规划当中，这就导致了校园文化的建设缺乏长远规划和系统性，从而使得校园文化建设在高校人才培养方面的作用进一步削弱。

第二，组织与资源配置不合理。许多高校将校园文化建设跟高校的专业设置、课程开设、师资配备等分离，而不是将校园文化放在整个高校的人才培养和提升办学质量的大背景下，因此，校园文化建设的效应很难体现出来。

第三，校园文化建设的管理水平与素质不高。很多高校在教学管理、学生管理以及校园管理等许多方面的水平和层次都比较低。主要体现在如下两方面：一是在制定内部的管理制度时，存在着非常严重的急功近利、照搬套用、缺乏创新活力等问题；二是在执行外部的法律法规或者上级部门的政策时，存在着非常或简单粗暴或歪曲变形的严重问题。高校在管理方面的这些问题会渗透到校园文化的各个方面，严重影响了校园文化的建设发展。

第四，活动缺乏人文精神。人文精神应该是高校校园文化中最核心的本质，目前大部分的高校中，不管是高校的管理者还是教师和学生，在他们的思想、知识和体系当中，人文精神的观念都比较欠缺。不少高校在对学生的管理当中更多的是强调刻板的集体规范；学生在学习文化知识、提升自身综合素质的时候带有非常浓厚的功利主义色彩，完全缺乏探索真理、实现自我的精神。

校园文化建设实行项目运作模式有以下几点好处：有利于实现资源优化配置；有利于对校园文化活动进行组织、协调和控制；有利于更好地实现育人目标。校园文化活动的开展需要以丰富的资源为前提，而项目化管理的优势在于一方面可以走出学校，通过宣传对接，向社会资源寻求帮助，并对校内外资源加以整合；另一方面，严格按照项目的需求对所需人才进行招募，明确分工、责任落实到人，全面实现人才资源的优化配置。项目化管理可与网络相结合，应用管理信息系统科学管理；有助于学生组织提高凝聚力，方便建立起一支高素质、能动性强、组织能力强的队伍。将校园文化活动当作一个个项目来实施，可以激发学生参与活动、组织活动的热情，在大众创业、万众创新的背景下给学生创建一个自我创造、自我发展的平台，提高学生的实践能力。

一般来说，校园文化活动采用项目化管理模式分为四个阶段——计划、立项、实施、收尾。在校园文化的管理中，只有将每一步切实落到位，求真务实，才能真正地规范好校园文化活动，促进校园文化活动的顺利开展。项目化管理不应局限于对校园文化建设的实践探索，其自身如何在文化建设过程中实现科学适用及完善，也应受到足够重视，从而更好地推动高校校园文化建设的突破与发展。项目化管理模式在校园文化建设中的应用拓展有以下几种形式：

第一，项目化管理与网络信息化的结合。通过校园网开展校园文化活动，已经成为新时代推动校园文化建设的重要手段，为了更好地建设校园文化，可以通过校园网的开发和建设来开展各种各样、积极向上的网上校园文化活动。通过正确、丰富和生动的校园网络信息来引导和规范学生的网络行为，利用校园网来引导大学生的价值观、世界观、人生观和道德观。在校园文化建设活动的项目化管理过程中，项目的发布需要依靠一个快捷、及时、可靠的平台，项目的答辩以及相关信息也需要公平、公开、公正地向师生公布，而这些都需要校园的网络平台来支撑。网络平台和校园文化的项目化管理二者相融合，既可以提高校园文化活动的效率，同时也可以减少管理人员的成本。

第二，项目化管理与综合测评体系的结合。对校园文化活动进行项目化的管理，其最终的目的是提升校园文化的建设。所以，项目管理既要在资源配置上发挥作用，又要在提高学生参与校园文化活动的积极性上发挥作用。而要想调动学生的参与积极性，建立长期的、健全的激励机制是必不可少的。因此将校园文化活动项目管理与学生的综合测评结合起来，能充分地调动学生参与校园文化的积极性。根据项目管理的目标管理，校园文化活动应该有一个总的目标，然后通过上下级讨论协商对总目标进行层层分解，然后将分解的子目标分配给一些项目小组，把每个目标细为具体的工作任务，并且把工作任务作为考核的依据。将项目管理的总目标、分目标、具体工作任务的实施作为校园文化活动动态考核的依据，可以建立一个完善的综合测评体系，应用到校园文化活动当中。通过对学生的考核和测评，鼓励和激励学生积极加入到校园文化活动的建设当中来。

第三，项目化管理与活动组织的结合。校园文化建设其本质是文化活动。通过校园文化活动的项目化运作，可以使一些校园文化活动越来越规范，运作也越来越高效。良好运作的校园文化活动项目一方面可以增强大学生的凝聚力，提高大学生的团队合作意识；另一方面，会吸引一些有共同爱好的学生走到一起形成丰富多彩的大学生社团组织，使之成为校园文化建设的重要力量。

第四，项目化管理与学生管理工作的结合。校园文化活动项目化管理模式成功实施后，可以将项目管理的理论、方法和工具推广运用到校园管理的其他方面，比如学生管理工作和校园安全工作上。在一些大型的校园活动比如迎新生、元旦晚会、毕业典礼等活动上，可以面向全校师生进行项目招标，各个班级、社团等组织可以通过竞标的形式成为项目的组织者，从而在组织项目的过程中不断锻炼自我、提升能力。

5. 立足校内资源创设实践教学新模式[①]

思想政治理论课是“知行合一”的情感教育课程，教师在教学环节设计过程中，除了基本理论必须讲准、讲清、讲透之外，学生在教学过程中切身的情感体验以及直接参与的道德实践过程是整个教学体系的重要组成部分。教育部思想政治理论课“05 方案”明确规定：本科生要有不低于 2 学分的实践教学。然而，面对的学生人数众多，可提供给学生的实践资源相对匮乏，“走出去”的社会实践面临着资金、交通住宿、场地限制、教师不足、安全保障等诸多困难，在实施过程中，各校实践教学普遍存在着“一只鼠标、一个晚上、一篇论文”的形式主义、简单化，以

① 本部分内容发表在《教学研究》2013(4)：32-35，作者：王新华。

及“一个小队、一次参观、一份总结”的精英化、小圈子化、学生参与机会不均等突出问题。这种状况不仅有悖于开展思政课实践教学的初衷，使教学实效性难以体现，在一定层面还可能助长学生中的弄虚作假、欺上瞒下之风，与思政课的教学宗旨南辕北辙。同时，由于学生参与机会的不平等，有违教育公平原则，在学生中也会造成不良的影响。

因此，在教材、大纲都有教育部刚性规定的情况下，思政课实践教学能否抓出成效，能否在现有条件下立足校内资源，建立学生全员参与、全体覆盖、全部受益的思政课教学模式，是思想政治理论课教学改革的一项紧迫任务。

这种教学模式创建的基本理念是：

第一，立足校内，为学生提供丰富的实践教学资源。走出校门、直接进行感性接触的思政课社会实践固然重要，但由于经费、场地、交通、住宿、安全条件等等限制，学生走出去的机会毕竟有限。如果能够在校内找寻相应的资源，让学生“足不出户”，随时随地就能够得到同样的情感体验，则更具有现实可行性。因此，探索立足校内，通过校内资源的有效利用而达到情感体验、道德实践的效果是我们改革的基本方向。

第二，全员参与，全体受益，营造全体学生公平享受教育资源氛围。传递正能量，以各种形式对学生进行向上向善的积极的正面的教育与引导是思政课教学的基本目标。面对当今一些领域存在的社会不公、正义缺失，我们不仅要从理论上去唾弃和鞭挞，更要用教育实施过程本身去纠偏，让教育过程本身成为追求社会公平正义的典范。因此，避免教育资源占有的精英化、小圈子化，让每一个学生公平享受教育资源，是我们进行改革的目的与初衷。

第三，以教学理念、教学模式的创新为改革重点。实效性是思想政治理论课教学的生命。教育教学的改革归根到底还是教育思想的转变与教学内容、教学手段的更新。思想政治理论课要解决的是学生内心深处的思想问题，教师能否真正走进学生的内心世界，真正了解学生的所思所想，真正回答学生关心的实际问题，直接关系到思想政治理论课的教学实效性。为此，只有与学生“心贴心”“面对面”，甚至“硬碰硬”地进行交流，才能真正为学生释疑解惑，才能真正让思政课成为学生“真正喜爱、终生受益”的课程。教学理念、教学模式的创新是改革的灵魂。

第四，将学生培养与教师队伍奉献精神的培育相结合。教改的问题，关键还在教师。思想政治理论课教师的职业态度、精神风貌、世界观、人生观、价值观，对于学生来说，就是最生动、最直观的课堂。因此，教学改革不仅要解决学生真学、真懂、真信的问题，更要把教师队伍的建设与学生教育结合起来，让教师不仅以自己的学识、观点影响、打动学生，更以自己的奉献精神、敬业态度、奋发有为的职业状态感动学生。改革不仅体现“一切为了学生”的宗旨，而且立足于教师队伍奉献精神的培养和业务素质的提升。

这种实践教学模式的基本特征是：

第一，复合设计，个性选择。课堂内外、现实社会、虚拟空间……多种形式，多个场合，多种元素为学生提供自由选择、自觉参与、自主接受的个性化受教育方式 。为崇尚个性的大学生提供了选择的机会，满足了他们求新、求异的心理需求，这是它能够得到热捧的重要原因。

第二，教师主导，学生主体。教学改革过程中，教师的主导地位永远不可替代。他们的信仰、追求、人生观、价值观、知识储备、沟通方式，始终会对学生产生长久性的影响。而教学改革的最终效果，又直接取决于学生对于改革的认同程度。发挥学生的主体性作用，使他们不仅是改革的被动接受者，而且是改革的参与者、推动者，是改革的直接动力，是改革成果的直接受益者。只有这样的改革才能得到学生认同，才不至于成为少数教师和教育主管部门的“一厢情愿”。

第三，全员参与，人人受益。从教育公平的角度，让每一名学生都有平等享受教育资源的机会是我们教育教学改革的基本原则。从课程建设的角度，只有让学生有全员参与的机会，教师才能为每一名学生进行考核。只有每一名学生都享受教育的过程，才能确保学生人人受益。让所有学生参与其中，避免了大学社会实践活动中普遍存在的只有学生干部等少数人才有机会参加活动的“精英化”的弊端，在一定层面上推动了教育公平。

第四，知行合一，科学考评。思想政治教育是情感体验过程，知识的掌握只是教育环节的一个组成部分，让学生在教学过程中体验情感的激荡，真正在内心深入产生对理论知识、人物事件的情感，进而影响他们的行为选择，使其能够主动地弃恶从善、追求美好，才是思想政治理论课教学的主要目标。将知识内化到情感体验中，让情感在知识的渗入中得到培育，让美好的道德情操在实践中得到升华。

第五，三维扩展，持续发展。高校思想政治教育、思想政治理论课教学和校园文化建设三者从根本上说应该都服务于大学生全面发展，为中国特色社会主义事业培养合格人才这一目标。但具体讲，三者的目标与实现路径又不尽相同。思想政治教育强调的是多样化的教育主体（社会或社会群体）用一定的思想观念、政治观点、道德规范，对学生施加有目的、有计划、有组织的影响，使他们形成符合社会所要求的思想品德的社会实践活动。思想政治理论课教学则是大学生在思政课教师指导下，通过系统的理论知识学习和对实际生活的直接参与和体验（实践教学），使学生主观世界得到提升，主体能力得到优化的过程。校园文化则是依托特定载体，包括学校观念、行为、制度、环境在内的系统，对生活在其中的学生产生潜移默化的影响。

第六，七个结合，提升实效。“七个结合”是：理论学习与实践体验、课程建设和校园文化建设、第一课堂和第二课堂、教学内容和教学形式、教师主导和学生主体、课程教学与网络供给、教师队伍建设和学生马克思主义社团发展的结合，提升了教育的实效性，基本实现让学生“真心喜爱，终身受益”的目标。

这种实践教学模式创新体现在：

一是构建以实践教学改革为突破点、以培养学生情感为目标的高校思政课教学新体系。思政课面临困境由来已久，问题的症结在哪里？人们见仁见智。如何突破困境，大家也是各显神通。思政课改革并非“无路可走”，关键是如何开辟“新路”。以学生直接参与的情感体验为基础，以实践教学的改革为突破点，为思政课走出困境，培育新的教学理念，构建新的教学模式提供了思路。

二是探索“立足校内、教师主导、学生主体、复合设计、个性选择、全员受益”思政课实践教学新模式。作为教学经验与理论之间一种可操作的知识系统，教学模式可以看作是在一定的教学思想（理论）指导下建立起来的教学活动的基本构架和程序，应该由理论依据、教学目标、操作程序、实现条件、教学评价等要素构成。以“参与”“平等”“创新”为基本理念，以提升教学实效性为目标，通过校内资源供给，制定教师主导、学生主体、复合设计、个性选择的操作程序，探索思想政治理论课教学改革的新模式。

三是构建以实践教学改革为抓手的高校思想政治理论课教师奉献精神、职业素养、教学能力多维度提升的教师队伍建设新机制。职业与事业的结合，知识与信仰的统一，是思想政治理论课教师的基本职业要求。思政课教师之所以实行"准入"制度，对其学历（硕士以上学位）与政治信仰（新教师应为中共党员）同时提出要求，正是基于这一点。思政课教师的言与行，他们对马克思主义和中国特色社会主义理论的信仰程度，他们的德行与善举，本身就是生动的思想政治教育课。师生大家在相互学习中提高，既提升了自己的业务能力，又培育了团结互助的集体主义精神。教师们用自己的行动践行着社会主义的道德规范，向学生展示着思想教育工作者的人格魅力和敬业精神。

四是形成了高校思想政治理论课实践教学实现可持续发展的长效动力。实践教学的开展是一项长期性的工作，需要有持久支撑的动力。立足校内资源，提供网络资源供给，本身就是立足长远的举措。让学生真正重视，真心参与，真切感悟，学生的认同与参与是活动开展的基础。而教师奉献精神的培育，优秀的团队氛围是实践教学得以持续进行的基本动力。

四、唱响校园网络主旋律

1. 网络时代的校园文化生态

人文"生态化"的出现，使得"生态"一词延伸到了人文社会科学领域，使文化也有了生态了特征，大学校园人才济济、思想碰撞激烈，文化的"生命体"与它生存的环境相互影响，相互制约。大学是文化传承、文化创新、文化创造的摇篮，校园文化生态系统由大学校园的物质文化、精神文化、制度文化等子系统构成。近几年对大学校园文化生态化的研究日趋增加，如何构建大学校园的文化生态，使学校的教育功能、文化功能、生态功能能够潜移默化地发挥作用，对引导大学生文化价值观念养成，建设和谐、文明、节约的校园具有重要作用。

网络化对校园文化生态的影响。

首先，网络时代的到来，给人类带来了新的技术革命，方便了人们的生活工作，也缩短了人与人之间的距离，它为人类社会带来了巨大的改变，推动了人类社会向前迈进一大步。其次，网络时代的到来，也有一定的负面效应。不法分子利用其传播速度快、辐射范围广、信息不真实的特点，宣扬负面价值观，导致部分高校大学生出现网瘾、网络暴力等不良状况，甚至扩展到现实领域。具体表现为：

第一，思维方式异化，大学生价值观念发生偏离。网络负面价值观大量存在于高校校园，网络上很多黄色信息、黑色信息、网游的暴力信息等使一部分学生的注意力被网络吸引，网络社会的价值逐步影响校园的主流价值观，大学校园的思想政治教育功能被逐渐淡化。另外，西方价值观念的传播通过互联网更为迅速和方便，不法分子、西方敌对势力等宣扬的不正确的价值观很容易影响、误导青年学生，使得他们的价值观念偏离，形成不正确的人生观、价值观。

第二，行为方式异化，大学生行为方式发生变化。大学校园本应是学习的天地、交流知识的海洋，网络化的发展却改变了大学生的行为方式，影响了大学生的思维方式和交往模式。中国民调机构零点调查 23 日发布的一项调查报告显示，大学生互联网使用率已经接近 100%。[①] 说明大学生获取信息的途径绝大部分取决于互联网，然而当网络占据大学生们所有的课余时间甚至课上时间也被剥夺的时候，现实的人际关系被淡化，导致人际关系危机、行为方式被异化、休闲娱乐方式被异化，严重的甚至会造成网络成瘾，疏离身边人，学业荒废。

习近平总书记在全国宣传思想工作会议上指出，在网络化、全球化的时代，要以改革创新的精神推进工作，增强主动性、掌握话语权，推动文化走出去、提高文化软实力。其中核心部分就是加强意识形态工作，弘扬主旋律、传播正能量。[②] 所以构建校园文化生态有着十分重要的现实意义，是弘扬主旋律和正能量的基础，是实现大学生全面发展的途径，是和谐校园建设的需要，是教育事业的保障。

---

① 丁栋. 调查显示移动互联网增长强劲，有赶超 PC 互联网之势[EB/OL]. (2015-03-23) http://it.chinanews.com/it/2015/03-23/7151833.shtml.

② 马利. 做好网上舆论工作的时代指引——深入学习贯彻习近平同志在全国宣传思想工作会议上的重要讲话精神[N]. 人民日报，2013-11-27(7).

网络时代的校园生态文化构建路径：

第一，精神层面的校园生态文化构建。教育是中华民族振兴和社会进步的基石，大学的教育与大学精神、大学文化氛围息息相关。校园精神文化建设包括校风、教风、学风、校园人际关系、校园师生精神面貌等。要塑造良好的校风，使全体成员感受到其强烈的号召力和动力作用；教师人才队伍的培养对学校的发展至关重要，教师要做好教书育人、管理育人、服务育人的重要工作，进一步提高自己的专业知识水平、理论水平、技能素质等，使全校养成积极向上的良好教风；学风在学生长期的学习过程中养成，学校对学生的培养要完善、要全面、要培养的是全面发展的社会主义接班人，养成良好的学风，加强人文教育，提升学生人文素养，以社会主义核心价值观为核心，培养学生的爱国主义情怀、创新精神、实践精神等，弘扬主旋律、宣传正能量。健康和谐、积极向上的校园精神文化更有利于学生的成长成才。另外，要形成全校主体之间的完美配合和良好沟通模式，使得学校发挥整体效应，达到一加一大于二的效果。

第二，物质层面的校园生态文化构建。物质是基础，校园生态文化的构建离不开物质层面的支撑。学校是育人的场所，为教育教学提供物质条件，创造人文精神气息，校园的环境、建筑、设施及人文气息，构成了一所校园展示给外界的画卷，优美的环境氛围、适宜的建筑风格、完善的配套设施、浓厚的人文气息以及特色的校园标志等能够为校园文化的积淀起到"润物细无声"的效果。

第三，制度层面的校园生态文化构建。大学校园的制度管理是校园生态文化构建的保障。要在符合校园发展规律的基础上，创新管理制度与模式，以人为本，构建一个权责明确、规章完善、管理高效、科学合理的校园文化生态制度系统，体现科学化、规范化、合理化、制度化的校园生态文化系统，既满足全校师生的要求，又符合事物发展规律。

2. 新媒体与校园文化的传播路径

当前我国经济社会正在发生深刻变化，深入实施创新驱动的战略，互联网高速发展，大数据、云计算、物联网广泛应用，"众媒时代"已经到来，诸多传统媒体开始向新媒体转型，很多信息在第一时间就能够做好传播，充分体现了新媒体时代的特点和优势。但是，校报、校园电视台和校园网站新闻等传统的校园媒体的作用和影响依然不可忽视，最好的办法是使传统媒体和新媒体相融合、相重叠，校园舆论的引导作用才能发挥到最大，促进校园全媒体格局的形成。

第一，校园主流文化具体化，利用新媒体传播正能量，弘扬主旋律。

习近平同志曾发表讲话《青年要自觉践行社会主义核心价值观》。胡锦涛同志曾指出，一个有远见的民族，总是把关注的目光投向青年；一个有远见的政党，总是把青年看作推动历史发展和社会前进的力量。要使青年学生更好地践行社会主义核心价值观，大学精神的引领作用是必不可少的；要使大学精神、校园文化与内在的主流文化价值相融合，校园文化的宣传作用是十分重要的。

一要把主流文化的价值具体化，使之成为具体的文化标识、宣传符号、活动设计等。如校训和校标是一所学校对外宣传的文化名片，是学校办学理念、治学精神的体现，也是学校精神的核心和校园文化的灵魂，是全体师生需共同遵守的行为准则。通过对校训、教风、学风的内容提炼，既体现学校教育的目标，又便于新媒体的传播，增强主流文化语言的吸引力。二是要搭建具体的校园文化活动平台，使青年学生增强参与感、获得感。如开展红色教育讲座、主题团日活动、文化政策宣讲等方式，让马克思主义中国化的最新成果更好地走进学生；通过社会实践、大学生科技节、大学生艺术节等活动培养学生的创新精神、实践能力、责任意识；开展高雅艺术进校园活动，使戏剧、音乐等高雅艺术开拓学生视野、提升艺术素养。三是把校园主流文化与具体教学科研相链接，使教学的资金、课程等项目与学生文化实践活动相联系。而这些具体的活动都是可以充分利用新媒体技术进行前期宣传、活动记录、后期讨论以及总结学习之用，利用新媒体传播正能量，弘扬主旋律。

第二，以校园传统媒体为媒介，借助新媒体形式与大学校园文化进行互动。

校园文化通过学校官网的窗口展示出来，可以更好地让人们感受学校的办学特色、校容校貌、师生互动，了解校园的教育理念、校园风光、文化精神。由于传统媒体的导向性强、公信度高，所以各高校建立综合性的学校官网十分必要，在保持传统媒体特点的同时，采用学生容易接受的方式传播校园主流文化。可以运用新媒体的技术，如微博、微信等形式与学生互动；还可以在新媒体中植入传统媒体的主流价值和宣传方式，如开通校园公众号，定期推送校园重要新闻、学子风采、就业信息等内容，又如可以开通红色教育讲座微博账号，对每次讲座后的视频精彩片段和照片进行上传，利用微博平台对学生还未解决的问题给予回答。通过新媒体的手段和学生加强互动和讨论，把学生最关心的热点、难点问题通过新媒体手段进行倾听和回应，构建一个更加贴近学生、更好地服务学生的综合媒体平台。

另外，许多学校通过楼宇电视、LED显示屏设备播放校园新闻等信息，然而设置的场所有限、播放的资源有限，能够观看到、有耐心观看的学生占少数，所以可以适当拓展楼宇电视、LED显示屏的播放范围和播放内容，既有国家的政策宣讲，又有校园的实地采访，通过多层次、多角度的内容和形式上的创新传递校园消息，潜移默化中影响广大学子。

第三，以手机等新媒体宣传模式为亮点，更好地弘扬正能量。“不日新者必日退。”手机是现代文明社会的人类必不可少的便捷通信工具，它不仅仅限于基本的通话、短信等功能，而是成为一种可以传递信息、交流信息的全方位和多功能的新媒体，“作为一种可以将移动中的人群联系起来的新兴媒体，手机正以空前的速度发展着。手机媒体以其便携性、隐私性与贴身性，及高度的个性化让拥有手机的人都成为电子人，无时无刻不通过手机与外界联系，完成人际交流、移动信息和无线娱乐等一切功能，手机媒体给人类带来了全新的生活方式”[①]。

许多大学校园开始建立“掌上校园”，创建移动客户端、APP，如厦门大学推出“i厦大”手机客户端，许多大学也开始进入校园手机“微时代”，利用新媒体浪潮的到来，搭建学校、教师、学生在工作、学习、生活和情感交流上的平台，让学生能够及时关注社会热点、校园动态等最新、最权威的信息，形成校园舆论的新阵地和先进文化传播的新平台。这体现的是生活的改善、时代的进步、科技的创新，让学生以更直接的方式、更广泛的参与与校园融为一体，让校园文化、让社会主义核心价值观的传播更加具体和生动。另外，通过校园微时代、“掌上校园”进一步推进学校的各项管理制度的创新，不能仅停留在传统媒体时代，所有信息都

---

① 陈先红，何舟. 新媒体与公共关系研究[M]. 武汉：武汉大学出版社，2009：356.

要共享，让校园文化在网络的虚拟空间和现实存在之间无缝切换，更为有效地提升参与人群的传播意识和文化意识，从而提升整个社会的文明程度和社会成员的整体素质。

第四，加强对新媒体的引导和监督，增强学生网络道德意识。

新媒体属于新兴事物，必然存在一些不足之处，这就要求学校在开展新媒体文化建设的同时坚持放管结合，优化服务。既要发挥新媒体宣传主流文化价值的积极作用，又要防止有害信息的影响，同时还能发挥新媒体的既有优势。

一是管理队伍和管理机制的建立与完善。对于新媒体平台的管理，需要选拔具备思想素质和技术手段兼备的优秀学生建设管理平台队伍，让新媒体的传播既不落后于现实，又能宣传优秀文化，还能贴近学生、群众。对于网络参与群体的队伍，需要优秀学生组织组成，在学校各类网络网站发表积极的言论，促使网络言论与主流价值观融合，引导形成积极的网络舆论导向。

建立并完善专门的校园管理机制，要充分地关注青年大学生在网络上的各种诉求，对于他们在学习、生活、工作、思想上存在各方面的困难和错误及时予以解决，拓宽解决学生问题的方式和途径，同时在网络上增加主流声音、主流文化的话语权，引导学生对于主流价值的肯定和认同。

二是技术方面的提升和完善。学校可以发挥自身的人才技术优势或结合其他高校经验及社会组织帮助，建立新媒体研究技术中心，一方面可以吸引有兴趣的学生参与其中，在实践中促进学习；另一方面可以提升新媒体的操作、宣传技能，开发引用新媒体检测设备，防止不正当方式的破坏或被消极的、腐朽的信息诱导。与社会媒体、网络运营商启动合作，建设一套完善的新媒体合作机制，解决新媒体技术创新等方面的问题。

三是学生网络道德的培养和网络法律意识的提升。作为青年人，通过学习都能够很好地使用新媒体技术，但是网络道德的培养和网络法律意识的提升十分必要。应当把国家的主流价值、校园的文化建设、思想道德的修养融入到新媒体建设中去，通过发布网络文明倡议书等活动营造良好的网络文化，培育良好的新媒体氛围。另外，增强学生的辨别能力，通过网络法律讲座、法制宣传实践活动等形式宣传网络道德，培养学生的网络法律意识，学校也可以出台相应的管理机制，促使学生养成良好的新媒体素质。

3. 培育校园网络文化新亮点

校园网络文化的重要性日益显现，如何寻找和培育校园网络文化新亮点成为重要课题，如何使网络文化与社会主义核心价值观更好地契合是一段时间内我们需共同努力的目标。

高校校园网络文化是在大学校园的特定空间背景下，以学生、教师等校园参与者为主体，以计算机网络技术为基础，以数字化媒体为载体的一种校园群体文化，它具有广泛性、多元性、灵活性等特点。要发挥校园网络文化的积极作用，可以从以下几方面做起：

第一，政策上，制定校园网络规范章程，构建法制化校园网络文化管理机制。目前涉及校园网络文化方面的政策法规相对较少。所以，要制定相关的政策和法律法规，完善机制，建立完善的校园网络文化法规系统，加强校园网络文化监管，净化网络信息，营造文明健康、积极向上的网络文化氛围，从源头上防治网络犯罪的发生。

第二，教育上，注重大学生网络文化素质的提升。现在大学针对网络文化的课程非常少，不是计算机专业的学生几乎接触不到网络方面的课程教育，学生们上网都是自由的，没有相关的网络文化教育。所以校团委和各学院间等相关部门要合作，“网上”和“网下”形成合力，可以开展网络技能培训与政策法规教育的活动，培养高素质的高校网络教师人才队伍及学生骨干；可以定期开展网络专题教育讲座，开设网络文化的相关课程，比如网络心理辅导、网络文化教育等，可以把这方面的课程设立成全校性的公共课程，计入学分，培养每位学生的网络文化素养；还可以通过网络教育平台，建立网络教务系统，建立相关课程 APP，将课程与学生用网络建立联系，课上笔记、课下答疑，通通可以通过 APP 互相分享，互相学习，有疑问也可以向老师提问，在资源分享更便捷的基础上也能够提升学生学习的动力、降低玩手机游戏的热度。

第三，物质上，保障网络文化建设的顺利进行。网络文化建设的保障就是在网络基础设施、网络技术、专项财政以及网络管理上体现出来的。在校园硬件上，除了共有的校园环境、建筑等完善的网络配套基础设施是营造良好网络文化环境的基础，这是构建校园网络体系的保障，完善学校机房的硬件设备，使学生们更多地集中在校内上网；技术上，针对网络文化的技术水平需提升，可以建立完善的校园网络体系，技术上监管不法、不适宜的网络信息，对待消极腐朽的信息从源头上进行防治；财力上，进一步加强对校园网络的资金投入，设立网络专项基金，并进行合理分配；管理上，设立专门的校园网络管理部门，构建网络人才队伍，培养和招募高素质的网络专业人才做好网络维护工作。

第四，活动上，针对不同学校、不同学院的特点举办特色网络活动。

举办特色校园网络文化节活动，营造校园网络文化新亮点。自李克强总理在十二届全国人民代表大会第三次会议的政府工作报告中提出制定“互联网＋”行动计划后，“互联网＋”掀起了一股又一股的旋风，当然也吹进了校园。目前在上海已经举办了首届大学生网络文化节的活动，获得了很多学者、教师的认可。所以，要将网络文化节的活动推向全国各个校园，针对不同学校的特色举办特色的“校园网络文化节”，马克思主义学院可以举办“互联网＋马克思”活动，体育学院可以举办“互联网＋体育健身”，艺术学院可以举办“互联网＋动漫”“互联网＋舞蹈”，阅读类社团可以举办“互联网＋读书”活动，等等，把互联网的特点与自身专业、学院特色、社团特色结合起来，以校园网络文化作品、网络文化创意等形式展示出来，把学生从玩网游的习惯中吸引出来，吸引大学生积极参与进来，开拓大学生网络文化建设工作的新路径，也为大学生营造一个清朗的网络文化空间。

举办特色网络科技推广活动，建立学校社会合作的模式。可以通过校园与社会机构、企业、农村进行合作，例如，通过学校或团组织与互联网类型的企业或者移动电子类的企业进行合作，每年的寒暑假招募一批大学生进行社会实践活动，活动的主题可以是“某 APP 的应用技术推广”“××科技对社会的反响调查”“推广××农产品科技下乡”等，与基层学校等社会机构合作，开展“网络对不同人群的影响调查”“互联网在农村的发展现状调查”“网络对居民的影响调查”“基层校园的网络化状况”等。通过学校与外界的合作，拓宽学生们的视野，提高大学生的专业技能、职业素养及实践水平，也把学生从网络中拉回现实，并使其能够反思自己在网络生活中的角色和定位，从而更好地解决网络负面问题的影响，同时通过校企合作，如果学生表现足够优秀，也可以解决一部分学生的就业问题。

设立大学生自己的网络组织，仅仅依靠外界的努力还是不能达到最终使全体学生都文明上网的目的，所以要从大学生自身出发，设立大学生自己的网络组织，在微信、微博、校园 BBS、APP 等地方传播健康的网络理念和网络模式，从而达到减少大学生网络依赖、网络问题发生的目的。

第五章

以社会主义核心价值观引领校园文化建设

——燕山大学“红色旋律”校园文化活动实践

一、“红色旋律”凝铸精神家园[①]

多元文化冲击下的大学校园，如何让马克思主义意识形态、中国特色社会主义理想信念、社会主义核心价值观牢牢占据大学生的内心世界，构筑起他们牢不可破的精神家园，不仅是高校思想政治工作、思想政治理论课教学直接面对的问题，也是校园文化建设的主题。近年来，燕山大学通过实施“一个目标，两个主体，三维拓展，‘四个一’工程，五大板块”的“红色旋律”活动，构筑起燕大学子昂扬向上的精神家园。

1. 工作目标与思路

“红色旋律”活动围绕一个目标：提升主旋律教育的实效性；明确一个宗旨：培育当代知识分子的奉献精神。

燕山大学“红色旋律”活动以讲坛、读书会、影苑、报刊、网络、宣讲等丰富多彩的形式，让青年大学生在“体验思想激荡”中“感悟红色豪情”，在“播撒红色火种”中“构筑精神家园”，做到“理直气壮讲马列，心底无私树新风”。

将思想升华为行动，实现思想境界的提升与知识分子奉献精神的培育的结合，是“红色旋律”的活动宗旨。把对英模人物先进事迹的宣传与学习他们的精神结合起来，体现在每一个参与者身上。教师的讲坛主讲、读书会主持、影苑主评、组织学生社会考察都是义务的。参加活动的马克思主义研究会的学生也全部是志愿者，没有任何回报。

第一，明确目标，体现教育功能的独特性。“红色旋律”内容紧紧围绕提升主

---

① 本部分内容发表在《教学研究》2012(1)：1-5，作者：王新华，李晔。

旋律教育实效性目标，突出思想性。以“教育青年、引导青年、赢得青年”为基本目标，设计青年大学生喜闻乐见的文化传播途径。

第二，准确定位，力争教育效果的显著性。发挥教师和学生“两个主体”作用，教师与学生“心贴心，面对面，硬碰硬”，真正解决学生的内心困惑，近距离接触学生，不回避敏感问题。

第三，力求实效，实现教育模式的交叉性。在三维拓展、模式交叉中提升效果，将大学生思想政治工作、思想政治理论课教学与校园文化建设融入“红色旋律”一体实践中。

第四，合理衔接，实现教育过程的和逻辑性。通过“四个一”工程，既学生每学期“参加一次论坛，读一本好书，欣赏一部经典影片，参加一次公益活动”，实现“红色旋律”文化传播与思想政治理论课教学的对接。

第五，建构格局，实现教育手段的丰富性。“红色旋律”以“讲坛”为中心，“红色旋律”整个活动分为 5 个板块：读书与讨论、影苑与歌曲、网络与报刊、考察与宣讲、公益实践。

第六，统一标识，实现视觉效应的显现化。为让学生对“红色旋律”产生更深刻、直观的了解，“红色旋律”设计统一的活动标识、宣传海报、宣传口号。

2. 实施方法与过程

以“立体格局”创新思想政治教育的内容与手段，以“奉献精神”涵养当代知识分子的理想与追求，以“知行合一”提升大学思想政治教育的实效性，以“第二课堂”实现大学生思想政治教育的内外对接。经过 7 年的发展，“红色旋律”已经形成以“讲坛”为中心，包括读书会、影苑、网络、报纸、社团在内的“123”格局，即“一个中心”“两个支柱”“三个平台”立体格局。

“一个中心”，即“红色旋律”讲坛。“讲坛”结合思想政治理论课教学，对于学生直接关心但课堂上限于教学大纲与教学计划的要求难以拿出整块时间讲解的热点、难点问题，与学生“心贴心、面对面、硬碰硬”地进行交流对话。立场鲜明，客观公正，实现科学性与思想性的统一；直面尖锐、热点问题，贴近学生、贴近实际、贴近生活，力求大众化，这是“红色旋律”讲坛的鲜明特点。如大学生宗教信仰、中国社会发展道路选择、共产党执政地位、社会主义民主与人权等问题，由在该领域有较深造诣的教师进行专题讲解，现场回答学生提出的问题。讲坛对主讲教师的理论水平、业务能力以及临场机变能力都提出了较高的要求。教师的知名度、影响力、人格魅力与亲和力对讲坛效果产生很大影响。

“红色旋律”讲坛每两周举办一次，截至2016年年底已经举办了106次，直接现场参与的学生2万多人，参与网上互动的有3万多人。

“两个支柱”，即“读书会”和“影苑”。在引导学生们阅读经典著作的基础上，每月一次的读书会吸引了大量追求真理、热衷于理论探究的师生相聚于“红色旋律”书屋。在燕山大学人文馆5楼这间能容纳50多人的房间里，经常是“站”无虚席，学生们在浓浓书香中聆听主持教师的精彩讲评。从“走进真实的毛泽东”到“探寻中国人的精神家园”，从“茉莉花革命对中国的影响”到对中国共产党辉煌九十年的回顾，师生们共读经典，探讨义理，抒发情怀，交流思想，明确志向，风雨同路。截至2016年年底，读书会已经举办了44期，有3000多学生参加活动，甚至包括一些已经毕业离校的学生。

品味光影，让大学生回首历史的点滴记忆；鉴赏传奇，让青年人感悟人生的热血激情。“三个周末，三部经典影片，三位马克思主义学院教师与您一起回味光影，感受真情。”《渡江侦察记》——虽然朴素，却给了学生们最华丽的感动；《大浪淘沙》——也许老旧，却让学生们感受永恒的精神。从《了不起的盖茨比》到《中国合伙人》，从《刮痧》到《秋菊打官司》，从美国梦到中国梦，通过一部部爱国主义、革命历史题材影片的播放，在主评教师的领引下，学生们一次次走进那段永不退色的岁月。50期影苑，150部经典影片，4000多人共同品味的流光岁月，活动模式不断提升内涵，主题选择紧扣时代脉搏，在“红色旋律”影苑，奉献诠释信仰，探索永无止境！

“三个平台”，即网络、《红色旋律报》、燕山大学学生社团——马克思主义研究会。网络为师生提供了线上线下即时交流的平台，但凡国内外重大热点问题，在这里都有教师的答疑解惑，有学生们的切磋互鉴。3000多人的QQ群，在注重思想性、正面引导的同时，灵活性、适应性、实效性使网络思想政治教育的优势得到最大限度发挥。《红色旋律报》以笔抒怀，既有传统媒体不可替代的优势，又由于学生们的自办、自书、自管，成为学生们的精神鼓舞者、思想引导着、理想护航者。五年笔耕不辍，百万激扬文字，思想心得、言志诗词、影苑观感、读书体会，通过《红色旋律报》与大家一起共享！七年来，燕山大学马克思主义研究会这个学生社团一改曾经有名无实的“僵尸状态”，与“红色旋律”一起焕发青春，一起成长壮大，如今已经成长为校内最具吸引力的校级五星级社团，一批青年马克思主义者在这里孕育、成长。新疆生产建设兵团、国家“精准脱贫”的最前线，到处活跃着马研会学生的身影！

3. 实践效果

校园里的“红色文化大餐”。由于直接触动的是学生内心深处，而且是众多名师与学生面对面交流，“红色旋律”自诞生之日起，就受到众多燕大学子的追捧，百余期的讲坛，几乎场场爆满。很多学生将“红色旋律”讲坛称为燕山大学的“百家讲坛”，是一道值得期待和品味的“红色文化大餐”。电气工程学院 2009 级任敬伟同学听完魏黎波教授的《杀出血路救中国——纪念中国共产党成立九十周年之一》讲座后，在入党积极分子的思想汇报中写道：“心灵上的震撼，思想上的洗礼，精神上的振奋，我对党的认识又深了一步……”先是西部支教一年，结束后毅然决定留在新疆生产建设兵团的文法学院刘子旺同学，2015 年入选《大学生志愿服务西部 200 人》，作为马研会首任宣传部部长，《红色旋律报》的首任主编，表示“红色旋律的岁月让我终身受益”。

涌现一批校园“红粉丝”。随着“红色旋律”活动的开展，它逐渐拥有了一批忠实的听众和追随者。“我是每场必到，不仅如此，在我的带动下，我们整个宿舍也都参与了进来。”任敬伟不无自豪地说道。“生动、有激情，能让人思考一些事，原来思想政治教育讲座也能如此精彩。”同寝小李感慨道。讲奉献不讲索取，比贡献不比回报，已成为“红粉们”一种自觉追求。一名铁杆“红粉”说：“我觉得现在学习生活都很充实，有激情，有精神，大学生时代就该如此。”

产生广泛社会影响。“红色旋律”不仅奏响在燕大校园，大学校园文化的社会辐射功能也日益凸显。几年来，在共产党员先进性教育，十七、十八大精神和学习习近平同志系列讲话精神等活动中，燕山大学师生走出校门，深入企业、部

队、机关宣讲党的路线方针政策，宣传雷锋精神和共产党员的信仰、宣传社会主义核心价值观和创先争优活动，通过主题报告、宣讲、座谈等多种形式在社会上宣传主旋律，宣传社会主义核心价值观，引起了强烈的社会反响。

2011 年 2 月 17 日，《人民日报》以“以主旋律引领校园文化建设”为题，介绍了我校“红色旋律”的经验与启示。《中国教育报》《中国科学报》也先后进行了报道。2011 年 7 月 4 日，中央电视台《新闻联播》节目报道了我校学生在“红色书屋”学习胡锦涛“七一”讲话的新闻。2012 年，燕山大学“红色旋律”获得教育部高校校园文化建设优秀成果一等奖，2015 年，该成果获得全国高校网络宣传思想教育优秀作品一等奖。

4. 经验与体会

总结“红色旋律”七年的实践，最重要的体会是必须以主旋律引领校园文化建设。

大学校园文化建设是一项复杂的系统工程。形成什么样的校园文化氛围，不仅取决于社会的大环境，取决于一定时期社会多种文化冲突、博弈、整合的结果，更取决于社会以及组织内部主导价值观的规制与引导。在多元文化冲击下，大学校园文化要以马克思主义的意识形态、中国特色社会主义的理想信念、社会主义核心价值观武装大学生的头脑，以对祖国、对人民、对中国共产党的深厚情感牢牢占据大学生的内心世界，这既是高校思想政治工作、思想政治理论课教学直接面对的问题，也是校园文化建设的主题。

为此，在大学校园文化建设中既应该体现文化的包容性与丰富性，更应该突出思想性与主旋律，这是大学校园文化能够健康发展、真正实现“以文化人”的关键。近年来，燕山大学在“红色旋律” 校园文化建设中，突出主旋律的引领和规制作用，开展了包括教师讲坛、学生宣讲团、师生论坛、红色歌曲、红色网络、红色考察在内的系列“红色”题材的校园文化活动，设计出一整套具有鲜明“红色”主题特征的视觉文化产品。大学生们从“讲坛”中洞悉国家大事，从“论坛”中获得思想的升华，从“红色歌曲”中品味时代的召唤，从“红色之旅”中体味幸福的来之不易，在一系列宣讲活动中更加坚定理想信念。他们关注国家大事，关注民族未来，关心自身成长。在这种集思想性、科学性、艺术性于一体的文化传播推广与实践中，我们得到了诸多有益的启示：

首先，导向、精品、卓越，体现“三种意识”是大学校园文化建设的“方向标”。“导向意识”要求我们在校园文化建设中面对社会各种价值观的相互交织、碰撞和影响，面对一些人思想困惑、信仰淡漠，一些领域诚信缺失、道德失范，坚持和扩大马克思主义、社会主义主流意识形态的影响，掌握意识形态领域的主动权、主导权、话语权。大学校园文化必须立足于以强烈的思想性教育引导学生，以严谨的科学性征服调动学生，进而体现主旋律教育的永恒价值。校园文化建设的实践显示：当代大学生对“红色”主题文化有着超乎想象的兴趣与执着，这充分体现出马克思主义、社会主义、爱国主义与革命传统教育不仅在革命战争年代和在社会主义建设初期，而且在改革开放、全球化的新的历史条件下都具有跨越时空的生命力。精品意识要求我们在文化多样化的环境下，以最上乘的作品、最吸引学生的方式、最能引起学生共鸣的话题，甚至是最时尚的文化元素展现优秀主题文化活动的风采。卓越意识则要求我们制订更高的目标，把握文化发展的脉络与精髓，体现文化对人类精神世界与情感世界的熏陶与净化，特别注重优秀文化理念、高尚人文精神、正确的人生观与价值观的培养，发挥文化的潜移默化作用。“红色旋律”校园文化建设中体现出的对当代知识分子“奉献精神”的培育就充分体现了这种追求。市场经济对利与害的过分强调曾经一度让一些青年人迷失方向：我们这个时代还需不需要“奉献”？“红色旋律”给出了肯定的回答。不仅要在文化传播中宣传积极奉献的人和事，宣传为革命、建设、改革流血流汗的革命英烈、最可爱的人、劳动模范，还要把他们的精神贯穿到校园文化活动的组织开展中，体现在每一个参与者身上。教师与学生参与的任何一项活动，包括教师的讲座、论坛、考察都是义务的，没有任何工作量、奖金的补偿，尽管这些活动要占用周末、假期、晚上的休息时间。参加活动的学生全部是志愿者，没有任何形式的回报。即使这样，奉献精神让每一个参与者都受到心灵的启迪，大家以各种力所能及的形式支持和参与活动。“红色旋律”涌动下的奉献热潮让每一个参加者感动忘怀，文化对人的心灵的净化功能以及对人的行为的导向作用充分展现出来。

其次，形式多样、手段创新、目标实效，突出“三个力求”是大学校园文化建设的“推进器”。在一个求新、求异的时代，面对着热衷多样而又最终选择唯一、崇尚潮流而又追求实际的青年人，大学校园文化只有通过丰富多彩的表现形式才能吸引学生，只有通过新颖时尚的表现手法才能对学生思想产生冲击力，让更多的学生关注并参与其中，让校园文化成为他们生活的一部分，成为他们心灵的慰藉与寄托。大学校园文化开展过程中，应该促成学生从不同的活动方式、不同的表达诉求、不同的文化关注点找到自己的位置，调动他们的参与热情。网络论坛、师生博客、QQ 群等借助于新媒体的文化互动手段使不同思想的交融与碰撞变得更加直接与现实，提升了学生的参与兴趣，是大学文化传播的重要路径。同时，校园文化既包含精深的文化理念，也蕴含着现实的目标追求，二者的有机统一才能真正使文化在大学生中“入脑入心”。因此，文化建设在追求伟大理想的同时，必须始终瞄准学生的现实目标追求，以先烈和英模们的精神和事迹、以爱国的精神和坚定的信仰振奋学生的精神，鼓舞他们的信心，让他们珍惜今天的幸福生活，珍爱自身的生命价值，鼓足面对现实、战胜困难的勇气。只有通过对他们人生、事业的实际价值说服学生，才能真正使校园文化能够陶铸人才，使思想教育能够入脑入心。校园文化建设的实效性才能真正得以体现。几年来，在“红色旋律”的引导下，燕山大学有 75.8% 的学生向党组织递交了入党申请书，有 300 余名在校大学生报名参军，立志投笔从戎，报效国家。仅 2010 届毕业生中，就有 27 名同学参加“三支一扶”和“西部计划”，自愿到中西部地区、边远山区支教、从事志愿者服务。学校的 70 多个学生社团中，马克思主义研究会、邓小平理论研究会、雷锋突击队、青年志愿者协会成为学生报名最火爆的组织。

再次，内容生动、学生主动、师生互动，实现“三个做到”是大学校园文化建设取得实效的“制胜法宝”。“内容生动”要求校园文化建设要贴近实际、贴近社会、贴近学生。任何文化观念的传播，文化符号的表达都应足以引发大学生心灵的震颤、思想的升华，都应直接触及大学生内心世界中最敏感、最聚焦的“神经元”。这就向教育者提出了一个基本要求：不仅要考虑教育者自身“想干什么”“能干什么”，还必须关注学生“想得到什么”“需要什么”，真正触动学生的内心世界。文化传播中所涉及的领域及话题，应该是学生最感兴趣、最关心的问题。例如，针对一段时间来大学校园里出现的信教热，不少学生很迷惑：我们该相信谁？马克思还是上帝？为什么共产党员就不能信仰宗教？“红色旋律”讲坛及时推出“人与神的博弈——我们如何认识宗教”，讲解国家的宗教政策，明确共产党员的先进性使党对每个党员的要求必须高于国家对普通公民的要求。针对社会上《潜伏》电视剧的热播，我们及时推出了“从《潜伏》看信仰的力量”，使社会文化热点与对青年人的理想信念教育有机结合起来。面对社会上一些人诋毁中国革命、诋毁毛泽东同志，我们在毛泽东同志逝世纪念日推出“韶山归来话伟人”，让青年人坚定对中国革命的必要性、正义性、进步性的认识，永远铭记毛泽东同志的伟大历史功绩。在日本于钓鱼岛无理扣押我船长，中日关系处于紧张对峙之时，我们推出“强国，从钓鱼岛起步”，一方面让学生了解钓鱼岛的历史以及对未来国家发展的重要性，另一方面更教育学生必须理性爱国，支持中国政府的立场和主张，把爱国的情感融入建设中国特色社会主义的伟大实践中，等等。正是由于抓住了学生最关心的问题，才能使“红色旋律”校园文化活动为学生所传、所诵、所喜爱，成为激发他们灵魂深处爱国、爱党、爱社会主义情怀的力量。“学生主动”要求我们在校园文化建设中一定要把握学生的主体地位，激发学生的主动与热情，当教育的主体与客体之间尝试角色换位体验，也就是教育对象本身成为教育者的时候，教育的功效与价值定能更加凸显。“红色旋律”学生宣讲团就是这样的尝试。几年中，大学生深入部队、社区、企业，宣传党的十七大精神，宣传科学发展观，宣传“创先争优”中的英模人物和事迹。事实表明，当代大学生有这样的热情和能力。“师生互动”就是教师与学生心贴心、面对面甚至“硬碰硬”地“无障碍”沟通，将教师的个人情感、人格魅力、亲和力与学术的积累、思想的感召力凝聚在一起，成为触发学生心灵的力量。文化的潜移默化功能也在这种师生的互动中得到体验与升华。

文化虽然无定式，但文化必须有思想，只有有思想的文化才能真正让人回味、思考，才能真正成为人生的指向。唯有在主旋律引导下的大学校园文化才能真正引发大学生心灵的震撼与行动的升华，才能真正造就出当代大学生德才兼备、积极向上、勇于担当的精神风貌，才能真正营造出爱党爱国、创新奉献的校园文化氛围，才能真正在当代青年人身上承载国家的希望，民族的未来！

二、活动介绍

1. 心贴心、面对面、硬碰硬——“红色旋律”讲坛

讲坛是整个活动的中心，每两周举办一次，在燕山大学东西两个校区轮流(内容不重复)举办。针对思想政治理论课教学以及大学生思想实际，选取经典和热点问题，由在该领域有深刻学术造诣和理论功底的教师进行专题讲授，“掰开揉碎”进行分析。讲坛突出针对性、实效性、贴近性。教师在上讲坛前要进行集体备课，力争每一次呈现给学生的都是精品。讲坛实行“请进来、走出去”战略，邀请国内学术界、政界知名学者就当前国内外学术界重大思想理论问题、党的大政方针的理解贯彻进行解读。讲坛还专门设立师生互动环节，主讲教师现场回答学生们提出的各种问题，真正做到“心贴心、面对面、硬碰硬”。为了实现资源共享，每期讲坛的视频都通过红色旋律网站及时上传网上，未能现场参与的学生可以网上观看视频，通过 QQ 群与教师互动。

★“红色旋律”系列活动汇总

(截至 2016 年 12 月)

第 01 期:2010-06-10，魏黎波老师主讲《人与神的博弈——我们如何认识宗教》。

第 02 期:2010-06-24，柴勇老师主讲《从〈潜伏〉看信仰的力量》。

第 03 期:2010-09-09，杨绍维老师主讲《韶山归来话伟人》。

第 04 期:2010-09-26，王新华老师主讲《强国，从钓鱼岛起步》。

第 05 期:2010-10-21，柴勇老师主讲《较量——纪念伟大的抗美援朝 60 周年》。

第 06 期:2010-11-04，李海艳老师主讲《人——从一个神话讲起》。

第 07 期:2010-11-18，魏黎波老师主讲《透视中国硬实力》。

第 08 期:2010-12-02，李晔老师主讲《爱恨交织说美国》。

第 09 期:2010-12-16，杨绍维、魏黎波、王新华、李晔、李海艳和柴勇老师主讲《“红色旋律”2010 岁末回眸》。

第10期:2011-03-10,张云飞老师主讲《青年马克思的诗与思》。

第11期:2011-03-24,王新华老师主讲《走出成长的烦恼——“十二五”规划解读》。

第12期:2011-04-07,杨文华老师主讲《核写的故事,无盐的结局——抢盐风潮与国民素质论辩》。

第13期:2011-04-21,刘永志老师主讲《崩溃与崛起——中苏改革比鉴》。

第14期:2011-05-05,魏黎波老师主讲《杀出血路救中国》。

第15期:2011-05-19,王新华老师主讲《让理想飞——曲折中前进的三十年》。

第16期:2011-06-02,王玉荣老师主讲《奇迹与困境——中国模式解读》。

第17期:2011-06-16,柴勇老师主讲《世界的红色棱角》。

第18期:2011-06-30,魏黎波、王新华、王玉荣和柴勇老师主讲《回忆·畅想——辉煌九十年》。

第19期:2011-09-08,杨绍维老师主讲《永远的孙中山》。

第20期:2011-09-22,李晔老师主讲《人间正道是沧桑——从三个历史片段看百年中国的必由之路》。

第21期:2011-10-13,魏黎波老师主讲《美国的霸权到拐点了吗?》。

第22期:2011-10-27,黄娟老师主讲《从苏联解体到占领华尔街——历史终结了吗?》。

第23期:2011-11-10,张云飞老师主讲《跨越时空的选择:我们如何对待马克思主义》。

第24期:2011-11-24,柴勇老师主讲《话语权斗争中的南海问题》。

第25期:2011-12-01,柴勇老师主讲《从“纠结”到“光明”——与同学们分享备课南海问题的曲折心路历程》。

第26期:2011-12-15,张汉生老师主讲《爱国的典范,树人的名篇——读毛泽东诗词的几点体会》。

第27期:2011-12-29,魏黎波、柴勇老师等参加2011年“红色旋律”岁末回眸《2011——世界·中国·我们》。

第 28 期:2012-03-08,王新华老师主讲《从“两会”看中国式民主》。

第 29 期:2012-03-22,张明老师主讲《从故宫失窃案的判决结果看中国人权保障事业的进步》。

第 30 期:2012-04-05,马慧婷老师主讲《半个世纪的呼唤—— 再看雷锋与雷锋精神》。

第 31 期:2012-04-19,杨文华老师主讲《用文化挺直中国脊梁》。

第 32 期:2012-05-03,谢丽萍老师主讲《黄岩岛事件三问》。

第 33 期:2012-05-24,魏忠强老师主讲《传统与“反传统”——五四精神再解析》。

第 34 期:2012-06-07,魏黎波老师主讲《解读美国的“新军事战略”》。

第 35 期:2012-06-28,,马慧婷、李海艳、刘永志、柴勇老师主讲《十八大,我们的期待》。

第 36 期:2012-09-06,王新华老师主讲《钓鱼岛争端解析》。

第 37 期:2012-09-20,魏黎波老师主讲《东亚岛争背后的中美博弈》。

第 38 期:2012-10-18,王媚老师主讲《个人与国家——从莫言获奖说开去》。

第 39 期:2012-11-01,杨文华老师主讲《中国话题——2012 美国大选之必杀技》。

第 40 期:2012-11-15,王新华老师主讲《领航中国,扬帆奋进——党的十八大扫描》。

第 41 期:2012-11-29,魏黎波老师主讲《从十八大看我国政党制度的优越性》。

第 42 期:2012-12-13,马克思主义学院老师参加 2012 年“红色旋律”岁末回眸《走进十八大》。

第 43 期:2013-03-21,李晔老师主讲《从十八大到“两会”——托举“中国梦”》。

第 44 期:2013-04-10,魏黎波老师主讲《朝鲜半岛形势分析》。

第 45 期:2013-04-25,柴勇老师主讲《另一个世界是可能的——查韦斯的革命人生》。

第46期:2013-05-09,王华老师主讲《大学教育的哲学反思——从古典到现代》。

第47期:2013-05-23,王新华老师主讲《自觉与自信——守护中国梦的历史与根基》。

第48期:2013-06-06,刘永志老师主讲《致中国终将迎来的青春——历史和文化视野中的“道路自信”》。

第49期:2013-06-20,张亚娜老师主讲《冲出十面“霾”伏——共筑美丽中国梦》。

第50期:2013-09-12,魏黎波老师主讲《透过“棱镜”看美国》。

第51期:2013-09-26,张云飞老师主讲《重建网络空间中的马克思肖像》。

第52期:2013-10-10,王玉荣老师主讲《把横行无忌的话语权关进“笼子”——从网络谣言说起》。

第53期:2013-10-24,杜娟老师主讲《透视宗教信仰中的老路和邪路》。

第54期:2013-11-07,魏黎波老师主讲《从首脑出访看中国的外交反包围》。

第55期:2013-11-21,包巍老师主讲《变与不变——如何看待两个三十年》。

第56期:2013-12-05,王新华老师主讲《十八届三中全会:打造中国改革升级版》。

第57期:2013-12-19,马克思主义学院老师参加2013年“红色旋律”岁末回眸《那个人,那个时代——纪念毛泽东同志诞辰120周年》。

第58期:2014-03-13,王新华老师主讲《安泰与大地——回归群众路线》。

第59期:2014-03-27,柴勇老师主讲《中国文化与中国梦》。

第60期:2014-04-10,杨新宾老师主讲《陌生的邻居——靖国神社背后的日本文化》。

第61期:2014-04-24,魏黎波老师主讲《睡狮醒来,利爪安在?——我国军事装备发展点评》。

第62期:2014-05-08,马慧婷老师主讲《纠结与幸福——重塑我们的价值观》。

第63期:2014-05-22,颜世晔老师主讲《“永远打不到的小个子”——走进邓小平的传奇人生》。

第64期:2014-06-05,吴建良老师主讲《乌克兰危机背后的大国博弈》。

第65期:2014-06-19,王华老师主讲《跨越时空的思想传奇——马克思的当代意义》。

第66期:2014-09-11,齐凯君老师主讲《胜败之间——从甲午战争到抗日战争》。

第67期:2014-09-25,李晔老师主讲《社会主义核心价值观的沃土——中华传统文化》。

第68期:2014-10-09,中国人民大学国学院博士生导师黄朴民主讲《国学要义及其当代价值》。

第69期:2014-10-23,张云飞老师主讲《反腐败该终结了吗?》。

第70期:2014-11-06,王新华老师主讲《依法治国,打造中国政治新常态》。

第71期:2014-11-20,崔冠华老师主讲《孔子的修己之道》。

第72期:2014-12-04,魏黎波老师主讲《2014:台湾政局走向》。

第73期:2014-12-25,马克思主义学院老师参加2014年“红色旋律”岁末回眸《2014,中国故事》。

第74期:2015-03-12,河北大学哲学系博士生导师官敬才教授主讲《马克思恩格斯晚年的政治智慧》。

第75期:2015-03-20,第十二届全国政协委员张福成副校长主讲《“两会”精神解读》。

第76期:2015-03-26,柴勇老师主讲《站在爬坡过坎的新关口——2015年〈政府工作报告〉解读》。

第77期:2015-04-09,李海艳老师主讲《求幸福真谛,与幸福同行》。

第78期:2015-04-23,魏黎波老师主讲《亚投行——有人欢喜有人忧》。

第79期:2015-05-07,王新华老师主讲《血染的风采——捍卫二战胜利成果》。

第80期:2015-05-21,任海老师主讲《漫谈我们的人生》。

第81期:2015-06-04,杜鹃老师主讲《打赢制脑权战争:解析中西意识形态攻防转变大历史》。

第 82 期:2015-06-18,刘永志老师主讲《国共两党抗战的是与非——兼评历史虚无主义及其危害》。

第 83 期:2015-09-17,校党委副书记陈春利主讲《徽章背后的抗战故事》。

第 84 期:2015-09-24,花厂峪抗日纪念馆馆长周庆信主讲《发生在我们身边的抗战故事》。

第 85 期:2015-10-08,陈步伟老师主讲《习近平治国理政的内在意蕴》。

第 86 期:2015-10-22,齐凯君老师主讲《历史不能这样书写——“抗日神剧”的罪与罚》。

第 87 期:2015-11-07,王新华老师主讲《吹响全面建成小康社会的号角——学习十八届五中全会精神》。

第 88 期:2015-11-19,魏黎波老师主讲《南海无战事》。

第 89 期:2015-12-03,杨新宾老师主讲《百年孤独——传统文化的困境与出路》。

第 90 期:2015-12-23,马克思主义学院老师参加 2015 年“红色旋律”岁末回眸《记忆·憧憬》。

第 91 期:2016-03-10,魏黎波老师主讲《朝鲜半岛谁在挑事?》。

第 92 期:2016-03-23,中央马克思主义理论研究与建设工程首席专家,清华大学博士生导师吴潜涛主讲《社会主义核心价值观前沿问题研究专题报告》。

第 93 期:2016-04-07,王玉荣老师主讲《补齐短板,决胜全面小康》。

第 94 期:2016-04-21,黄娟老师主讲《从虚拟到现实:看得见的声音》。

第 95 期:2016-05-05,李海艳老师主讲《“共享”点亮“梦想”》。

第 96 期:2016-05-19,中国孤竹文化研究中心副主任宋海斌主讲《孤竹文化与传统美德》。

第 97 期:2016-06-02,张亚娜老师主讲《从戈尔巴乔夫到普京——意识形态的嬗变与重塑》。

第 98 期:2016-06-16,张汉生老师主讲《意义及其拯救——与青年朋友思考生命》。

第 99 期:2016-06-30,王新华老师主讲《雄关漫道——从近代历史看中国共产党成立的意义》。

第 100 期:2016-09-08,魏黎波老师主讲《“南海仲裁”:翻开各方底牌》。

第 101 期:2016-09-23,韩东老师主讲《供给侧结构性改革与“一带一路”战略多视角解读》。

第 102 期:2016-10-08,魏黎波、李晔、齐凯君老师主讲《铁流二万里 光耀八十年——纪念长征胜利 80 周年》。

第 103 期:2016-10-27,黄真老师主讲《中国教育培养不出杰出人才吗?》。

第 104 期:2016-11-10 北京大学经济学博士任文启老师主讲《泡沫与疯狂——日本发动侵华战争之经济根源》。

第 105 期:2016-11-23:魏黎波老师主讲《“黑马特朗普”吓到了谁?——美国大选及大选后的美国》。

第 106 期:2016-12-8:刘永志老师主讲《不忘初心话改革——从邓小平到习近平:改革逻辑与改革走向》。

2. 书韵留香远,真理伴我行——“红色旋律”读书会

读书会作为红色旋律活动的重要组成部分,已经成为伴随燕山大学青年学子进步成长的良师益友。

(1) 工作目标

弘扬主旋律。高举马克思主义旗帜,坚定理想信念教育。以书会友,同览红色经典;集思畅言,共寻人类光明。长路漫漫,我们上下求索;旗帜高扬,我们共逐梦想。这是“红色旋律”读书会的座右铭。活动始终把坚持正确的思想导向放在第一位,让大学生正确把握人类历史发展的大方向,从而坚定走中国特色社会主义道路的信心!

在突出“主旋律”的前提下,读书会也直面现实问题,剖析社会现象,做到以理服人;坚持正面引导,做到以情动人。我们致力于引导学生树立正确的人生观、价值观,坚守住信仰,营建美好的精神家园,构筑起一道牢不可破的内心钢铁长城!

人文关爱。伴随青年学子成长的精神家园。“青年是祖国的未来、民族的希望,也是我们党的未来和希望。”高校人才培养模式必须坚持专业素质与思想政治素质的结合,科学与人文的结合。因此,校园文化建设关乎党和国家的未来。

在理工科为主的燕山大学,“红色旋律”读书会对培育校园人文精神,关爱青年人成长,做出了重要贡献。读书乃学生之本,通过“读书—思考—讨论—解惑—升华”的运作模式,来解决学生思想的实际问题,是活动的目标。我们反对生硬的教化,主张用教师的人格魅力,言传身教地感召学生。

(2) 工作思路

准确定位。打造校园文化建设新载体。“红色旋律”读书会特色鲜明:弘扬红色“主旋律”,突出思想导向功能。它不是学生社团组织,而是校园文化建设的新载体;也不是“志同道合”的沙龙组织,而是思想政治理论课教学的实践平台。与校园文化建设的其他载体相比,读书会的特色在于:一是以书籍作为沟通媒介,二是直接面对学生。如何发挥读书会的优势,办出特色,是我们努力的方向。打造校园文化建设的新载体,不仅内容形式要创新,教学理念、技术手段也需要与时俱进。我们尝试着把学生喜爱的网络时代新元素,如 QQ 群、PPT 课件、图片、视频、电子图书等广泛地应用到活动中。

发挥独特优势。读书会不是孤立存在的,而是与“红色旋律”系列活动形成了立体框架,实现了资源共享、相互支撑。读书会支撑讲坛,讲坛也带动读书会。二者的宗旨是一致的:与学生面对面、硬碰硬、心贴心。讲坛上没有解开的疑惑,在读书会上继续讨论。例如,为了让学生正确认识当前敏感的钓鱼岛问题,把握中日关系的实质,讲坛专门推出讲座《钓鱼岛争端解析》,读书会在第 13 期也围绕中日关系推出主题讨论。另外,“红色旋律”网站、QQ 群(目前已经开办了 4 个 500 人的超级大群)、报纸也是读书会借助的平台,发布活动信息、参考书目,上传电子图书,讨论意犹未尽的话题。

坚持“学生为本”的理念。我们关注学生“在想什么”“需要什么”。只有抓住他们最关心的问题,才能创造出学生喜爱的校园文化载体。读书会的主题来源于学生,活动形式突出学生的主体地位,激发学生的参与热情。例如,针对大学生关切的理性爱国问题,我们特地举办了《热血铸就的青春》主题读书会。通过师生交流，对学生进行了一次切实可行的爱国主义教育，明确了两个重要问题：第一，“成大事者，必有爱国之心”，青年要把个人的发展与国家的前途联系在一起；第二，爱国的真正含义——做国家需要的事，脚踏实地为祖国做贡献！

(3) 实施方法与过程

目前，“红色旋律”读书会每月举办一期，时间在周三晚7:30—9:15，地点在马克思主义学院“红色书屋”。每到周三晚上，很多学天生早早地来到“红色书屋”，仅能容纳50余人的书屋，座无虚席。在弥漫着浓浓书香气息的书屋，教师们谈古论今、旁征博引、幽默风趣、睿智深邃、因势利导；学生们踊跃发言、笑声朗朗、掌声阵阵、热情高涨。教师们的精彩点评，精辟见解，不时引来笑声和掌声！

规范操作，精心筹划。第一，选题坚持“贴近现实，贴近校园，贴近学生”；第二，合理搭配师资力量：实现教师优势互补；第三，注重宣传工作：包括校园海报、校园网通知、新闻稿件等，细节关乎成败；第四，活动形式多样化：应用网络技术与多媒体手段，每期精心制作的PPT上传到读书会QQ群共享；第五，注重整理成果：活动录像上传到“红色旋律”网站，方便学生观看；第六，问卷调研：对现场参与者和“常年粉丝”的思想跟踪调查，以检验活动的实效性。

发挥优势，不断完善，办出特色。第一，坚持主题“经典”与“热点”的穿插。读书会既回归传统，也面对现代；既传承经典，也捕捉热点。活动中推荐的红色经典如《红岩》《青春之歌》《红星照耀中国》，马克思主义经典如《共产党宣言》《资本论》。重温红色记忆，感受信仰力量；品读经典书籍，感受永恒魅力。阅读经典也要紧扣时代，从其中去思考和追寻现实问题的答案。在“美元神话的衰落”活动中，运用马克思关于资本主义经济危机的理论来分析2008年次贷危机。我们不仅从经典中传承文化、传播精神，同时，也从热点中把握时代脉搏，纠正一些错误认识，培养学生对现实问题的正确看法，如“茉莉花革命”对中国的影响、中国社会的“信仰危机”与重建。通过热点分析，锻炼了学生的思维能力——看问题力求深刻，考虑问题立足长远。第二，坚持主题讨论的形式。读书会最大的特色在于：并不是“就书而书”地生硬教化，而是采取了主题讨论的形式，鼓励学生大胆发言，积极参与到活动中来。“以读书带动讨论，以讨论促进读书”，这是读书会的特殊思路。我们既鼓励学生先读书再来参加讨论，也希望以讨论来促进读书。活动预先列出参考书目，预设一些讨论题目，由教师掌握时间和尺度。实践证明，这种师生面对面讨论的方式，效果不错，深受学生们的喜欢。第三，活跃氛围，增强感染力。读书会的主题是鲜明的，讨论是开放的。我们相信：思想只有碰撞才能擦出火花。各种疑问都可以在这里提出，各种观点都可以在这里讨论，真、善、美得到颂扬，假、丑、恶得以揭露。读书会讨论的人物有真实的孙中山、毛泽东、邓小平，也有文学家塑造的江姐、林道静；有可爱的小红军战士，也有面目可憎的汉奸；有利比亚的独裁者卡扎菲，也有街头惨死的小悦悦。讨论的话题从马克思主义到宗教信仰，从美国到中国，不受时间和空间的限制。

为教学改革提供实践平台。“四个一工程”的实施，把燕山大学的思想政治理论课延伸到课堂以外：要求学生听一次“红色旋律”讲坛，参加一次读书会（或阅读一部红色经典）、看一部红色影片、参加一次献爱心的社会公益活动。读书会不仅成为学生的良师益友，也成为燕山大学特色教学改革的实践平台。活动侧重培养学生的辨别力、判断力、洞察力和独立思考能力，这使学生受益终身。

尝试应用网络平台，搭建校园文化建设新载体。在“红色旋律”QQ 群的基础上，我们创办了“红色旋律”读书会 QQ 群，目前已有固定群友 91 人。“以书会友，唱响红色旋律”，凡是喜爱阅读红色经典的志同道合者均可入群。这为读书会培养了固定的读者和参与者。我们定期在群里发布活动信息、上传电子书籍、征求意见、讨论问题、推荐好书新书、交流经验体会。利用网络平台，读书会拉近了与学生的距离。网名“自强不息”的学生在参加了读书会后，对毛泽东产生了浓厚的兴趣，表示要继续阅读相关书籍，以毛泽东为视角来研究中国。

完善活动平台建设——马克思主义学院“红色书屋”。网络时代，我们仍提倡“开卷有益”，致力于培养学生对纸质版书籍的感情，养成爱读书、读好书的习惯。“红色书屋”不仅是读书会的举办场所，也是活动依托的物质平台，使学生有机会亲手触摸红色经典。对此，学院领导给予了大力支持。一年多来，“红色书屋”在原有图书 1300 多册的基础上，又新购进图书 120 册，拨专款购进每期读书会需要的各种书籍，而且面向全校学生免费开放。

（4）工作成效和取得经验

工作成效。六年来，马克思学院领导、教师和学生们的辛勤汗水，浇灌了“红

色旋律"读书会这颗幼苗,使它茁壮成长,并结出了丰硕果实。目前为止,读书会已经成功举办了45期,深受广大师生的好评!这些活动在学校和社会都产生了积极影响,活动的实效性较为明显。第一,读书会已经成为大学生们的良师益友。燕大校园里掀起了阅读红色经典的热潮,图书馆里的马克思主义经典著作、革命历史题材书籍、领袖人物传记成为学生关注度与借阅率最高的图书类别之一,"红色旋律"网站上的红色书单成为点击率最高的栏目,读书会的精彩视频成为学生们竞相下载的稀缺网络资源,下一期读书会的题目、实践成为学生关切的问题。学生主动为活动献计献策,读书会已经成为他们大学校园生活中不可缺少的一部分。第二,读书会潜移默化地影响了学生的思想和行动。读书会的"老粉丝"郭宏亮在《"红色旋律"读书会伴我成长》中说:"品味经典让我学会了不浮躁,学会了脚踏实地。"积极的思想必然转化为实际行动,好人好事就在我们眼前发生了。2011年6月22日晚,在第4期读书会"得民心者得天下——纪念建党90周年"活动结束后,两位计算机专业的学生主动上交了在"红色书屋"门外捡到的100元钱,希望能找到失主。他们拾金不昧的精神,让我们亲眼目睹了读书会对学生思想品德的升华!第三,赢得广泛认可,取得较好的社会价值和社会声誉。现在,"红色旋律"活动已经成为河北省校园文化建设的"品牌文化","红色旋律"读书会的声望也伴随"红色旋律",走出燕山大学,走向全国。

经验体会。第一,坚持以爱国主义为核心,突出"主旋律":发挥对学生的思想引导功能,这是贯穿"红色旋律"读书会的灵魂,也是成功的关键。第二,坚持精品意识:质量是活动的生命,努力把每期读书会办成精品,打造"品牌文化",以鲜明的主题引导学生,以优秀的作品吸引学生,以名师的风范感染学生,以活泼的形式教育学生。第三,坚持奉献精神:这得益于燕山大学马克思主义学院"齐心协力,共渡难关"的团队精神。一分耕耘,一分收获;只有投入,才有丰厚的回报。读书会从无到有,规模从小到大,离不开教师们辛勤的劳动。奉献的是知识,赢得的是尊敬。他们在活动中的无私奉献、不计名利、不计得失,正是对马克思主义信仰的实践,也是对共产党员本色的诠释!

红色旋律读书会活动汇总

（截至**2016**年年底）

第01期：2011-03-03，杨绍维、王玉荣、张汉生老师主持"穿越历史，走进真实的毛泽东"。

第02期：2011-04-27，王新华，李海艳、黄娟老师主持"传统与现代的激荡——从中东北非看世界局势"。

第03期：2011-05-25，王玉荣、马慧婷、张云飞、柴勇老师主持"寻找中国人的精神家园"。

第04期：2011-06-22，颜世晔、包巍老师主持"得民心者得天下——纪念建党90周年"。

第05期：2011-09-14，王新华、刘永志、颜世晔老师主持"评说20世纪中国三位历史伟人"。

第06期：2011-10-12，杨绍维、王新华、江泉、包巍老师主持"热血铸就的青春"。

第07期：2011-11-16，魏黎波、张云飞、李海艳老师主持"中国社会的信仰危机与重建"。

第08期：2011-12-21，杨绍维、马慧婷老师主持"从《红岩》的故事看信仰的力量"。

第09期：2012-03-14，王玉荣、柴勇、王媚老师主持"从《C形包围——内忧外患下的中国突围》看维护国家安全"。

第10期：2012-04-11，王新华、魏忠强、杜娟老师主持"《文明的冲突与世界秩序的重建》——中美关系的文化解读"。

第11期：2012-05-09，张云飞、颜世晔、包巍老师主持"红太阳升起的地方——读《西行漫记》有感"。

第12期：2012-06-13，魏黎波、江泉、李晔老师主持"美元神话的衰落——《货币战争》"。

第13期：2012-09-12，王新华、王玉荣老师主持"与邻为善VS与邻为恶——中日关系话百年"。

第14期:2012-10-24,杨绍维、王新华、王华老师主持"迎接党的十八大专题系列之曲折与光明——中国复兴之路"。

第15期:2012-11-21,魏黎波、王玉荣、李晔老师主持"从《共产党宣言》看共产党人的使命"。

第16期:2012-12-19,杨绍维、柴勇、王媚老师主持"共产党员是怎样炼成的"。

第17期:2013-04-02,黄娟、魏忠强老师主持"积蓄正能量——改革与民生"。

第18期:2013-05-03,王华、谢丽萍老师主持"一个未解之题——钱学森之问"。

第19期:2013-05-29,魏黎波、江泉、李晔老师主持"中国力量——海洋强国"。

第20期:2013-06-26,刘永志、颜世晔、崔冠华老师主持"超越'左'与'右'——当代中国社会思潮辨析"。

第21期:2013-09-17,包巍、刘永志、李晔老师主持"中国人的日本观"。

第22期:2013-10-16,魏黎波、王华老师主持"天堂?地狱?——我们如何看美国"。

第23期:2013-11-13,黄娟、张云飞老师主持"共产主义是'乌托邦'吗?"。

第24期:2013-12-11,江泉、李晔、陈步伟老师主持"纪念毛泽东诞辰120周年·谁主沉浮——毛泽东与蒋介石"。

第25期:2014-04-02,江泉、包巍、李晔主持"中国如何应对'恐怖主义'"。

第26期:2014-05-14,张汉生、王玉荣、杨新宾老师主持"青春无悔——我们的大学时光"。

第27期:2014-06-11,魏忠强、崔冠华、杨新宾老师主持"中国传统文化系列之——儒学怎样重生",魏黎波老师为特约嘉宾。

第28期:2014-06-25,葛亚坤、陈步伟老师主持"庆祝建党93周年·地平线上的曙光——读李大钊《我的马克思主义观》"。

第29期:2014-09-17,陈步伟、江泉、李晔老师主持"纪念甲午战争120周年·抗战胜利69周年·'九一八'事变83周年之日本怎么看中国——《读近代以来日本的中国观》。

第30期:2014-10-15,王华、张汉生、崔冠华主持"生命的意义何在——马克思主义的生死观"。

第31期:2014-11-26,颜世晔、黄娟、李海艳老师主持"亲情·友情·爱情——塑造幸福人生"。

第32期:2014-12-18,杨新宾、魏忠强、崔冠华老师主持"读《论语》谈人生的修为"。

第33期:2015-04-01,葛亚坤、陈步伟、王华老师主持"好东西?坏东西?——民主的真谛"。

第34期:2015-04-29,王玉荣、魏忠强、崔冠华老师主持"传统文化在港台的传承与发展"。

第35期:2015-06-10,齐凯君、包巍、王华老师主持"揭底抗日神剧,还原真实抗战"。

第36期:2015-07-01,黄娟、张云飞、马慧婷老师主持"读《中国共产党章程》谈党员的修养"。

第37期:2015-10-28,魏黎波、李晔、王华老师主持"美国人怎么看中国——读基辛格的《论中国》"。

第38期:2015-11-25,陈步伟、齐凯君、李晔老师主持"毛泽东的问题意识——读《毛泽东选集》(1-4卷)"。

第39期:2015-12-16,魏忠强、颜世晔、葛亚坤老师主持"中国人怎样看待洋节日"。

第40期:2016-03-16,孙金生、葛亚坤、李晔老师主持"科学精神与人文情怀——读《钱学森传》"。

第41期:2016-04-13,王玉荣、崔冠华、魏忠强老师主持"自信与包容——读《中国人的精神》"。

第42期:2016-05-25,张云飞、吴建良、王华老师主持"穿越金钱的幻象——马克思《资本论》导读"。

第43期:2016-06-22,包巍、齐凯君、颜世晔老师主持"纪念建党95周年·人间正道是沧桑——读金一南《苦难辉煌》"。

第 44 期:2016-10-19，颜世晔、齐凯君、李晔老师主持“不朽的传奇——读《长征》”。

3. 情系光影，红润燕园——“红色旋律”影苑

电影是遗憾的艺术，但教育不应留下遗憾。真理润泽燕园意，光影触碰学子弦。2011 年开启的由燕山大学马克思主义学院主办、马克思主义研究会承办的“红色旋律”影苑活动经过三年半的探索，已成为燕园一道靓丽的风景。

(1) 理念——源其所好，循循善诱

大学教育何可为？大学是人生在校园的最后停留，教育在这里延续升华，也将从这里踏上新途。面对日益多元、信息井喷的社会现实，幕课来袭、网络笼罩的教育现状，大学该做些什么？能做些什么？信息量面前，学生未必比教师匮乏；社会参与度上，学生也许比教师活跃。此时，窘于课本，限在传统，出勤率、上座率成了首要难题。行政命令、考核评定很难避免“人在曹营心在汉”。大学校园从来不是封闭的。世界全面开放，市场无孔不入，都要求高校校园文化建设必须有的放矢，针锋相对。大学不再是象牙塔，但大学不能失精气神。大学教师的核心工作与根本方法就在于引导。文以化人、润物无声，以学生为主体、践行立德与树人。

观影阅剧需引导。电影如同曾经的唐诗宋词，是现代生活中精神上的粗茶淡饭。人手一台笔记本，星罗棋布电影院，都使电影成为大学生活的重要组成。但是，票房未必与社会主义核心价值观相符，奥斯卡绝非为中国梦鼓劲加油。鲜花与毒草共生，天使与恶魔同在。各种复杂、偏差，甚至错误、敌意，糅合于精美的画面、刺激的动效、潸然泪下的剧情、令人回味的对白，翩然而至、娓娓道来，使大学生沉浸其中、紧随其后，以其昏昏、使其昭昭。思想政治教育不能关起门来，捂上学生的眼睛和耳朵；校园文化建设不应自说自话，无视受众的兴趣与爱好。直面问题、迎接挑战，帮助渴望光明、陷于纠结的大学生们扬起马列风帆，驶向幸福未来。

扎根燕园树新人。让学生学会做人做事是大学教育的核心目标，分清“一切是非、正误、主次，一切真假、善恶、美丑”是大学生实现人生价值的基础前提。再

丰富的知识、再过硬的本领，离开了做人做事的根本，无从谈起。燕山大学作为一所以理工科为主的综合性大学，人文气息相对局限。“我们要培养工程师，我们更要培养人。”马克思主义学院教师集体策划，全员参与，因势利导，寓教于乐，将或多或少的浮躁扭转成正能量，从按捺不住的玩心衍生出真信仰。用艺术审美而非硬性灌输引导学生静下心来品味生活，用绚丽光影而非枯燥教材激发学生行动起来成就人生。

(2) 实践——锲而不舍，玉汝于成

活动模式不断提升内涵。“观赏红色经典，雕刻红色记忆，传递红色薪火，开拓红色未来”，这是“红色旋律”影苑创办之初的“1＋1”模式。两周一期，一位教师在一部电影放映后结合主题即时点评。从《东风雨》到《钢的琴》，从《湘江北去》到《三峡好人》。但时间短暂的苦恼、师传生受的局限使改革呼之欲出。二十三期后，“3＋1”取代了“1＋1”。一个主题，三场电影，一次论坛，三位教师与学生集中畅谈。新模式探索带来的是信心，沉淀的是底气。评放分离，让师生深度碰撞；鲜明主题，让影片相互补充。主动权交给学生，更为轻松、更接地气；指挥权仍在教师，更有理论，更高站位。

主题选择紧扣时代脉搏。“红色旋律”影苑每一期主题的确定、每一部电影的选取都源于社会热点、影坛焦点、人生路难点、思政课重点，因为这都是学生的关注点、兴奋点、困惑点、需求点。第 85 届奥斯卡金像奖落幕，“马克思与奥斯卡”成了“3＋1”模式影苑的开篇之作，正如 2010 级汉语言文学专业宫俐观后所言：“Oscar 好不好，关键在 Marx 的剖析和引导。”中国梦举世瞩目，美国梦何去何从？通过《了不起的盖茨比》《拉合尔茶馆的陌生人》和《中国合伙人》，从“美国梦面面观”中让我们继续认识中国，认识自己，认识中国梦。

宣传反馈渠道丰富多元。“人不来，一切无从谈起”，上座率绝非可有可无。苦练内功，增厚底蕴，同时也要猜中心思，做好宣传。海报、广播、课堂、微博、校园网、QQ 群。每一期影苑都有原创的主题表述，每一场电影都有入心的影片广告。“今晚的蒂姆·波顿，今晚的《大鱼》，不知所云的题目，他在告诉我们什么？”每一期活动结束，不是就此收场。《红色旋律报》“雕刻时光”专栏已发表的 20 余篇影评脍炙人口。“红色旋律”网站 50000 多次的点击量、QQ 群 2200 多人的覆盖面又为影苑插上理想的翅膀。

(3) 片断——点滴之间，铸造永恒

片断一：潸然落泪，以情启孝。第32期，“关于父亲”。《大鱼》《内布拉斯加》《饮食男女》的启迪，《新闻联播》“清明说吧”的感动，大萌子与父亲30张合影的播放，《时间都去哪儿了》的歌曲……“我们如何向父亲表达感情？”腼腆的2013级机械专业小伙儿讲述了寒假里和父亲的一同打工的艰辛，父亲供他念书的学费来源真相大白；开朗的2012级国际政治专业女孩儿回忆起父母送她到燕大时与父亲的第一次吵架与长时间冷战，现在的悔恨标示着她的成长。有的同学情到深处早已泣不成声……三部关于父亲的电影，令观者心灵震撼；一次关于父亲的话题，让说者生命成长。

片断二：法治中国，有你有我。2013年12月6日19:30，“红色旋律”影苑教室里，“临近期末，压力山大”。在这满腹心事中，第30期，“法治中国的困惑与跋涉”拉开了序幕。《刮痧》《马背上的法庭》《秋菊打官司》讲述着中国法治的艰辛历程，展示着法治中国的任重道远。中国特色、中国话语，中国自信、中国底气……“中国应该借鉴，但中国绝不照搬”，“法的实施最终靠人，不能陷入制度崇拜”，“信仰法律首先要信仰宪法，抛开中华人民共和国宪法谈法治，只会陷入混乱”……22:15，封楼时间已过，管理员刘师傅又敲响了影苑教室的门……

片断三：毕业在即，影苑再见。主人公叫刘子旺，2009级政治学专业学生，第一期马克思主义研究会宣传部部长，写得好字，撰得好文，早期影苑的通知稿、广播稿、新闻稿多出自他的笔下；海报上那手漂亮行楷让人赏心悦目。同时，刘子旺还是“红色旋律”影苑的忠实粉丝，在校期间的每一期影苑都不曾错过。2013年6月28日，第27期“红色旋律”影苑如期而至，刘子旺最后一次出现在现场，此时的他已经签下了前往新疆生产建设兵团的西部志愿者计划。最后的发言、最后的提问、最后的眷顾与流连……活动结束了，再和老师面对面聊上一会儿，人生、未来、美丽、祖国……不言最后，燕园情谊注定终将再见；天涯比邻，大江南北共奏红色旋律。

(4) 体会——成就事业，放飞梦想

奉献诠释信仰。“马克思主义学院主办，马克思主义研究会承办”这意味着荣誉,更意味着付出。所有的学院教师都参与其中,他们不拿一分的报酬;马研会的孩子们奔波于影苑的前前后后,一周一次活动的高频率工作让他们磨炼成长。《人民日报》《中国教育报》《中国科学报》、河北德育网的报道让他们欣慰,而红润燕园、践行信仰让他们幸福。

学生即是未来。不要说"90后"这样那样,我们也曾经懵懂无助。大学生相对于自己已然成年,相对于我们仍是孩子。结合他们的特点,把握时代的韵律,不要高高在上,切忌颐指气使。思想政治教育从来不是板着面孔,校园文化建设必须贴近学生实际。让他们的成长催促我们的成长,让我们成长助力他们的成长,因为他们的未来就是中国的未来。

探索永无止境。从"1+1"到"3+1",从教师讲述为主到师生共为主体;从以影片为本位的红色电影选取原则到以学生为本位的各类电影明辨模式,从就电影谈电影到借电影谈主题;从一部电影的单独支撑主题到三部电影的共同论证主题,从一位教师的单一点评到三位教师的异论相补……"红色旋律"影苑的探索还在继续,改革永不停息。

"红色旋律"影苑活动汇总

（截至 **2016** 年 **12** 月）

每月放映三部电影,举办一次影苑,周五晚 7:30,人文馆 502,海报、网络通知,学生自愿参加。

第 01 期:2011-03-18,魏黎波老师点评电影《大浪淘沙》。

第 02 期:2011-04-01,王玉荣老师点评电影《惊沙》。

第 03 期:2011-04-08,王玉荣老师点评电影《惊沙》。

第 04 期:2011-04-22,孙金生老师点评电影《太行山上》。

第 05 期:2011-05-06,冯圣冰同学点评电影《太行山上》。

第 06 期:2011-05-20,杨文华老师点评电影《东风雨》。

第 07 期:2011-06-03,柴勇老师点评电影《让子弹飞》。

第 08 期:2011-06-18,谢丽萍老师点评电影《横空出世》。

第 09 期:2011-07-01,王媚老师点评电影《建党伟业》。

第 10 期:2011-09-16,刘永志老师点评电影《十月围城》。

第 11 期:2011-10-14,杨文华老师点评电影《辛亥革命》。

第 12 期:2011-10-28,王媚老师点评电影《秋之白华》。

第 13 期:2011-11-04,李明超同学点评电影《飞天》。

第 14 期:2011-11-18,金玉秋老师点评电影《湘江北去》。

第 15 期:2011-12-09,王玉荣老师点评电影《风声》。

第 16 期:2011-12-23,柴勇老师点评电影《别拿自己不当干部》。

第 17 期:2012-04-16,魏黎波老师主评《一个人和一个国家——评影片〈钱学森〉》。

第 18 期:2012-05-18,柴勇老师点评电影《钢的琴》。

第 19 期:2012-06-08,柴勇老师点评电影《三峡好人》。

第 20 期:2012-09-14,颜世晔老师以"最完美的人"为主题点评话剧《切·格瓦拉》。

第 21 期:2012-10-19,张云飞老师以"一切从未改变"为主题点评电影《雨水危机》。

第 22 期:2012-11-16,李海燕老师以"战争的背面"为主题点评电影《士兵之歌》。

第 23 期:2012-12-07,马慧婷老师以"生命与美丽"为主题点评电影《家园》。

第 24 期:2013-04-12,马慧婷、张云飞、柴勇老师以"马科斯与奥斯卡"为主题点评电影《少年派的奇幻漂流》《林肯》《逃离德黑兰》。

第 25 期:2013-05-10,李海艳、张亚娜、柴勇老师以"种族与文明"为主题点评电影《阿凡达》《云图》《赛德克巴莱》。

第 26 期:2013-06-07,王媚、吴建良、柴勇老师以"日常生活中的阶级"为主题点评电影《撞车》《一次别离》《钢的琴》。

第 27 期:2013-06-28,黄娟、柴勇老师以"动画里的人类未来"为主题点评电影《机器人总动员》《千与千寻》。

第 28 期:2013-10-11,魏忠强、黄娟、柴勇老师以"美国梦面面观"为主题点评电影《了不起的盖茨比》《拉合尔茶馆的陌生人》《中国合伙人》。

第 29 期:2013-11-08,张亚娜、杨新宾、柴勇老师以"贫民窟里的人们"为主题点评电影《贫民窟里的百万富翁》《上帝之城》《龙须沟》。

第30期:2013-12-06,马慧婷、谢丽萍、柴勇老师以“法治中国的困惑与跋涉”为主题点评电影《刮痧》《马背上的法庭》《秋菊打官司》。

第31期:2014-03-28,杜娟、杨新宾、柴勇老师以“中国武侠国际化中的话语表达”为主题点评电影《英雄》《卧虎藏龙》《一代宗师》。

第32期:2014-04-25,张汉生、李海艳、柴勇老师以“关于父亲”为主题点评电影《大鱼》《内布拉斯加》《饮食男女》。

第33期:2014-05-23,包巍、张亚娜、柴勇老师以“灾难面前的我们”为主题点评电影《美丽人生》《生生长流》《卡桑德拉大桥》。

第34期:2014-06-18,马慧婷、张云飞、柴勇老师以“女人的坚强”为主题点评电影《时时刻刻》《万箭穿心》《蓝》。

第35期:2014-09-26,齐凯君、陈步伟、柴勇老师以“抗战岁月里的老百姓”为主题点评电影《四世同堂》《林家铺子》《一江春水向东流》。

第36期:2014-10-31,王媚、张云飞、柴勇老师以“香港往事”为主题点评电影《岁月神偷》《笼民》《麦兜故事》。

第37期:2014-11-28,颜世晔、魏忠强、柴勇老师以“腐败,我们该对你怎么办?”为主题点评电影《痛击》《破局》《金钱帝国》。

第38期:2014-12-26,杜鹃、王华、柴勇老师以“热爱生命”为主题点评电影《开心家族》《入殓师》《相约星期二》。

第39期:2015-03-20,杨新宾、柴勇老师以“回家过年”为主题点评电影《过年》《一年到头》。

第40期:2015-04-17,王娜、张亚娜、柴勇老师以“机器的革命?”为主题点评电影《超能陆战队》《我,机器人》《黑客帝国》。

第41期:2015-05-22,马慧婷、张云飞、柴勇老师以“寻找舆论的主人”为主题点评电影《搜索》《一步之遥》《楚门的世界》。

第42期:2015-06-26,杜娟、吴建良、柴勇老师以“神圣的战争”为主题点评电影《这里的黎明静悄悄》《伊万的童年》《士兵之歌》。

第43期:2015-10-09,李海艳、齐凯君、柴勇老师以“大学时光”为主题点评电影《三傻大闹宝莱坞》《力争上游》《我的太阳》。

第 44 期:2015-11-06,张亚娜、王华、柴勇老师以“奔跑吧,人生”为主题点评电影《阿甘正传》《小鞋子》《罗拉快跑》。

第 45 期:2015-12-04,谢丽萍、马慧婷、柴勇老师以“罪与罚”为主题点评电影《烈日灼心》《无间道》《白日焰火》。

第 46 期:2016-03-25,马慧婷、张云飞、王娜老师以“大圣归来”为主题点评电影《大闹天宫》《大话西游之大圣娶亲》《西游记之大圣归来》。

第 47 期:2016-04-29,李海艳、齐凯君、魏忠强老师以“读懂规矩”为主题点评电影《师父》《十二怒汉》《老炮儿》。

第 48 期:2016-05-27,王玉荣、张亚娜、杨新宾老师以“青春故事”为主题点评电影《蓝色大门》《阳光灿烂的日子》《牯岭街少年杀人事件》。

第 49 期:2016-06-24,王媚、黄娟、王华老师以“关注家庭”为主题点评电影《洗澡》《一一》《杀戮》。

第 50 期:2016-10-28 颜世晔、包巍、陈步伟老师以“2008,读懂”为主题点评电影《资本主义:一个爱情故事》《大空头》《监守自盗》。

4. 网聊天下,互动正能量——“红色旋律”网站

转型期的中国,互联网上各种社会思潮充分涌动,西方意识形态渗透无孔不入,在同我国主流意识形态争夺青年人。同时,充斥网络间的各种信息亦是错综复杂、良莠不齐,深刻地影响着人们的思想观念。网络化生存已成为当前大学生普遍的文化生活方式,互联网已成为高校大学生“交流”“娱乐”“学习”,尤其是获取信息的重要途径,成为学生校园文化生活的一部分。高校教育工作者应主动适应学生文化生活领域上的新变化,探索开展高校校园文化建设新途径。

QQ 群作为腾讯 QQ 一种附属的即时通信工具,相比公共邮箱、班级博客和校友录等其他时髦的词汇来说,作为高校思想政治教育的新兴载体具有普遍性,其作为一种简单、方便、快捷的群体交流方式越来越受当代大学生欢迎。为更好地实现大学教育的“育人为本”的目标,高校教育工作应充分发挥和利用 QQ 群这类的网络交流工具,深入学生的网络生活,积极构筑社会主义核心价值观的网

络阵地，营造健康向上的校园网络文化，唱响主旋律，激发正能量，实现文化育人。

（1）载体创设

燕山大学校园文化建设非常注重把教育育人与文化育人相结合，把课堂教育与网络教育紧密结合。由马克思主义学院创办的“红色旋律”特色教学活动，自 2010 年创办之初，就搭建了网络板块作为活动的重要支撑。为适应当前网络新媒体特性和“80 后”“90 后”的学生的思维特征和心理特点，我们在校园网络文化活动方面进行了全方位和多形式的探索和创新，诸如筹建传统精品课程网站、红色旋律特色教学网站、教师微博群、师生互动 QQ 群等。

特别是“红色旋律”师生网络互动 QQ 群，该项活动创办开展以来，不但吸引了我校两千余学子的参与和热议，也吸引了省内外其他高校的学生参加和参与，以至于“群”满为患，网聊热议以至于网络值班教师应接不暇。话题呈多样化趋势，紧跟时事热点，如利比亚战争、美国欧洲主权债务危机、中国南海问题、房地产调控问题、当前国人信仰和道德问题、国共两党历史问题，还有诸如考试答疑、课程学习、考研咨询、生活帮助等问题，不一而足。活动中学生们热情参与、教师们耐心细致、循循善诱，师生间平等民主，开诚布公，解疑释惑、激浊扬清。在 QQ 群方寸天地间，共唱主旋律，传递正能量，真正实现了教师主导、学生主体、师生互动、生生互动，营造了一个学生真心喜爱、师生共享、大有裨益的网络文化家园。

（2）工作思路与成效

我们的工作思路是：

首先创建教学网站，以教学网站的实用性提高学生的参与度。

创建教学内容丰富，形式美观大方的教学网站，包括精品课程网站、红色旋律特色教学网站，在主页上公布 QQ 群号码供学生加入。对于精品课程网站，任课教师结合每学期的课程教学，如完成实践教学报告，历年试题，网上答疑等教学环节，通过教师的课堂介绍告知学生，由学生申请加入成为群成员。

紧接着以“红色旋律”特色教学为主要抓手，以教学内容的思想性、生动性和教学形式灵活性、多样性增强对学生的吸引力和凝聚力。

建立我校思想政治理论课师生教学互动QQ群的创意源自红色旋律讲坛中的师生问答互动环节，由于参与学生较多，讲坛互动环节时间有限，很多学生对此意犹未尽，加之红色旋律立体格局搭建，特建立QQ群，根据每一期红色旋律讲坛，红色旋律读书会或者红色旋律影院的主题，每天安排教师专人在线值班，其他教师也随机随时在线，进行主题交流和即兴交流，进行启发式和参与式的交流与探讨。

同时，对QQ群聊所反映的学生的思想动态以及共性问题和难点问题进行教师教学研讨，为改进高校思政和文化工作寻找共识、提出对策。对一周学生在网上交流的发言记录，进行下载打印，提交学院教研室供教师们就学生提出的某些共性问题和难点问题进行教学研讨，澄清一些较为困惑的理论问题，总结进行网络引导的相关要点，形成QQ群网络教学的基本思路。为进一步深化、细化、优化这项工作打下坚实基础。

红色旋律QQ群现已成为我校思想政治教育的新园地，教师解疑释惑的新讲坛，学生思想政治学习的第二课堂，师生互动交流的聊天室，真正成为学生真心喜爱、师生共享、大有裨益的网络家园。

QQ昵称为“大通”的学生说：“说真的，我觉得，我们做思想工作的老师，能把工作做得这么贴近学生，这么活跃，这么灵活，很难得，很好，老师们很辛苦呀！”昵称为“空间线”的学生说：“昨天的读书会很好，真的是受益匪浅啊！太棒了，精神的洗礼！”曾有一QQ昵称为“轻颜”的学生在网聊中说：“哎，好纠结啊，我觉得把社会看得越是清楚，越是无力去改变的时候，真的特别纠结。”经过网名为“一片冰心”的值班老师和同学们的开导，她似乎也打开了很多心结，最后她说：“‘一片冰心’说的话给我很大的启发，尤其是对于现在的心理状态的我，一语中的，有点醍醐灌顶的感觉，谢谢哦。”昵称为“FATeacher”的福建师范大学的某老师网聊说：“早上在网上浏览到贵院的网站，感觉很有特色，很多值得借鉴与学习。”“这个群很好，我来参加取取经。”

自我校“红色旋律”师生网络互动QQ群创设以来，不但增益了马克思主义学院教师课堂教学主阵地的作用，而且也带动了广大学生参与各种校园文化活动的积极性，涌现了许许多多热衷于追踪、宣传、热议红色旋律系列活动的“红粉”。也产生了很多广为学生所熟知的“名师”。

马克思主义学院老师集体创办的“红色旋律”QQ群以及以此为载体开展的师生校园网络文化活动，不但得到了同行与学生的广泛赞誉，也受到了上级主管部门的充分肯定以及表扬表彰。2012年6月，我校报送的《党员教师倾心教学创新师生网聊共唱红色旋律》被评选为河北省教育系统创先争优优秀支部组织活动案例，以其作为重要支撑的我校“红色旋律”校园文化活动近年连续获得上级部门的表彰，如：教育部高校德育创新发展研究成果三等奖（2012年），河北省高校党建工作创新案例（2012年）教育部高校校园文化建设优秀成果一等奖（2013年），全国高校网络思想政治教育优秀案例一等奖（2015年）等。

（3）心得体会

第一，高校教育工作者应有“网络占领”和“网络引导”的校园文化工作意识。

大量的社会实践证明，对于思想文化阵地，马克思主义、无产阶级思想不去占领，各种非马克思主义、非无产阶级的思想甚至反马克思主义的思想就会去占领。高校教育管理者和工作者要重视QQ群这一新兴的网络交流工具，将思想政治教育工作渗透到QQ群中，让其为高校的思想政治教育工作服务。利用QQ群开展大学生思想政治教育工作，从教育的内容上看，能使及时性与相对真实性相结合，使思想政治教育更具时效性和针对性。对于近期发生的焦点、热点问题，学生们关注的事件、话题，QQ群里的任何人都可以发表自己的看法，而这多是自己的真实想法，具有相对的真实性。对于思想政治教育工作而言，教育的及时性与真实性尤其重要，而这一点QQ群可以做得很好。学生们都可以在QQ群内发表近期学习、生活、思想等方面的动态情况和感悟，对当前的热点、焦点问题也可以发表看法，进行探讨，这些都体现了及时性、真实性的特点。

第二，校园文化活动的“做精”“做细”“做实”是实现文化育人的保证。

“网站建设后不管”“QQ挂上后不管”的现象，是当前高校网络思想政治理论课教学中普遍存在的一种现象，网络教学与实际教学的两层皮现象是影响当前网络思想政治理论课教学的最主要因素。其实，只要是思想政治理论课教师能够大处着眼，小处着手，能够放低姿态，积极主动地研究学生所喜闻乐见的教学方式，细致深入地反映学生思想动态的微观领域，尤其是网络微观领域，这样便能进入学生日常网络活动的不同环节中，知道他们在不同阶段的网络活动特点、他们获取信息的主要方式、他们渴望解答的疑惑难题，等等。这样便能够学会置身在与学生相同的位置去思考问题，方能感知学生的思想动态、思维特点以及行动动向，探索出学生所能接受的教育内容、教育形式和教育方式。

第三，及时改进网络时代背景下的教育教学方式是校园文化生命活力所在。

传统的思想政治教育工作载体形式单一，主要通过课堂教育，或者一对一的交流，这种教育方式比较枯燥、单一，缺乏感召力和说服力，生硬死板，受教育者不易接受，教育效果不明显。QQ 群作为网络交流工具，具有虚拟性，人的姓名、年龄、身份都可以虚拟。如果学生和思想政治工作者通过 QQ 群交流，学生和教师之间可以平等地进行交流，可以忽视现实生活中学识、身份、地位的差异，也不会担忧说错话而对现实生活造成影响，这样，学生会将内心最真实的想法和最真切的思想现状表达出来，可以大胆表露自己的内心想法。这样就为我们思想政治工作者真实地了解学生的思想状况、及时掌握学生的思想动态、有的放矢地开展思想教育工作提供了有利条件。

第四，教师的倾情奉献和无私付出是做好网络文化引导工作前提和基础。

对大学生进行思想政治教育，是高校思想政治理论课教师崇高而艰巨的历史使命，搞好网络思想政治教育需要教师作为主体承担课堂教学外的许多“额外任务”，需要点点滴滴，日积月累，不辞辛劳，不计报酬。红色旋律 QQ 群自创办以来，参加的教师们，不分老少中青，都感觉这是一项十分有意义的工作，都是非常积极热情地参与，同时对发现的问题进行群策群力，想问题找办法，团队协作联合攻关。有的教师白天课堂教学，晚上网络教学，对网聊中的众多学生的提问给予耐心细致的解答、劝导、说服、教育，以致忙到后半夜。难能可贵的是，教师们都是匿名在线，即使学生再追问也不透漏真名，就是为了让学生们减少紧张和顾虑。奉献和付出，是做好一名思想政治理论课教师的真谛。

5. 秉承红色精神，弘扬青年朝气——《红色旋律报》

2011 年 5 月 5 日，在燕山大学马克思主义研究会的办公室里，诞生了一张凝聚着马研人心血和汗水的报纸——《红色旋律报》。作为燕山大学思想政治理论课“第二课堂”即“红色旋律”系列活动的有机组成部分，《红色旋律报》以掷地有声的宣言实现了马克思主义的入脑、入心，实现了社会主义核心价值观的内化于心、外化于行。

作为燕山大学“红色旋律”系列活动的有机构成部分，《红色旋律报》由燕山大学马克思主义学院主管，燕山大学校级学生组织马克思主义研究会主办，以“秉承红色精神，弘扬青年朝气”为创办初衷，通过鲜活的文字、细腻的情感、严谨的思辨和真诚的情怀组成一个个版面，要闻、思想、文化、艺苑，从不同的角度缅怀历史、剖析时事、继往开来；更有根据实际情况设立的主题专版，如展现重要历史节点的“纪念红军长征胜利80周年专版”“文艺座谈会专版”，结合马研会相关活动的“‘红色旋律’影苑专版”“星火书院专版”“薪火访谈专版”，体现学院师生实践活动的“教师实践研修专版”“学生社会实践专版”，贴近学生实际的“毕业季专版”等等。

(1) 加强学生的理论学习是《红色旋律报》的第一要义

作为弘扬社会主义核心价值观的主阵地，《红色旋律报》由马克思主义学院教师与马克思主义研究会共同打造，是马克思主义研究会成员系统学习马克思主义理论的主要反馈和展示平台。它以马克思主义理论为基础，通过设立“要闻”“思想”“文化”“艺苑”四大板块，实现思想的亮剑交锋与文化的交流争鸣相结合，在内容编排和版面设计上力求符合当代“90后”大学生的成长特点，促使学生真读、真信、真行马克思主义。

“要闻”板块主要包括围绕经典或热点问题对相关教师进行的访谈整理、马克思主义研究会的活动记录及“红色旋律”系列活动的清单；“思想”板块主要直面当前的舆论热点和理论难点，充分展现思想性；“文化”板块主要是对于相关书籍影视作品的感悟、对于重大历史事件的回眸与铭记、对于重要书籍的推介和介绍等；“艺苑”板块主要以活泼的文体形式追忆历史、瞩目当下、展望未来。

(2) 充分发挥马克思主义学院优秀教师队伍资源，明确理论导向

与其他“红色旋律”系列活动一样，《红色旋律报》的编辑发行由马克思主义学院全体教师和马克思主义研究会共同参与。每一期《红色旋律报》都会经过马克思主义学院教师的指导和审阅，从而保证了报纸的思想方向和理论基调，也使

得报纸成为马克思主义研究会成员借以整理和检验自己理论学习成果的平台。

依托“红色旋律”活动，马克思主义研究会得以与马克思主义学院的教师进行零距离的沟通，或是答疑解惑或是点拨指引，一批有思想、有内涵、有素养的编辑队伍就此搭建起来。从选题到文章的撰写，严格的审核要求促使马克思主义研究会的每一个学生都认真整理自己的思想，梳理自己的理论知识。审核不过时，指导教师会细心指出文章的理论、视野等方面的欠缺之处，从而形成了以提升学生思想政治素质和分析解决实际问题能力为目标的学习体系，学生们有了切实的理论提升，报纸也有了更为明确的方向指引、更为正确的理论导向、更为坚定的政治立场。

(3) 建立有效联动的机制，为学生学习传播马克思主义提供载体

《红色旋律报》作为弘扬社会主义核心价值观的一个重要载体，使得马克思主义研究会的学生既成为一个理论学习者，又成为一个理论传播者。与“红色旋律”主体活动相承接，与马克思主义研究会的大事小情相联系，与当代“90后”大学生的责任与使命相契合，《红色旋律报》的学生编辑们不仅要提高自身理论水平，还要通过这个平台，将自己的思想，包括世界观、人生观、价值观，以及自己对理想与信仰坚定而火热的追求传播给更多的师生。

《红色旋律报》的发行，使得马克思主义社团通过自身活动使“红色”信仰在校园文化中生根发芽成为可能，而学生自主策划、自主编排则为社会主义核心价值观在校园文化里的“内化于心”“外化于行”提供了思路。

经过五年的摸索，《红色旋律报》逐渐成为师生表达自己的思想心得、言志诗词、影苑观感、读书体会的一方舞台，也成为“红色旋律”系列活动展示和反馈的平台、弘扬主旋律和社会主义核心价值观的阵地。它直面黑与白的纠结交错、正与误的混淆交织，直面借糖衣以售炮弹的伪善，关乎历史、关乎现实，关乎我们、关乎民族、关乎国家。目前，《红色旋律报》已成功发行21期，收到来自学生的自投稿件百余篇，读者遍布各个学院、各个年级。

“天下者，我们的天下；国家者，我们的国家；社会者，我们的社会。我们不说，谁说？我们不干，谁干？”主席的话语言犹在耳。头顶的星空和脚下的土地，对于《红色旋律报》来说，同等重要。作为当代“90后”大学生马克思主义理论研

究和创新成果的载体，《红色旋律报》正成为他们抒怀扬志的阵地，成为追梦的青春旋律里的一段主旋律，成为成长蓝图里的一抹主色调。

"问渠哪得清如许，为有源头活水来"，一阵阵墨香，就如寒冬里的一树寒梅，粲然绽放，装扮了美丽。从眼前的一点一滴开始，为明天，积蓄力量。

《红色旋律报》栏目

一版——要闻：北斗星（马恩列斯毛邓江胡等的语录）

红色印记（"红色旋律"系列活动标题新闻）

星星之火（"红色旋律"系列活动新闻特写）

焦点访谈（以记者采访老师的访谈形式解析时事焦点）

时事点评（老师以文章的形式解析时事焦点）

二版——思想：瞭望（运用马克思主义思想、观点、方法解读热点问题）

惊沙【惊起心底里的一片沙】（忧党忧国忧民的个人感想）

亮剑（直面形形色色且影响较大的错误思想和思潮）

红言（以短信或微博形式表达的简短精练的红色箴言）

友疑【友谊让我们不再有疑】（由老师用简练的语言解答同学们的思想困惑）

三版——文化：铭记（近一、两个月的重要纪念日的介绍和解读）

新旧书坊【书本有新旧好书无新旧】（经典和热点的好书推介）

雕刻时光（经典电影观后感）

书田润渥（经典书籍读后感）

行者无疆（红色之旅游记）

四版——艺苑：读点经典（经典红色诗文选发和解读）

饮水思源【追忆革命历史继承革命传统弘扬革命精神坚定革命信仰】（对革命历史的学习与缅怀）

青春如歌（对青春积极向上的人生感想体悟）

一路红歌（对经典歌曲的历史意义阐述、现实情感抒发）

6. 理直气壮讲马列，心底无私树新风——马克思主义研究会

"思想政治工作是一切工作的生命线"，前人的谆谆教诲言犹在耳。90 多年

过去了，当硝烟渐渐离我们远去，当历史烙在我们身上的红色印记渐渐模糊的时候，作为马克思主义的"学生"，我们有义务重拾我们的红色信仰，讲马列，理直气壮；树新风，心底无私。在中国梦的大潮下，我们都是建设中国特色社会主义的中坚力量，而正在成长的当代"90后"大学生更是未来社会建设的股肱之力。

当代"90后"大学生承担着时代的使命和责任，但他们之中不断出现的精神空虚、思想碎片化、价值盲从现象，也使得他们对自身的身份认知、对中国梦的认同多了一丝犹疑和质疑。所以，在当前的时代背景下，对当代"90后"大学生的理想信念教育、社会主义核心价值观培育便显得尤为重要。"对'大众化'的追求导致了部分青年人对主流价值观的漠视，他们不关心国家、不关心政治，以躲避'崇高'为个人立身原则……由此，一切关于理想、信念的教育都成了空洞的代名词"，在大学生鲜少甚至耻谈理想信念的年代，燕山大学马克思主义研究会的"小火柴"们敢于承担起自己应有的那份担当，敢于正大光明地追求梦想，敢于用行动书写"90后"大学生践行社会主义核心价值观的典范。

习近平同志曾指出："要切实把社会主义核心价值观贯穿于社会生活方方面面。要通过教育引导、舆论宣传、文化熏陶、实践养成、制度保障等，使社会主义核心价值观内化为人们的精神追求，外化为人们的自觉行动。"在这样的时代要求下，燕山大学马克思主义研究会探索出了一条当代"90后"大学生主动参与、积极践行，将社会主义核心价值观内化于心、外化于行、固化为性的学生马克思主义理论社团建设道路，真正将"理直气壮讲马列，心底无私树新风"落实到实践之中、落实到校园文化建设之中、落实到当代"90后"大学生的理想信念教育之中。

(1) 内化于心：扣好人生第一粒扣子

2010年成立的燕山大学马克思主义研究会(以下简称"马研会")是一个由燕山大学校团委主管的一个开放式学生组织。马研会的学生们有着自己独享的形象称谓——"马研人"。星星之火可以燎原，这些学生秉承着"青春·理想·责任"的信念，追求着马研会一以贯之的宗旨——"理直气壮讲马列，心底无私树新风"。

马研会之所以被视作一个名副其实的学生马克思主义理论社团，是因为六年以来一直坚持的标志性活动——星火书院。对于有着"互联网原住民"之称的当代“90 后”大学生来说，互联网的发展使得他们即时、迅捷、形象、丰富地获取信息成为现实，但也极容易使他们陷入“碎片化”“表层化”的泥淖，对信息的理解浅尝辄止、莫衷一是。在人云亦云的背后，根源于理论根基与思辨能力的缺失。

自行组织，自愿参加，一章章阅读，一场场讨论。六年来，每周日晚上 7:30，在马研会办公室附近的固定教室里，来自不同学院、不同专业的马研人在指导教师的指导下，就一周同步阅读的篇章交流感受、提问解难。从经典著作《共产党宣言》《毛泽东选集》《习近平谈治国理政》到学者论述《马克思传》(麦克莱伦著)《五百年来谁著史》《马克思的事业——从布鲁塞尔到北京》；还有每年固定两个场次的党代会报告、中央全会决议和政府工作报告的解读。“读了”“听了”“说了”“懂了”，每次书院结束，指导教师都会留下一个题目，成员们可以根据自己读书所见、平时所思写下自己对问题的认识，这便是“星火周记”。尽管笔触略显稚嫩，但思绪纵横驰骋，彰显着当代“90 后”群体对于理论热点的认知：“中国特色社会主义民主政治与西方民主政治的差异”“社会主义法律与资本主义法律的区别”“谈金钱时代如何培育文明风尚”……问题如破土的萌芽，引导着当代“90 后”大学生去探索、去思辨，使他们深入理解社会主义核心价值观的理论内核、深入领悟“最大公约数”的深厚意蕴，使之真正“内化于心”。迄今为止，星火书院参与者达 2000 多人次，撰写“成长周记”1100 余篇。

(2) 外化于行：绝知此事要躬行

“读万卷书，行万里路”。对于马研会的学生来说，“星火书院”只是第一步，真正落实社会主义核心价值观，还需要到广阔的实践中去磨砺自我、锻炼队伍。六年来，经过无数马研人的探索，三把与“星火书院”的“理论之火”相呼应、与社会主义核心价值观相契合、与当代“90 后”大学生相适应的“实践之火”逐渐成形。“萤火宣讲”“薪火访谈”“烽火调研”，不仅实现了“内化于心”的社会主义核心价值观的“外化于行”，更是从实践层面探索出了一条适合当代“90 后”大学生的社会主义核心价值观培育路径。

萤火宣讲。虽然“90 后”早已过了未成年的年龄，但是尚未步入社会的他们依然是孩子。在便利的网络面前，他们的视野未必不如教师，他们的涉猎未必是“坐井观天”。但是在社会舆论的冲击之下，他们对自己、对未来都充满了一份未知和迷茫，此时，他们需要的不是坐而论道的教化，而是叩入心扉的引导。真正了解他们的，不是教师队伍，亦不是那些文山会海，真正了解他们所思所想所需的，只有他们自己。

所以，马研会组织了名为“萤火宣讲”的校内宣讲团，把自己对问题的感悟、对理想的认知、对信仰的执着传达给燕园的学子，以自己的力量，照亮青春、点亮梦想。从科学发展观到“创先争优”，从“中国梦”到社会主义核心价值观，从“四个全面”到“大众创业，万众创新”，主题选定紧跟时代主流；“向上吧，少年”“社会主义核心价值观”和“双创故事会”，形式创新紧贴“90后”群体；“进支部、进社团、进网络、进团课”，“青春·正能量”演讲比赛、“长征魂 中国梦——纪念中国工农红军长征胜利80周年”演讲比赛，理念支撑紧靠思想主流。正是通过这些春风化雨般贴近“90后”却又立足高远的活动滋润了“90后”躁利的心灵，建立起学生们对萤火宣讲的感知和认同，进而构建“90后”青年学子对社会主义核心价值观的认同、对理想信念的坚定、对党和政府的信任。

薪火访谈。浩瀚历史，薪火相传；以史明鉴，传承精神。薪火访谈旨在通过采访包括老干部、老工人、老农民、老军人、老教师在内的“五老”群体，带领“90后”一起回看曾经的风雨、理解现实的幸福。通过对东北抗联老战士刘义权的采访，让采访者从这位周保中将军警卫员的身上感受到了热血、热忱和担当；通过对宿舍管理员的采访，成员们经受着一位老共产党员对自己党员身份强烈认同的震撼与洗礼；通过对爷爷奶奶的采访，我们对那个激情燃烧的岁月有了更为真切的认知。“爱国、敬业、诚信、友善”，社会主义核心价值观在他们眼里不再是一句高高在上的文件，而是切切实实的行动与感召。

由“90后”大学生承担的首届燕山大学文化建设立项中的唯一重点项目——“薪火访谈——燕山大学口述校史专题片”，至2016年3月，共采访连家创、王益群、白象忠、黄真等老教师30名，采访累计时长近4000分钟，采访文字稿逾28万字，以“创业”“动荡”“新生”“南下”为主题的第一季口述校史专题片初步成型。老人们的回忆让我们“90后”学子身临其境，他们回望着建校的艰辛、发展的磨难、先辈的汗水、前人的智慧。爱国荣校，从此不再是一句空话，而是掷地有声的宣言。这把火，烧进了“90后”学子的心坎，烧进了21世纪的燕园。

烽火调研。在“你 out 了”盛行的年代，作为“互联网原住民”的“90 后”群体似乎显得有些力不从心。不是因为他们不知道如何获取那些铺天盖地、滚动更新的信息，而是因为他们缺乏足够的一手资料来佐证自己所知晓的那些舆论论调。

烽火调研，以调查问卷、深度走访等多种形式，汇集当前在校大学生对于身边问题的看法、注重区别学生的层次和类别，根据学院、专业、性别、年级等多重维度采集数据和分析问题。同龄人之间总是有说不尽的话题，这种“90 后”学子亲身参与、亲身调研、亲身总结的活动把“实践出真知”的道理发挥到了淋漓尽致。

在 2014～2015 年的烽火调研活动中，马研会承担了燕山大学党委宣传部“燕山大学 2014 年学生思想动态问卷调查”“燕山大学 2014 年教职工思想动态问卷调查”的任务，共有 7817 名学生、2737 名教职工参加了调查，整理出近万字的《2014 年燕山大学学生思想动态调查问卷数据统计》、7000 余字的《2014 年燕山大学教职工思想动态调查问卷数据统计》，创下了近几年学生问卷调查数量的新高，获得了大量的一手有效数据。有了这种求知求真的精神，即使再大的风雨，相信马研人也会一笑而过。

（3）固化于性：咬定青山不放松

如果说“星火书院”“萤火宣讲”“薪火访谈”“烽火调研”是侧重于马研会自身成长的常态化、规律化的实践活动，那么六年始终坚守在承办“红色旋律”系列活动的第一线，则是面向全体燕园学子的一场精神洗礼。无论是“四把火”的自身成长，还是承办“红色旋律”的风风雨雨，都是马研人们把社会主义核心价值观内化于心、外化于行的有形实践，更是把社会主义核心价值观固化为性的一种实践探索。

由燕山大学马克思主义学院主办并由马克思主义研究会承办的包括讲坛、影苑、读书会、报纸、考察团等在内的“红色旋律”系列活动作为燕山大学思想政治理论课“第二课堂”，自创办之初便吸引了诸多的目光。迄今为止，已成功举办讲坛 104 期、影苑 51 期、读书会 44 期，出版《红色旋律报》21 期。先后获得教育部优秀校园文化建设成果一等奖、教育部高校德育创新发展研究成果三等奖、河北省高校校园文化建设优秀成果二等奖、河北省高校思想政治工作创新案例二等奖等多个奖项。

荣誉的背后，离不开马克思主义学院教师的辛勤耕耘，也离不开马研人的默默付出。社会主义核心价值观，涵盖三个层面的内容，他们不是专业的学者，“富强、民主、文明、和谐”“自由、平等、公正、法治”的深刻内涵只能由专业的教师来解答、来阐释，他们能做的只有为主讲教师和为参加活动的学生提供良好的环境、齐全的设备（投影设备、摄像设备等）、舒心的条件。作为活动的承办方，他们几乎承担了除主讲任务以外的全部工作。从活动的宣传准备、活动现场的声光影音，到活动结束的卫生清扫、设备归位，每一个环节都有他们忙碌的身影；他们并不能全神贯注地聆听教师的精彩点评，也许现场最后连他们坐下的地方都没有，但是他们习惯了，他们开心了，因为这就是他们的目的。默默付出，一次两次，一年两年，他们一干，便是六年。在他们身上，“爱国、敬业、诚信、友善”并不是一句口号，而是切切实实的付出、真真确确的实践。

将社会主义核心价值观固化为性，“四把火”的燃烧、“红色旋律”的承办需要更多马研人积极参与、主动作为，这自然少不了新媒体的运用。他们以马研会为中心，建立了马研会、星火书院、萤火宣讲、薪火访谈、烽火调研五大 QQ 群；马研会新浪微博、《红色旋律报》微博、“The Red Melody”微信等官方网络媒体无不适应着“90 后”的心理需要。同时，“红色旋律”网站逾 22 万次的点击量，“燕大红色旋律论坛”、“燕大红色旋律读书会”、“燕大红色旋律影苑”QQ 群近 4000 人的覆盖面为社会主义核心价值观的培育插上了理想翅膀。

苦不苦？无数人曾经叫过“苦”、喊过“累”，但问题还是要解决，任务还是要完成，青春的旅程还是要一步一个脚印地走下去。六年过去了，马研人不再是当初单打独斗的散兵游勇，他们已成为燕山大学校园文化的引领者。正因为经历过同龄人未曾经历的那些悲伤与欢喜，体会过其他人所未曾体悟过的伤痛与愉悦，他们才能在未来的道路选择上多一分理智、多一份担当。马研会创办时期的“会长姐姐”现在已成为一名学生辅导员，在培育当代“90 后”大学生社会主义核心价值观的主题下承担着“十佳辅导员”应有的责任与使命；马研会创始者之一的 2009 级行政管理专业刘子旺参加了 2013 年“西部志愿者”计划，今天，他已经成为新疆生产建设兵团二师38团的正式职工，并成功入选“奋斗·青春全国大学生创业就业人物事迹宣传名单”；星火书院和烽火调研的“元老”级成员，10级国际政治专业刘星君在2014年获得由共青团中央和全国学联颁发的“中国大学生自强之星提名奖”……

“问渠哪得清如许，为有源头活水来”。有了燕山大学党委宣传部和燕山大学校团委的全力支持，有了全体思政课教师的悉心指导，更有燕山大学校园文化的孵化平台，马研人方能在火红青春里树立“90后”追求理想信念的新风尚。在当代“90后”大学生鲜少甚至耻谈理想信念的年代，他们用自己的行动书写着“理直气壮讲马列，心底无私树新风”的青春诗篇。

笃信，践行，执着，奉献，这就是马研人的真实写照。成长的道路总是充满了各种辛酸苦辣，但他们坚信“星火虽微，燎原可成”！

结语　奏响我们时代的最强音

截至2017年6月，以“弘扬时代主旋律、培育校园先进文化”为主题的燕山大学“红色旋律”活动已经开展七年了。看到近2500个日日夜夜中，在讲坛，在影苑，在读书会，在网络，在燕山大学的每一个传递正能量的角落，数十位教师为了理想的坚守与奔波，数以万计的学生对真理的渴求与执着，看到马研会的同学们为了办好每一次活动的忙碌与细心，我们十分感动，也倍感欣慰：中国的未来，社会主义的未来，中国特色社会主义的未来展现并凝结在这样一个实践的“舞台”，我们没有理由不充满自信！

“红色旋律”是真理的“播种机”。马克思曾经说过：“理论只要能说服人，就能掌握群众；而理论只要彻底，就能说服人。”马克思主义的真理价值毋庸置疑，它的基本的立场、观点、方法历久而弥新，具有穿透时空的生命力，这已经为中国特色社会主义的成功实践所证明。但作为产生于19世纪上半叶西方资本主义上升时期、着眼于为无产阶级的解放事业提供思想武器的理论，如何在21世纪社会主义中国的青年人心目中生根发芽、结出硕果，从事马克思主义思想教育与科学研究的理论工作者责无旁贷，他们对理论的理解与阐释，他们传播理论的方式方法，他们“知”与“行”统一的程度，不仅影响着传播的效果，甚至关系到人们对马克思主义理论的态度。七年来，燕山大学从事思想政治教育工作的教师们从解读经典入手，积极结合当今世界的大势和中国特色社会主义的实际，以他们对理论的深刻的把握，对世界和中国实际的深入研究，选择既接近于实际又让青年人喜闻乐见的话题，运用生动活泼的表达形式，在马克思主义中国化、时代化、大众化的道路上进行了积极的尝试。他们不仅是理论的传播者，更是身体力行的实践者。七年的奉献与付出，“红色旋律”在学生中的广泛影响，每次活动时教室里座无虚席的场景，不仅证明马克思主义理论不朽的生命力，更让我们认识到了传播者的执着与坚守，同样也是提升教育实效性“魅力”所在。实践证明，理论与实践结合、思想教育与榜样力量的统一，这种传播真理的方式正是实现马克思主义理论与时俱进所必需的，也是我们这个时代所需要的。

“红色旋律”是先进文化的“火炬手”。我们生活在一个最好的时代：物质丰裕、技术飞驰、人的本性与自由得到充分的释放……社会是如此的绚丽缤纷。我们的时代同时也令人担忧：物欲横流、信念纷杂、权威失落、历史虚无……人们的思想出现迷茫，道德底线有些“不堪一击”。一个有几千年敬老传统的民族，当“看到倒地老人扶不扶”都成为社会热议“话题”的时候，一个伦理精神占据文化传统中心地位的民族，崇恶扬善的核心价值观却成为“稀罕物”的时候，我们的确需要反思：我们这个民族，在经济腾飞的同时，丢掉了什么不应该丢掉的东西，我们应该高扬什么样的旗帜？“红色旋律”的担当就在于此。无论是“半个世纪后对雷锋精神的呼唤”，对社会主义核心价值观“落细落小落实”的探讨，还是对“当代大学精神缺失的反思”，甚至是对中国传统文化与现代精神的剖析，立足的都是这样一个基本的现实：如何让优秀的文化得以传承，如何让先进的文化得以发扬光大，如何让青年人精神世界的那盏灯永不熄灭。我想，“红色旋律”在价值多元、思想多样化的大学校园里，扮演的恰恰就是传播社会主义核心价值观——这一当代中国最先进文化的“火炬手”的角色。这把“火炬”的高高举起，凸显了大学校园的主旋律，这是一道靓丽的“风景”，对大学文化是引领、是带动，也是一种“规制”。

“红色旋律”是青年人生的“导航仪”。社会影响青年，青年引领社会。就像我们的社会一样，今天的青年同样是让人欣慰也让人忧虑的一代。热情与冷漠，拼搏与颓废，早熟与“啃老”，单纯与世故，人类情怀与利己自私，阳光帅气与心理疾病等看似完全冲突的特征，在这一代人身上结合得如此“紧密”，“难解难分”，以至于稍不留神就会走向“另一端”，让人猝不及防、痛悔不已。青年不仅需要自身的成长与“自觉”，更离不开人生导师的帮助与“指点”。有时，他们的困惑可能就是一层“窗户纸”，一“点”就“破”，拨云见日。但由于这个“指头”始终没有出现而导致的人生和家庭悲剧比比皆是。我们的教育工作者应该反思：学生需要我们指点迷津的时候我们“到位”了吗？社会需要我们为青年指引方向的时候我们尽职尽责了吗？诚然，“红色旋律”并没有也不可能解决学生思想和人生中的所有问题，但讲坛上的师生互动，读书会上的唇枪舌剑，QQ群里的无障碍交谈，的确解决了学生众多的“心疑”，无怪乎有的学生已经走出校门，已经在工作岗位上发挥着重要作用，谈起自己的成长经历，有“大学四年，红色旋律伴我成长”的感慨！

“红色旋律”是校园正能量的“集结号”。2014 年 12 月 7 日，23 名燕大“95后”学子手拉手、冰海救人一事，经媒体报道，引起社会广泛关注，一时间人们感慨万千、好评如潮。不仅如此，每当我们看到活跃在校园里的“雷锋突击队”“志愿者协会”忙碌的身影，每年我们面对着燕大“雷锋人物”那朴实却感人的事迹，我们都会由衷地感觉到一种正能量的传递。不一定他们中的每一个人都直接参加过“红色旋律”活动，但校园主旋律激发下凝聚起来的正能量在他们身体内的涌动，是青年学子们需要选择的时候不退缩、冲上去的重要原因，是“雷锋人物”们数年坚持不懈的一种永恒动力。从这个意义上说，“红色旋律”绝不只是一种活动，而是一种精神的传递，是我们的大学必须牢牢把握社会主义的办学方向，始终把培养德、智、体全面发展的社会主义事业的合格接班人作为办学目标的一种持久的追求。为了这样的目标，大学校园需要这样的一种导向，需要这样的一面旗帜，它的舞动能够最大限度地集结正能量，能够最大限度地驱散压在人们心头的种种“雾霾”，让人们看到社会向善的、积极的一面，让青年人能够以积极的态度面对人生、参与社会，成为社会正能量的一部分，成为凝聚中国力量的“一分子”。

“红色旋律”是党和国家大政方针的“扩音器”。今天的大学，已经说不上是什么“象牙塔”，网络和时刻伴随身边的各种“微”平台，让各种信息的互通已经无障碍可言。但国家需要“主心骨”，社会需要“最强音”，一个处于改革和巨变中的大国如果失去了应有的权威，改革定会失去“定力”，这也是习近平同志屡次强调“维护中央权威”的重要原因。中央权威的维护，最根本的是党的路线方针政策得以贯彻，而贯彻执行的前提就是认识上的“自觉”。如何让青年人在良莠不齐的海量信息中聆听到中央的声音，如何让党的大政方针为青年人所认知、熟悉、掌握，进而提升他们执行的自觉性，如何在思政课教学的基础上把最具时效性、大家最关心的问题讲清讲透，“红色旋律”以热点问题追踪的形式，把党的声音、国家的政策及时有效地传递给学生，从群众路线、“三严三实”到习近平治国理政，从十八届三中全会的改革到四中全会的依法治国，政治对学生来说不再与自己“无关”，关心国家、关心未来就是关心自己，家国理念、民胞物与的情怀在这样的学习、领会中提升，大学生在由“自我人”“家庭人”到“社会人”“国家人”的角色转化中成长。

习近平同志把理想信念比喻成人的精神之“钙”，指出如果钙缺失了，人就会得“软骨病”。在谈到“好干部”的标准时，他把信念坚定作为“第一标准”提出来。肩负着为国家、为社会培养栋梁之才的大学，在担负知识传授的、创新培育的历史责任的同时，必须承担起让青年人“强身壮骨”的责任，教育他们坚定中国特色社会主义的理想信念，成为社会主义核心价值观的培育者和践行者，引导他们明确人生目标，为社会积累正能量。“红色旋律”的使命与价值也正在于此。

七年过去，承载着校园文化建设、大学生思想政治教育等多项职能，“红色旋律”活动的发展与创新已经列入燕山大学“十三五”发展规划，它的定位应该更清晰，基础应该更牢固，内涵应该更丰富，顶层设计应该更系统、更科学，在学校人才培养中的地位应该更突出。衷心祝愿“红色旋律”越办越好！

后　记

本书是河北省教育厅人文社会化科学研究重大课题攻关项目“大学校园文化建设与大学生社会主义核心价值观实践教育研究”（课题编号:ZD201430）的最终成果，也是课题组三年心血的结晶。

大学校园文化缺少灵魂，社会主义核心价值观教育缺少载体，是当下校园文化开展和社会主义核心价值观教育中存在的突出问题。本项目正是立足于解决这个突出问题，通过总结梳理新中国成立以来大学文化建设以及近年社会主义核心价值观建设的经验，提出了大学校园文化与社会主义核心价值观融合的路径。本项目的一大特色是研究者以在燕山大学已经运行七年之久的“红色旋律”校园文化活动为研究样本，通过研究者亲身参与、实践体验，探寻将校园文化与社会主义核心价值观教育紧密结合的路径。所以，本课题的研究既有理论探索的意义，更具有实践经验总结的意义。

全书由我拿出研究框架与写作提纲并进行审稿和定稿，参加初稿写作的是我指导的燕山大学马克思主义理论专业的研究生，写作分工如下：第一章：赵文霞，第二章：李因莲，第三章一、二：侯卓沅，第三章三、四：张云，第四章一、二：侯卓沅，第四章三、四：唐笑，第五章一：葛梦凡，第五章二：宫丽。

感谢河北省教育厅科研处、燕山大学社科处在本项目开展过程中给予的支持，感谢各界对燕山大学“红色旋律”活动的支持！

王新华

2017 年 4 月于燕山大学